지은이

곽재식

2006년 단편 〈토끼의 아리아〉가 MBC TV에서 영상화된 이후 작가로 꾸준히 활동을 이어오고 있다.
쓴 책으로는 소설 《고래 233마리》《지상최대의 내기》《이상한 용손 이야기》《빵 좋아하는 악당들의 행성》 등과, 글 쓰는 이들을 위한 책 《항상 앞부분만 쓰다가 그만두는 당신을 위한 어떻게든 글쓰기》, 한국 전통 괴물을 소개하는 《한국 괴물 백과》, 과학 논픽션 《곽재식의 세균박람회》《유령 잡는 화학자》 등이 있다.
EBS 〈인물사담회〉, SBS 〈김영철의 파워FM〉 등 대중매체에서도 활약 중이다. 공학박사이며, 숭실사이버대학교 환경안전공학과 교수로 학생들을 가르치고 있다.

본문일러스트 도아마 @_ammado_ 디자인 서윤하

미래 법정

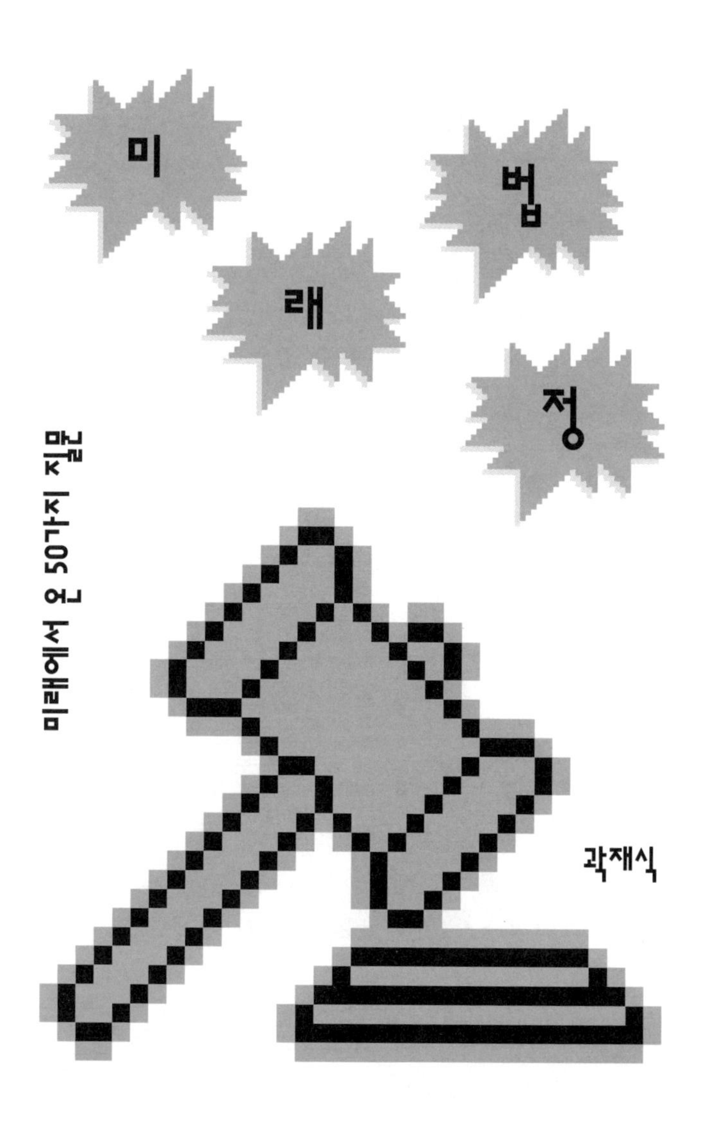

미래법정

미래에서 온 50가지 질문

곽재식

교보문고

들어가는 글

적지 않은 작가들이 SF를 사회 문제를 비평하는 데 좋은 소재를 제공하는 장르라고들 이야기한다. 아닌 게 아니라 가끔 신문 지면에는 사설을 쓰는 사람들이 SF의 형태로 짧은 글을 쓸 때도 있다. '우리 사회가 이대로 가면 10년 후에 이런 모습으로 변해 망한다'면서 미래의 상황을 자기 나름대로 상상해 쓰면서 독자들에게 경고하고자 하는 사례가 그렇다. 나는 SF의 재미나 가치가 그런 필요에 국한되어 있다고만 생각하지는 않는다. 종종 사회 비판에 지나치게 비중을 두는 바람에 충분히 피어날 수 있는 아름다움과 재미를 희생시키는 SF를 보며 아쉽다는 생각도 자주 했다. 그렇지만 SF의 특성 중에 하나가 미래에 대한 의견 제시이고,

현재와 미래를 견주며 사회를 비판하기에 좋다는 점을 부인할 수도 없다. SF는 종종 미래 사회를 배경으로 하기 때문에, “내 말대로 하면 이렇게 된다” 내지는 “내 말대로 하지 않으면 이렇게 된다”라고 주장하기 좋다. 그러니 지금 우리 사회의 어떤 문제가 해결되지 못하면 미래에 이렇게 심각해진다거나, 지금 우리 사회의 고민거리를 이렇게 하면 미래에는 해결할 수 있다고 표현하는 일이 흔하다.

덕택에 우리가 접한 많은 기술의 문제와 윤리 문제를 탐구하는 틀로도 자주 활용되는 것이 SF다. 기술 발전에 관해 다루는 신문 기사를 보면, SF 영화를 예시로 들면서 “그 SF 영화에 나오는 문제가 실제로 펼쳐질지 모르니 조심해야 한다”는 식의 이야기도 자주 나오는 편이다. 더군다나 최근 들어 기술 발전의 속도가 점점 빨라지고, 20세기 후반에 SF의 소재로 자주 다뤄지던 장면 중 몇몇이 실제 일상에 널리 퍼지는 시대가 시작되면서 SF와 사회의 관계에 대한 관심은 더 늘어나고 있는 듯싶다. 특히 언론, 출판, 대중매체가 미래 기술이라고 생각되는 기술 변화의 영향을 강하게 받으면서 SF에 대한 관심은 더 늘어난 분위기다. 로봇 상사에게 잘 보이기 위해 노력하는 부하 직원의 이야기가 SF 속 한 장면 같은가? 유튜브 영상을 촬영하는 사람들 중에는 어떻게든 인공지능 알고리즘에 잘 걸려서 추천 영상에 노출되기 위해, 인공지능의 눈(?)에 들고 싶어 하는 사람들로 가득하다.

그러다 보니 나도 SF와 사회의 관계를 좀 더 깊이 파헤치고 싶다는 생각을 하게 되었다. 그래서 나는 아예 SF에서 따져볼 만한 윤리 문제, 사회 문제만 다 모아서 글을 써보자고 결심했다. 미래에 기술 발전과 함께 등장할 새로운 법, 제도, 도덕에 관한 고민을 모두 정리하면 상당한 분량이 될 것 같았다. 그렇게 쓴 것이 이 책이다.

이 책에서는 미래 사회에서 기술 발전과 함께 등장할 수 있는 50가지 문제를 꼽고 그 문제에 관한 몇 가지 관점을 함께 소개하고자 했다. 우선 문제를 쉽게 전달하기 위해서, 문제별로 짤막한 상황극을 배치했다. 이 상황극에 등장하는 이미영, 김양식 두 주인공은 미래 세계에 우주를 돌아다니며 작은 사업을 꾸려나가는 인물로, 나의 SF 소설집 중 일부에서 주인공이었던 적이 있다. 이 책에서는 성격을 내보이거나 다른 극적인 재미와 관계없이 문제가 될 수 있는 미래의 상황을 쉽게 소개하려는 목적으로만 단순하게 등장시켰다.

상황극 뒤에는 해당하는 문제를 다룬 다른 SF 영화나 소설을 소개하며 문제를 다시 한번 설명했다. 그러고 나서 그 문제가 지금 현실 속에서 어떤 식으로 다뤄지고 있는지, 그 문제에 관해 어떤 전망이 나와 있는지 정리하는 내용을 덧붙이면서 마무리했다. 그렇게 해서 총 50개의 문제에 관해 어떤 고민이 이루어지고 있고, 답을 구하기 위해 어떤 점들을 우리가 함께 생각해야 하는지 소개하고자 했다.

이 책이 미래에 발생하는 온갖 문제에 대한 해결책이 될 수는 없을 것이다. 50개의 문제를 되돌아보니 답 비슷한 것이라도 제대로 제시한 문제는 하나도 없었던 것 같다. 오히려 이 책은 문제를 자세하게 소개한 책에 가깝다. 그나마 문제를 깊이 있게 볼 수 있도록, 답이라고 착각할 수 있는 오답을 미리 지적해둔 정도의 노력이 더해졌다. 그러므로 이야기를 읽고 그것으로 끝내는 책이라기보다는 읽기를 마치자마자 독자 스스로 고민을 시작해볼 수 있는 책이 되면 좋으리라 생각한다.

2023년, 상암동에서

목차

1 로봇도 세금을 내야 할까?

인간의 일자리와
로봇의 경제성 사이 균형 문제

#로봇 #자동화 #일자리 #신기술규제 #실업

긴급 주문이 들어왔다고 해서, 그 즉시 대한민국 스타일의 관공서 대회의실 의자와 탁자를 싣고 고속 이동으로 화성과 금성을 오가는 일을 할 수 있는 우주선이 우주에 몇 대나 있을까? 그 숫자가 많지는 않았다. 그리고 그날은 이미영과 김양식이 조종하는 우주선이 유일했다. 그래서 이미영은 그 주문에 응했다.

의뢰인은 유엔에 속해 있는 유네스코 미래 인권 최고 특별 위원회의 간사라는 사람이었다.

"이런 의뢰를 왜 이렇게 급하게 수행해야 하는 겁니까?"

숨까지 헐떡거리며 도착한 이미영이 간사에게 물었다.

"오늘 내로 결론을 내야 하는 일이 있는데 우리 위원회 위원님들께서 상황을 직접 보고 나서 결론을 내겠다고 하셨거든요."

"그래서요?"

"높으신 위원님들께서 모여서 회의도 하시고 금성과 화성의 상황을 시찰하기로 하셨습니다. 그분들이 회의하실 장소를 지구의 대회의실과 똑같은 풍경으로 가시는 곳마다 만들어드려야 합니다."

"무슨 결론을 내는 회의인가요?"

"지구에 로봇세를 도입해야 하느냐 말아야 하느냐를 가지고 지금 세 분 위원님이 고민 중이시거든요. 그 문제를 두고 8년 동안 기나긴 논쟁을 해왔는데 오늘이 결론을 내야 하는 최종 기일입니다. 오늘 어떤 결정이 나느냐에 따라 지구 전체에서 로봇세를 걷느냐 마느냐가 정해집니다."

로봇세라니, 이미영은 언뜻 이해가 가지 않았다.

"그 로봇세라는 게 뭔가요?"

"사람은 일해서 돈을 벌면 근로소득세를 내잖아요? 그러면 그 세금을 나라를 위한 일에 사용하고 가난한 사람을 도와주는 데도 쓰죠. 그렇지만 사람 대신 로봇이 배치되면 돈을 받지 않으니 소득세도 내지 않아요. 그런데 로봇이 24시간 365일 쉬지 않고 밥도 안 먹으면서 일하면 사람보다 훨씬 많은 일을 할 수 있거든요. 사람보다 일을 더 많이 하고 그 결과로 로봇을 도입한 회사는 돈도 많이 벌 텐데

근로자가 없다는 이유로 근로소득세는 한 푼도 안 낸다? 이건 불공평하다는 거죠. 그래서 사람 대신에 로봇이 일하면 그 로봇을 보유한 사람에게 세금을 걷는다는 게 로봇세입니다. 로봇세를 과연 걷어야 하는지, 걷는다면 얼마나 어떻게 걷어야 하는지를 오늘 유네스코에서 정하게 되어 있습니다."

"그걸 왜 유네스코에서 정하는 겁니까?"

"유네스코에 미래 인권 최고 특별 위원회라는 것이 있는데, 이렇게 로봇에게 로봇세를 걷느냐 마느냐 하는 문제가 사람의 인권과도 깊은 관련이 있다고 해서 이곳에서 정하기로 했습니다."

곧 위원회 직원들이 대회의실에서 사용하는 의자와 탁자를 가져왔다. 나무로 만든 거무죽죽하고 불그스름한 게 익숙한 모양의 가구였다.

그것들을 모두 우주선에 싣고 나니 그 가구에 앉게 될 세 명의 미래 인권 최고 특별 위원회 위원들도 걸어왔다. 그들은 위엄 있는 태도로 가구에 앉았다. 모든 행동거지가 한눈에 보기에도 높은 분들 같았다. 일정이 급한지, 앉자마자 위원장이 단호하게 외쳤다.

"로봇세를 실시하고 있지 않은 행성인 화성으로 지금 당장 갑시다."

이미영은 우주선을 조작해서 화성으로 향했다.

화성에 도착하니 많은 사람들이 길거리에 모여 있었다. 그들은 모두 '일자리를 주세요'라는 팻말을 들고 있었다. 그 사람들이 교통신호를 위반하거나 쓰레기를 함부로 버리려고 하면 돌아다니던 단속 로봇이 "주의하십시오. 법령 8,898호 위반입니다" 같은 말을 하면서 제지했다.

"제발 한 푼만 줍쇼. 화성에서는 사람이 할 수 있는 일거리라고는 아무것도 없습니다. 모든 일은 다 로봇이 하고 있으니까요."

화성 사람들은 위원회 일행 곁에 다가와 그렇게 말했다. 사람들이 너무 많이 몰려오자 "이러면 위험합니다"라면서 로봇이 사람들을 말렸다. 화성에서는 길 안내를 해주는 것도, 택시를 운전하는 것도, 거리에서 물이나 음료수를 파는 일도 모두 로봇이 하고 있었다. 심지어 로봇이 고장 나면 그 로봇을 수리하는 일도 다른 로봇이 했고, 로봇을 수리하는 로봇이 고장 나면 그 로봇을 수리하는 일도 또 다른 로봇이 했다.

"이곳은 지옥입니다. 다들 실업자가 되어 비참하게 구걸만 하는 세상이죠. 이곳에서 사람의 소득이란 실업수당과 구걸밖에 없어요. 로봇을 가진 몇몇 사람들, 로봇을 만들어 판매하는 회사들만 엄청난 돈을 벌고 있죠."

떠나가는 위원회 사람들을 향해 한 화성 사람은 그렇게 말했다.

"이제 로봇세를 철저히 시행하고 있는 금성으로 갑시다."

위원의 말이 떨어지자 이미영은 금성 방향으로 우주선을 출발시켰다.

이미영은 화성과 금성의 상황은 무척 다를 거라고 생각했다. 그런데 금성에 도착했을 때 처음 본 풍경도 화성과 별반 다르지 않았다. 사람들은 길거리를 몰려나와 있었고 그들 모두 '일자리를 주세요'라는 팻말을 들고 있었다. 너무나 이상해서 위원들이 나서기도 전에 이미영이 먼저 팻말을 든 사람에게 물었다.

"이곳에서는 로봇을 사용하면 세금을 내야 하지 않나요? 로봇을 쓰는 것이 쉽지 않아서 사람 대신에 로봇을 쓰는 문제가 좀 덜할 거라고 생각했는데…. 세금이 너무 약한가요?"

"아니요. 저희 행성은 로봇을 사용하면 세금을 엄청 많이 내야 합니다. 그래서 아무도 로봇을 사용하지 않으려고 할 정도죠."

"그러면 일자리가 엄청 많아야 하는 것 아닌가요? 로봇이 할 일을 다 사람이 직접 해야 할 텐데요."

"그런데 일할 수 있는 공장이나 회사 자체가 없어요."

"네? 뭐라고요?"

"요즘 세상에 누가 로봇도 없이 공장을 돌리고 싶겠어요? 20세기 중반부터 자동차 조립 공장 같은 데서는 다 로봇을 이용해서 조립했고, 자동화 공장에서도 다 로봇 형태의 자동 기계로 물건을 만들었는데요. 금성에서는 그런 로봇을 사용하면 세금을 엄청 내야 한다고요. 사람들이 자동 로봇 없이 맨손으로 자동차를 만들고 반도체를 만들자면 얼마나 힘들겠습니까? 그렇게 시간도 오래 걸리고 돈도 많이 들여서 자동차와 반도체를 만들어봐야 가격은 비싸고 품질은 안 좋을 텐데 팔리겠습니까? 결국 화성에 공장을 세운 회사들과의 경쟁에서 져서 다 망했습니다. 요즘에는 로봇을 이용해서 싼값에 물건을 잘 만들 수 있는 동네에만 공장이 생겨요."

이미영은 혼란스러운 기분이 들었다. 다시 금성 주민에게 물었다.

"상황이 그렇게 심각해졌다면 세금을 내면서라도 금성에서 로봇을 사용하는 사람이 나오지 않았을까요?"

"그렇지도 않아요. 저희 금성에는 로봇을 개발하는 회사나 로봇을 발전시키려고 애쓰는 사람들이 별로 없습니다. 금성에서는 좋은 로봇을 만들고 잘 활용해서 돈을 벌어도 세금으로 뜯기게 되니까, 로봇에 관심이 있는 사람들은 다들 로봇세 제도가 없는 화성으로 가버렸어요. 로봇 기술이 발전하기도 전에 로봇세가 싫어서 관련 기술 개발을 포기해버린 겁니다. 그러는 사이에 로봇세 제도가 없는 화성이 먼저 좋은 로봇들을 빠른 속도로 많이 만들었습니다. 그래서 태양계의 로봇 산업은 화성이 다 차지해버렸죠. 지금 금성에는 로봇 기술과 같은 인기 있는 기술이 없어요."

"그래도, 이 정도까지 망할 일인가요?"

"제도를 운영하는 것도 좀 혼란스러웠어요. 세금을 걸을 대상 로봇을 정하는 일이 헷갈렸거든요."

"로봇이면 다 로봇세를 내는 거 아닌가요?"

"로봇이라는 게 사람과 같은 일을 하니까 사람과 자꾸 비교되어서 사람은 소득세를 내는데 로봇은 로봇세를 안 내면 되겠냐는 말이 나온 거잖아요? 그런데 로봇이란 게 복잡하더라고요."

"무슨 말이에요?"

"예를 들어서, 디지털 도어록은 비밀번호를 아는 사람에게만 문을 열어주는 장치니까 사람을 확인하고 문을 열어주는 문지기 역할을 하는 셈이죠. 그렇다고 해서 디지털 도어록에 로봇세를 걸어야 할까요? 자동차 내비게이션은 사람 대신 지도를 보고 길을 찾아주잖아요. 그러면 자동차 내비게이션에 로봇세를 걸어야 할까요? 카메라는 또 어때요? 요즘 카메라는 노출과 초점을 사람이 일일이 조작해야 했던 옛날과 달리 스스로 조정하잖아요. 그렇다고 카메라를 쓰는 사람들에게 로봇세를 걸어야 할까요? 그런 걸 정확히 정하는 게 어렵다 보니 로봇세를 어디까지 걷겠다고 했다가 안 걷겠다고 했다가 하면서 혼란이 가중되었죠. 그러다 보니까 다들 로봇을 활용하는 일을 포기했고, 금성의 회사들, 공장들은 다 망했죠…."

주민의 넋두리가 계속되는 와중에도 금성 곳곳을 둘러보던 위원들이 시찰을 마무리했다. 이윽고 우주선은 이륙해서 지구로 움직이기 시작했다. 반짝거리는 광택을 내는 대회의실 탁자 앞에 앉아 있던 위원이 입을 열었다.

"로봇세를 무겁게 매기고 있는 금성의 상황도 좋지 않고, 그렇다고 그 반대인 화성의 상황도 좋지 않은 것 같습니다. 그렇다면 지구에서는 어떻게 해야겠습니까?"

분명히 곧 결론을 내야 하는 시각이었지만 손을 들고 의견을 제시하는 위원은 금방 나타나지 않았다.

◘

영화 〈바이센테니얼 맨〉에는 집사와 가정부 역할을 하는 가정용 로봇이 온갖 일을 능숙하게 수행하는 장면이 나온다. 이 로봇은 밤에 쉴 수 있는 잠자리조차 필요하지 않다. 그저 지하실 구석 충전하는 공간에 몇 시간 계속 서 있으면 그만이다. 심지어 사람들과의 감정적인 유대까지 깊게 형성할 수 있는 친절한 로봇이기도 하다. 영화 속에서는 이 로봇이 멋지고 아름답게만 표현되어 있다. 그렇지만 사실 이런 로봇이 싼 가격으로 등장하면 사람 가정부, 집사, 가사도우미는 대부분 일자리를 잃을 것이다. 이 영화에는 변호사나 과학, 기술, 학문에 밝으며 똑똑하고 잘사는 사람들이 등장인물로 나오기 때문에 가사도우미가 일자리를 잃는 문제에 관해서는 그다지 신경 쓰지 않는다. 그렇기 때문에 나는 이 영화에서 로봇에 대한 여러 가지 깊은 생각을 보여주는 장면들이 때때로 실없이 느껴지기도 했다.

로봇과 인공지능 때문에 일자리가 줄어드는 문제, 나아가 자동화 시설 때문에 일자리가 줄어드는 문제는 19세기부터 20세기까지 내내 이어져 온 지속적인 문제다. 특히 과거에는 기계가 할 수 없는 일이라고 생각했던 사람의 일이 최근에는 적응할 시간도 없이 빠른 속도로 기계가 대신할 수 있게 된다고 해서 걱정이 더 커지는 분위기다. 자율주행차가 널리 퍼지면 택시와 화물차 기사들이 일자리를 잃을 거라는 예상은 전 세계 운수업계에 구름처럼 드리워져 있고, 얼마 전에는 삽화가, 만화가들이 그림을 자동으로 생성해주는 인공지능 프로그램에 대해 여러 가지 문제를 제기하는 활동이 보도되기도 했다.

한국은 산업 현장에서 이미 많은 로봇을 쓰고 있는 나라에 속한다. 통계를 내는 방법에 따라 다르지만, 사람이 일하는 숫자에 비해 로봇이 많이 배치되어 있기로는 한국이 세계에서 1, 2위를 다투는 수준이 아니냐는 수치가 널리 알려져 있다. 국제 로봇 연맹이 2022년 발표한 자료를 보면, 2021년 한국은 사람 직원 1만 명당 로봇을 1,000대 정도 사용하고 있어서 압도적인 1위를 차지했다. 미국은 이 숫자가 274대밖에 되지 않고, 프랑스는 163대밖에 되지 않는다. 한국이 프랑스에 비해 5배 정도 로봇을 자주 쓰는 나라라는 뜻이다.

사람이 하고 있는 일을 인공지능과 로봇이 대신하는 추세는 앞으로 점점 강해질 것이다. 이 때문에 생기는 일자리 문제를 어떻게 해결해야 할까? 그렇다고 어떤 나라에서 무턱대고 인공지능과 로봇을 제한하거나 금지하면, 인공지능과 로봇을 잘 활용하는 다른 나라의 경쟁 업체들에 밀려 그 나라의 모든 사업이 망할 수도 있다. 그렇게 되면 일자리가 더 빨리, 더 많이 없어질지도 모른다.

즉, 로봇이 내 일자리를 대체해서 내가 실업자가 되는 일보다, 인공지능을 더 잘 활용하는 경쟁사 때문에 회사가 망해서 내가 실업자가 되는 일이 일어날 가능성이 더 크다. 이런 일은 다양한 영역에서 이미 이루어지고 있다. TV 방송사의 촬영 감독과 편집자가 로봇에 의해 대체되어 실업자가 되지는 않고 있지만, 유튜브 같은 프로그램이 인공지능 기술을 이용해서 TV보다 인기가 더 많아졌기 때문에 기울어가는 방송사가 생기고 있는 것은 현실이다. 인공지능과 로봇이 일으키는 일자리 문제는 어떻게 푸는 것이 바람직할까?

2 일자리를 지키려는 단체행동은 어디까지 정당한가?

노동자 모임과
이익단체의 경계에 관한 문제

#일자리 #자동화 #로봇 #이익단체 #노동조합

힘든 우주여행이 끝난 후였다. 김양식은 회사에 복귀하기 전에 잠시 쉬고 싶었다.

그는 우주선을 몰고 어느 우주정거장을 개조해서 만든 음식점에 들렀다 가기로 했다. 한때는 천왕성의 구름 속을 떠다니는 광물을 재료로 넣어서 만드는 아주 독특한 칵테일로 유명했던 곳이다. 김양식은 가게에 들어가서 '천왕성의 꽃가루' 칵테일을 한 잔 주문했다.

"천왕성의 꽃가루 나왔습니다, 손님."

김양식은 기대하며 잔을 들었다. 예전에 타이탄에서 칵테일 제조 로봇이 만드는 천왕성의 꽃가루를 한번 마셔본 적이 있었다. 그 맛은 나쁘지 않았다. 천왕성의 꽃가루 원조라고 할 만한 이곳에서 사람 바텐더가 만드는 손맛 담긴 칵테일은 과연 어떨까? 김양식은 천천히 칵테일을 음미했다.

"이게 뭐야? 너무 맛없는데요."

김양식은 구역질이 나오는 것을 느꼈다. 바텐더는 싱긋 웃음을 지었다.

"아무래도 사람이 직접 만들다 보니 천왕성의 꽃가루 맛을 조절하는 게 로봇이 만드는 것처럼 일정하지는 못하죠. 때에 따라서는 맛이 없을 수도 있습니다."

"아니, 아무리 그래도 이건 너무 맛없는데요. 이래서야 바텐더 로봇이 만드는 천왕성의 꽃가루가 훨씬 더 맛있을 것 같아요. 어떻게 원조가 훨씬 더 맛이 없죠? 너무 무례한 말씀을 드리는 것 같아 죄송합니다만."

"죄송하실 것 없습니다. 많이들 하시는 말씀이시니까요. 원하시면 메뉴에 수제 천왕성의 꽃가루 말고, 그 밑에 적혀 있는 로봇 천왕성의 꽃가루를 주문하시면 로봇이 만든 칵테일을 저희가 따라드리는 방식으로 드릴 수도 있습니다."

"그러면 사람이 직접 만드는 가게에 온 이유가 없잖아요. 이런 식이면 사람 바텐더를 고용하는 가게는 하나도 남지 않고 전부 다 로봇 바텐더가 일하는 가게가 될 것 같은데요. 맛의 차이가 너무 심하니까요."

이번에 바텐더는 소리 내어 웃었다. 자신감 있어 보이

는 표정이 얼굴에 나타났다.

"그렇지만 그런 가게는 있을 수가 없어요. 지구 주변 60만 킬로미터 안에서는 항상 로봇 바텐더가 사람 바텐더를 대체할 수 없다는 법이 8년 전에 생겼거든요. 로봇이 아무리 뛰어나다고 해도 칵테일 바를 차리려면 바텐더 면허가 있는 사람을 고용해야만 해요. 이것은 정부에서 운영하는 제도입니다."

"잠깐만요. 그러니까 로봇 바텐더가 아무리 일을 잘해도 법으로 로봇만 설치해둔 가게는 불법이라는 건가요?"

"로봇을 쓸 수 없지는 않아요. 사람 바텐더의 감독하에 로봇을 써야 하는 거죠. 로봇이 천왕성의 꽃가루를 만들면 사람인 제가 그것을 컵에 따라서 주는 것처럼이요."

"왜 그런 이상한 제도를 운영하지요? 그냥 로봇만 일하면 훨씬 더 간단하지 않나요?"

"왜라니요, 저희 바텐더 면허 협회의 10만 회원이 온 힘을 다해서 지구 정부에 압박을 넣어서 얻어낸 거죠. 친한 의원들은 꼬드기고, 안 친한 의원들은 강력하게 비난해서 마침내 그들을 굴복시킨 겁니다. 그래서 8년 전에 법이 생겼죠."

김양식은 다시 한번 천왕성의 꽃가루를 맛보았다. 이야기를 듣고 나서도 역시 맛은 없었다. 김양식이 다시 물었다.

"왜 사람 바텐더만 장사할 수 있다는 그런 이상한 법을 만들도록 한 겁니까?"

"우리 일자리를 지키기 위해서지요. 당연한 것 아닙니까?"

잠시 김양식의 얼굴을 가만히 들여다보던 바텐더가 설명을 시작했다.

"예를 들어보죠. 지금 대학교수들보다 인공지능 로봇 상담 교육 프로그램이 학생들을 훨씬 더 잘 가르칩니다. 로봇은 학생 한 명 한 명이 가장 좋아할 만한 방법으로 학생의 수준에 맞게 가르칠 수 있으니까요. 그렇지만 정부에서는 사람 교수가 일하지 않는 학교는 4년제 학위를 줄 수 있는 대학으로 인정하지 않지요. 뭐, 핑계는 있습니다. 사람과 사람 사이의 관계 속에서 배울 수 있는 것이 있느니 어쩌니 하는 것인데요. 전혀 말이 안 되는 소리는 아니겠죠. 그렇지만 뭔 소리 하는지 알 수 없는 강의만 하는 교수를 통해서 인간관계의 뭔가를 조금 배울 수 있다손 치더라도 그게 로봇을 통해서 전공지식을 완벽하게 배우는 것보다 더 중요하겠습니까? 황당한 제도죠. 그냥 교수들이 자기들 일자리 잃기 싫으니까 그런 제도를 만든 겁니다."

"그런 건가요?"

"다 그런 거죠. 언론사도 사람 기자들보다 로봇이 훨씬 더 위험한 곳에 뛰어들어 용감하게 취재합니다. 인공지능 조건만 잘 정해주면 로봇들이 기사를 쓰는 편이 훨씬 객관적이고 정확하게 편견 없이 쓰고요. 기사 쓰는 속도도 더 빠릅니다. 그렇지만 기자증은 사람에게만 주도록 법이 정하고 있습니다. 왜 그럴까요? 영향력이 강한 언론사들이 정부를 압박해서 로봇에게 기자증을 주면 불법이라는 제도를 만들도록 한 거죠. 다 그런 식입니다. 지금 지구인들은 자율 로봇에게 지구의원 일을 시키면 정치인 평균 이상으로 훨씬 더 일을 잘할 거라는 데 대부분 동의합니다. 그렇지만 힘 있는 정치인들이 자기들 자리를 로봇에게 양보할까요? 절대 그렇게 안 합니다. 기계, 로봇, 인공지능이 어느 분야에서건 사람보다 일을 잘하는 이런 시대에는 힘이 강한 단체를 만들어서 법으로 일자리를 지키는 수밖에 없어요."

김양식도 그의 말이 어느 정도는 맞는다는 생각이 들었다. 그러나 자리에 놓인 천왕성의 꽃가루를 보자 아무래도 이상하다는 생각이 들었다.

"그래도 이렇게까지 칵테일을 대충 만들어도 되나요?"

"어쩔 수 없잖아요. 이렇게 복잡한 칵테일을 만드는 법을 익힐 시간이 없다고요."

"아니, 바텐더가 칵테일 만드는 법을 익힐 시간이 없다면 시간이 있을 때 도대체 무슨 일을 하나요?"

질문을 듣고 바텐더는 답답해했다.

"무슨 일을 하기는요. 정치인들을 압박하기 위한 바텐더 협회 일을 해야죠."

노동자들과 영세 업자들이 자신들만의 단체를 만들고 힘을 합쳐 자신의 이익을 지키기 위해 애쓰는 것은 당연한 권리다. 그런 방법으로 지난 세월 동안 노동자들은 부당한 대우를 거부하고 권리를 향상시킬 수 있었다. 반면에 대기업이나 힘이 강한 무리가 서로 결탁해 이익을 도모하기 위한 규칙을 만들거나 정부에 압력을 넣어 제도를 조종하는 행위는 부당한 것으로 간주되어 왔다.

1999년 영화 〈스타워즈: 에피소드 1 보이지 않는 위험〉에는 무역업자 무리가 '무역연합'이라는 이름으로 우주의 질서를 뒤에서 조종할 수 있을 정도의 힘을 갖고 있다는 이야기가 나온다. 여기서는 무역연합에 얼마나 잘 보이느냐가 사회에서 굉장히 중요한 상황으로 묘사된다. 또 무역연합은 부정적으로 묘사되어 있다. 하지만 빠르게 바뀌어가는 사회에서 자신의 삶을 안전하게 지키고자 하는 것은 자연스러운 일이다. 어떤 업종, 어떤 사람들의 연합이 어느 정도 수준에서 영향력을 미치는 것이 바람직하다고 선을 정해두어야 할까?

기술이 발전해서 산업이 빠르게 변화하면서 그 빠른 변화에 적응하는 것이 점점 더 어려워지는 영역이 있을 것이다. 그러면 새 기술에 적응하는 일이 쉽지 않으니 적응하려 노력하기보다는 차라리 정부에 로비해서 제도를 바꾸어 문제를 해결하자는 발상이 점점 더 인기를 얻을 수도 있을 것이다. 나중에는 정부에 압력을 넣는 방식에 그다지 생각 없던 분야에서 일하던 사람들까지도 비슷한 방식으로 대응하려는 경향이 나타날지도 모른다. 그렇다면 어느 선까지가 정부에 온당한 요구를 하는 것이고 어느 선까지가 정부에 부당하게 로비하는 것일까?

3 인공지능의 판단을 무조건 믿어야 할까?

인간이 풀지 못하는 난제에 답을 제시한 인공지능의 신뢰 문제

#인공지능 #난제해결 #복잡성 #알파고 #특이점

유로파 정착 기지에서 긴급 구조 요청이 들어오자 이미영은 당장 우주선의 방향을 돌려 그곳으로 가보자고 했다. 김양식은 긴급 구조 요청을 보내는 곳을 향해 통신을 연결하려고 했다. 한참 애쓴 끝에 통신으로 사람 목소리가 들리기 시작했다.

"들리십니까? 이곳은 유로파 정착 기지입니다. 현재 저희 기지의 탄소엔진이 고장 났습니다."

"음질이 굉장히 안 좋습니다. 목소리로 대화하는 것만 간신히 할 수 있을 정도네요."

"탄소엔진이 고장 날 때 저희 통신 부품도 파괴되었습니다. 가능하면 오시는 길에 은하수 표준 통신 부품 중짜 세트 하나 같이 가져다주시기를 부탁드립니다."

"통신 부품 대짜 세트 아니고, 중짜 세트 말씀이시지요? 중짜 세트는 저희 우주선에 마침 하나 남아 있습니다."

유로파 정착 기지에 도착해보니 그곳 상황은 대단히 급박했다. 몇 분만 지나면 탄소엔진이 큰 폭발을 일으키면서 정착 기지가 통째로 날아갈 기세였다.

"모두가 우주로 전속력으로 대피해야 할 것 같은데요."

"여기에는 그렇게 많은 우주선이 없습니다. 거기다가 그 짧은 시간에 이곳에 사는 모든 사람들을 다 대피시키기도 어렵고요."

탄소엔진 연구소의 소장은 그렇게 말하며 고개를 저었다. 그렇지만 표정이 어둡지만은 않았다.

"방법이 하나 남아 있습니다. 여러분이 가져오신 통신 부품을 이용해서 통신 장치를 복구시키면, 목성에 있는 초강력 대형 인공지능 컴퓨터라고 하는 초중앙 서버와 연결할 수 있습니다."

"초중앙 서버는 무슨 역할을 하는데요?"

"초중앙 서버는 현재 태양계에서 두 번째로 성능이 좋은 다목적 초대형 인공지능 프로그램이 설치된 컴퓨터입니다. 초중앙 서버와 연결만 하면, 초중앙 서버에 대책을 물어볼 수 있습니다. 분명히 초중앙 서버라면 훌륭한 대답을 줄 것입니다."

소장이 재빠른 손놀림으로 통신 장치를 복구했다. 곧 화면에 통신이 정상으로 돌아왔다는 알림이 떴다. 소장은 버튼을 조작해서 초중앙 서버와 통화를 시도했다.

"안녕하세요. 좋은 아침입니다! 아이고! 지금은 그렇게 좋은 상황이 아니군요."

초중앙 서버 컴퓨터의 유쾌한 목소리가 흘러나왔다. 소장은 그 목소리를 듣고 얼굴이 한결 밝아지는 것 같았다.

소장은 탄소엔진이 고장 나서 폭발하기 직전이라는 사실을 설명했다. 그리고 초중앙 서버가 유로파 정착 기지의 모든 컴퓨터에 다 접속해서 관련된 모든 자료와 정보를 읽어들일 수 있도록 연결해주었다. 초중앙 서버에서 목소리가 흘러나왔다.

"알겠습니다. 최선을 다해서 대책을 생각해보도록 하죠."

초중앙 서버는 그렇게 말하고는 대략 10초 정도 아무 반응이 없었다. 그러다가 다시 굉장히 유쾌한 목소리로 말하기 시작했다.

"지금 수박 맛 아이스크림을 최대한 많이 구해서 그 아이스크림을 탄소엔진의 출력 조절 장치 위에 삼각형 모양으로 쌓아놓으세요. 그게 최선의 대책입니다!"

그 말을 들은 소장이 급히 바깥으로 뛰어나갔다. 수박 맛 아이스크림을 구하러 가는 것 같았다. 이미영은 소장을 따라 뛰어나갔다.

"잠깐만요. 도대체 수박 맛 아이스크림을 쌓아놓는 방법으로 어떻게 저 복잡한 탄소엔진이라는 장치를 고칠 수 있다는 거예요?"

"그건 몰라요. 뭔가 굉장히 복잡하고 놀라운 이유가 있겠죠. 어쨌든 초중앙 서버가 그렇게 하라고 했으니까 그대로 하는 게 최선입니다. 분명히 그렇게 하면 살아남을 수 있을 거예요."

"말도 안 돼요. 그냥 오류를 일으켜서 아무 말이나 하는 것인지 어떻게 알아요? 아무리 뛰어난 인공지능이 해주는 이야기라고 해도 사람이 듣고 그게 말이 되는지 판단하고 검토해야 할 필요는 있잖아요."

"그렇지만 이런 급박한 상황에서 해결책이라는 것이 말이 되는지 따져보는 게 맞을까요? 초중앙 서버에 이것이 어떤 원리로 엔진을 고칠 수 있는지 설명해달라고 하면 무척 어려운 계산식을 내놓으면서 그런 것을 다 계산해본 결과 이런 결론이 나왔다고 할 텐데, 어차피 그런 어려운 계산을 우리가 다 해볼 수도 없어요. 계산해본다 한들 사람이 이해할 수도 없을 거라고요. 그냥 믿는 수밖에 없어요. 사람이 이해하기 쉽게 설명할 수 있는 영역 밖의 판단이에요."

"그러면 더욱 믿지 말아야죠."

"지금 같은 상황은 그런 걸 따질 때가 아니에요. 사장님, 이런 상황을 생각해보세요. 사장님 자동차의 내비게이션이 빨리 가는 길을 알려주면, 그게 진짜 가장 빠른지, 맞는 길인지 지도를 보면서 다시 한번 검토하시나요? 안 그러잖아요. 그냥 내비게이션이 보여주는 길이 맞다고 바로 믿는다고요. 전자레인지가 1분 동안 음식을 데워주고 자동으로 멈출 때 옆에서 손목시계를 보면서 정말로 60초가 지났나 확인해보지 않잖아요. 그냥 믿는다고요. 마찬가지예요. 가능한 모든 정보를 모아서 최선을 다해서 판단한 결과, 컴퓨터가 내놓는 해답은 그냥 믿는 거예요. 지금 우리에게 주어진 대책으로 가장 좋은 결정은 수박 맛 아이스크림을 구해서 삼각형으로 쌓아놓는 거예요. 믿어야 해요. 믿음을 가져요. 지금은 믿음을 갖는 수밖에 없다고요."

이미영은 소장의 설명을 받아들일 수가 없었다.

"자동차 내비게이션이 알려주는 길을 믿는 거하고 기지가 통째로 날아갈지도 모르는데 왜 그렇게 해야 하는지 이유도 설명해주지 않는 컴퓨터의 대책을 믿는 것은 다르죠. 전혀 이해할 수 없는 그런 대책을 마련할 시간에 차라리 한 사람이라도 더 우주로 탈출시키기 위해 노력하는 게 맞지 않을까요?"

"그런 말도 어느 정도는 일리가 있다고 생각해요. 그렇지만 저는 그래도 초중앙 서버가 알려준 대로 하겠습니다. 어차피 지금 온 힘을 다해서 다들 탈출하려고 발버둥을 쳐봐야 목숨은 반의반밖에 살리지 못해요. 그렇지만 이 방법이 성공하면 다 살 수 있을지도 몰라요. 초중앙 서버는 우리가 전혀 이해할 수 없는 방법으로 전에도 몇 번이나 문제를 풀었어요. 여러분은 먼저 탈출하시지요."

김양식은 이미영에게 당장 이 위험한 곳을 벗어나자고 말했다. 두 사람은 우주선을 타고 유로파 정착 기지를 떠났다. 그리고 멀찌감치 떨어져 상황을 살폈다. 다행히 유로파 정착 기지에는 아무 일도 일어나지 않았다. 아무도 이해하지 못하지만 초중앙 서버가 알려준 대책이 제대로 작용한 것 같았다.

그래도 이미영은 어째 개운하지 못한 느낌이 들었다. 이번에는 초중앙 서버가 맞았지만 다음에도 또 맞을 거라고 어떻게 믿을 수 있을까? 이런 일은 앞으로도 여러 분야에서 굉장히 많이 일어날 것이다.

세상 그 어떤 충고를 해주는 사람보다도 실적이 좋아서 널리 좋은 평가를 받는 인공지능이 있는데, 그 인공지능이 무슨 약을 먹으라고 하면 설령 왜 그런 약을 먹어야 하는지 설명이 충분하지 않아도 일단 먹는 게 바람직할까? 인공지능이 당신은 어떤 직업을 갖고 사는 게 좋다고 짚어주면 그 충고를 믿고 따르는 것이 최선일까?

"이런 식이라면 인공지능이 하는 일이 착한 일인지 나쁜 일인지 우리를 속이는지 아닌지는 우리 지능으로 어떻게 알 수 있을까?"

"인공지능이 착한 일을 하는지 나쁜 일을 하는지 감시하는 또 다른 인공지능을 개발하면 되지 않을까요?"

"사람이 선악을 판단하지 못하는데 다른 인공지능이 판단하는 선악을 믿어야 한다고? 그것도 문제 있는 대책인 것 같은데. 두 인공지능이 작당하는지는 어떻게 알고?"

◘

듀나의 단편 소설 〈소유권〉에는 세상의 로봇들을 관리하는 컴퓨터 프로그램이 로봇들을 데리고 여러 가지 일을 하지만 도대체 무슨 일을 하고 있는지 세상 그 누구도 전혀 이해하지 못하는 사회가 묘사되어 있다. 그때까지 컴퓨터 프로그램이 항상 사회에 도움이 되었기에 뭔지는 모르겠지만 좋은 일이겠거니 다들 믿고 있을 뿐이다.

마침 2016년 한국에서는 소위 알파고 쇼크라고도 부르는 사건이 벌어지면서 인공지능에 대한 관심이 급격히 높아졌던 일이 있었다. 컴퓨터 프로그램이 바둑에 뛰어난 사람보다 바둑을 잘 두는 것은 쉽지 않다고 예상하는 사람들이 대단히 많았는데 알파고라고 하는 컴퓨터 프로그램이 이세돌 9단이라는 뛰어난 바둑 선수를 이겨버린 것이다. 특히 당시 이 바둑을 해설하던 사람들은 초기에 컴퓨터 프로그램이 어떤 식으로 이겨 가는 것인지 이해할 수 없어서 대단히 당황했다. 바둑 해설자들은 분명히 사람이 컴퓨터 프로그램보다 계속 우세하게 바둑을 두는 것 같았는데 모르는 사이에 야금야금 컴퓨터가 상황을 바꿔서 정신을 차리고 보면 갑자기 컴퓨터가 이기고 있는 광경에 깜짝 놀랐고, 거의 신비롭다는 투로 설명했다. 특히 인공신경망 이론을 활용하는 형태로 작동하는 인공지능 프로그램의 복잡한 판단 중에는 이런 식으로 그 이유와 과정을 알 수 없는 판단 결과가 나오는 경우가 자주 있다고 알려져 있다. 그래서 앞으로 많은 분야, 심각하고 복잡한 문제에 인공지능을 활용할 때 그 이해에 관한 문제가 자주 지적될 것이 예상된다.

4 자율주행 자동차의 사고는 누구 책임인가?

인공지능으로 인한 자동화의 책임 소재 문제

#자율주행차 #교통사고 #인공지능 #자동화

출근길, 김양식이 타고 있던 버스를 자동차가 들이받았다. 그 탓에 김양식은 팔과 어깨를 다쳤다. 그는 자동차를 운전한 사람에게 따졌다.

"무슨 운전을 그따위로 합니까?"

"당신은 왜 말하는 싸가지가 그따위요? 아니, 내가 사고를 내고 싶어 냈느냐고. 내가 운전했어? 내가 운전한 게 아니라, 이 자동차의 자율주행 기능이 사고를 낸 거라니까. 나는 그냥 자율주행 기능 켜놓고 있던 죄밖에 없어. 차가 들이받는 바람에 나도 손가락 다쳤어. 나도 피해자라니까."

그 말을 듣고 김양식은 흥분해서 소리를 질렀다. 하지만 그새 출동한 로봇 경찰이 그를 말렸다. 로봇 경찰과 함께

변호사도 한 사람 나타났다.

"교통사고 피해자 보호법에 따라, 피해를 준 진짜 원인 제공자가 피해를 충분히 보장하도록 처리하겠습니다."

"누가 피해를 준 진짜 원인 제공자인데요?"

"그것은 선생님이 변호사를 고용해서 찾아낸 뒤에 신고를 하셔야지요."

김양식은 사고를 낸 자동차 주인의 말대로 인공지능 자율주행 기능을 만든 자동차 회사가 책임이 있다고 생각했다. 그래서 자동차 회사로 찾아갔다.

그러나 자동차 회사의 법률 상담 로봇은 이렇게 대답했다.

"운전자가 차에 타고 있었던 이상, 운전은 모두 차 주인 책임입니다. 그게 원칙이지요. 운전하시기 전에 체크하고 확인 누르게 되어 있는 저희 회사 약관에도 그렇게 적혀 있습니다."

김양식이 따졌다.

"말도 안 돼요. 약관이야 필수 항목에 체크하지 않으면 사용할 수도 없게 해놓은 것 아닙니까? 누가 약관을 일일이 다 읽어보나요? 거기다가 자동차 광고에서 차를 직접 운전하는 것보다 인공지능 기능으로 운전하는 게 더 빠르게 반응하고 더 안전하다고 홍보했잖아요. 더군다나 이번 사고는 사고 발생 방지 기능이 제대로 동작하지 않았기 때문에 생긴 거고요. 사고 발생 방지 기능은 사람이 사고를 내지 못하도록 컴퓨터 인공지능이 강제로 차를 조작하는 기능이고요. 그게 오류가 나서 버스를 들이받았는데 그게 어떻게 사람 책임입니까?"

"고객님이 정 그렇게 생각하신다면, 인공지능 운전 서비스 개발 업체를 연결해드리지요. 어차피 저희 회사에서는 자동차 기계 틀만 만들고 인공지능 운전 프로그램은 따로 구입해서 설치한 것입니다. 자동차 회사인 저희에게 따질 것이 아니라, 운전 프로그램 회사에 따지셔야 합니다. 컴퓨터는 멀쩡한데 프로그램 오류 때문에 피해를 봤다면 컴퓨터 회사에 따질 게 아니라 프로그램 회사에 따져야 하는 것처럼요."

김양식은 하는 수 없이 운전 프로그램을 개발한 회사에 따지러 갔다. 그런데, 운전 프로그램 개발 회사의 법률 상담 로봇도 만만치 않았다.

"저희 회사에서 개발하는 프로그램들은 정부에서 지정해둔 72개 안전 항목을 모두 만족시키고 있습니다. 사고를 일으킨 자동차에 설치된 프로그램도 마찬가지고요. 저희 프로그램 자체는 문제가 없어요. 어쩌면 그때 당시에 갑자기 인터넷이 끊어지거나 불안해지는 바람에 오류가 생긴 것 아닐까요? 그렇다면 인터넷 회사에 따져야죠. 결정적인 순간에 인터넷이 0.5초 정도만 먹통이 되어도 문제는 생길 수 있으니까요. 저희 회사 프로그램은 인터넷이 0.4초 정도 끊겨도 대응이 됩니다만, 너무 오래 끊기면 기능 동작에 문제가 생길 수 있습니다."

"인터넷이 그때 0.5초 동안 문제가 생겼는지 아닌지를 어떻게 알 수 있지요?"

"저희는 모르죠. 지금 문제를 겪으신 선생님이 확인해 보셔야 하는 것 아닐까요?"

김양식은 하는 수 없이 이번에는 인터넷 회사를 찾아가 그날 사고가 일어났을 때 인터넷에 별문제가 없었는지 확인해달라고 했다. 그러나 인터넷 회사의 변호사 로봇도 도움을 주려고 하지 않았다.

"그걸 저희가 왜 책임져야 하는 거죠? 저희는 인터넷이 부분적으로 느려지거나 문제가 생기면 인터넷 요금의 한도 내에서만 보상해드리는 게 규칙입니다. 한 달에 인터넷 요금을 10만 원 내고 계시고, 100시간 정도 사용하시니까, 0.5초 오류가 생겼다면, 전체 사용 시간 중에 오류가 난 시간은 72만 분의 1밖에 되지 않지요. 그렇지만 저희가 넉넉히 1원 정도는 배상해드릴 수 있습니다."

"그게 무슨 소리입니까? 지금 자동차 사고가 나서 팔이 부러졌는데, 배상해주시는 돈이 1원이라고요?"

"그런 문제라면 자동차를 운전하신 분이나, 자동차 회사, 하다못해 인공지능 프로그램 개발 회사에 따지셔야 하는 것이 아닐까요? 저희까지 찾아오신 것 자체가 좀 잘못 생각하신 거죠."

그러나 김양식도 이번에는 포기하지 않았다. 김양식이 집요하게 일주일 동안 계속 연락하며 따지자, 결국 인터넷 회사에서는 사고가 났을 때 인터넷에 오류가 있었는지 확인해주었다.

"지금 확인해보니, 저희 회사 인터넷에는 아무런 문제가 없었다고 나오네요."

"그러면 자동차도 정상이고 프로그램도 정상이라는데, 사고는 도대체 왜 난 겁니까?"

"글쎄요. 교통사고 인공지능 변호사 협회의 상담 상품을 구매하셔서 한번 조사해보시죠."

"아니, 내가 팔이 부러지는 피해를 당했는데 왜 내 돈을 내고 조사해야 하는 건데요?"

"그렇지만 워낙 복잡한 문제이지 않습니까? 이런 건 전문 변호사들에게 돈을 주고 의뢰해야죠."

결국 김양식은 사고가 났을 때 경찰 로봇과 함께 자신을 찾아왔던 변호사에게 연락했다. 그러자 변호사는 돈을 선불로 받고 나서 자기 회사의 법률 전문 로봇을 소개해주었다.

"사고 기록을 여러 컴퓨터에서 모두 확인해보니, 이 경우에는 자동차의 내부 컴퓨터 학습에 문제가 있는 것으로 밝혀졌습니다. 인공지능이 운전하는 것이다 보니까, 인공지능이 학습을 통해 기능을 계속 키워나가도록 되어 있습니다. 그런데 이 자동차의 컴퓨터는 학습에 오류가 생겨서 그때 고객님이 탄 버스를 들이받게 되었네요."

"그러면 프로그램 오류라는 뜻 아닌가요?"

"처음 설치된 그 프로그램 오류는 아니죠. 절대다수의 다른 차량에서는 그런 문제가 안 생겼고, 사고를 낸 자동차가 계속 학습하며 경험을 입력한 결과로 오류가 생긴 거니까요. 다시 말해 프로그램 자체는 문제가 없는데, 학습 과정에서 생긴 오류라고 봐야죠."

"그러면 그 컴퓨터가 장치된 자동차의 주인 책임 아닌가요?"

"자동차 주인이 인공지능 전문가도 아닌데 컴퓨터 인공지능의 학습에 이렇게나 드문 학습 오류가 생기는지 아닌지를 어떻게 알겠어요? 그분에게 책임을 묻는 것도 무리입니다. 굳이 책임이 있다면, 컴퓨터 자체의 문제겠지요."

"그럼 어떻게 하라는 이야기입니까? 자동차에 설치된 컴퓨터에 물어달라고 해야 합니까? 보상을 해주지 않으면 그 컴퓨터를 교도소에 가두나요?"

"하하하, 유머 감각이 상당하시네요. 법적으로 교도소에 가둘 수 있는 것은 사람뿐이죠. 개가 사람을 물었다고 해도 개를 교도소로 보내지는 않잖아요."

법률 전문 로봇의 웃음소리는 대단히 자연스러웠다. 로

봇이 대답했다.

"이런 문제는 책임 소재가 워낙 헷갈리는 문제라서, 그냥 보험회사에 연락하면 보험으로 처리하게 되어 있습니다. 갑자기 하늘에서 우박이 떨어져서 다쳤다고 하면, 그 치료비를 누구에게 달라고 하겠습니까? 기후변화가 심해져서 날씨도 이상해졌으니 이산화탄소를 많이 배출한 큰 자동차 타고 다니는 사람들에게 치료비를 조금씩 내라고 할 수 있겠습니까? 그럴 때 보험에 가입되어 있다면 보험금을 받을 수 있는 것과 같은 이치이지요."

로봇은 수수료를 조금만 더 내면 이런 상황에서 보험금을 지급하는 보험회사를 연결해주겠다고 말했다. 김양식은 지금까지 쏟은 시간과 노력이 아까워서라도 그렇게 해야 할 것 같아서 수수료를 더 지불했다. 그러면서 투덜거렸다.

"그런데 원래 지진이나 태풍으로 손해를 입었을 때 보험에 가입해두었으면 돈을 받을 수 있는 이유는 지진이나 태풍은 도저히 예상할 수 없는 하늘이 내린 운이라고 보기 때문이잖아요. 이제는 인공지능이 일으키는 오류도 하늘이 정하는 문제라고 보는 겁니까?"

로봇은 아무 대답이 없었다.

1990년대 한국 SF 장편 소설 《스핑크스의 저주》에서 영화 〈다이하드〉 시리즈까지, 여러 이야기에서 고성능 컴퓨터가 관리하는 교통망에 문제가 생겨서 컴퓨터가 잘못된 지시를 내리고 그 때문에 자동차가 엉뚱하게 움직이거나 비행기가 잘못 조종되면서 큰 교통사고가 일어나는 장면이 나온다. 보통 이런 이야기들은 주로 컴퓨터가 그렇게 오작동하도록 만든 음모가 있었고, 그 음모를 꾸민 악당들과 주인들이 대결한다는 이야기로 이어진다.

그렇지만 사악한 악당이 일부러 교통사고를 일으키려는 음모를 꾸미지 않더라도 예기치 않은 사고나 단순한 오류 때문에 이런 문제가 생길 가능성은 충분하다. 게다가 대형 사고가 아니더라도 수많은 차량이 운행하는 복잡한 현대의 도로 상황에서 개인이 컴퓨터 오류 때문에 일어난 교통사고를 겪을 확률도 분명히 있다. 실제로 자율주행 기능이 장착된 전기자동차를 타고 다니다가 컴퓨터 오류로 어이없는 사고를 겪은 사람들에 관한 이야기는 이미 2020년대에 접어들면서 전 세계에 자주 보고된 바 있다. 가볍지만 여러 차례 반복된 사고로는 2023년에는 샌프란시스코에서 운행 중인 무인 로봇 택시가 오류로 길 한가운데에서 갑자기 멈춰 서서 움직이지 않는 바람에 주변에서 운전 중이던 다른 차량들이 피해를 본 일도 있었다.

그렇다 보니 이런 문제에서 누가 어떻게 책임을 져야 하느냐의 문제는 자율주행 자동차가 현실화에 가까워지던 초창

기부터 자주 제기되었다. 그리고 그 결론도 자동차 회사의 책임을 강조하거나 보험의 역할을 강조하는 쪽으로 자주 흘러가곤 했다.

그러나 쉽게 이해하기 힘든 복잡한 컴퓨터 프로그램에 의존하는 일이 점점 더 많아질 미래에는 다른 시각이 필요할지도 모른다. 좀 더 멀리 내다본다면, 사고나 문제가 생기면 누구에게 책임을 물을지 정해두는 것으로 문제의 결론을 내리는 방법보다는 애초에 문제 자체의 원인을 찾아내 줄여나갈 수 있는 다른 방향의 관점에서 사고와 위험을 다루어야 한다는 생각도 해볼 수 있을 것이다.

5 기후변화로 인한 난민은 누가 책임져야 할까?

기후변화의 책임 소재 및 해결 문제

#기후변화 #탄소배출 #탄소중립 #친환경에너지기술 #기후난민

이오라는 곳에는 세 개의 도시가 있었다. 그중에 이오 제1도시 보호장벽 앞에 간이 우주복을 입은 수많은 사람들이 늘어서 있었다. 한참을 그렇게 서서 기다리다 보니 사람들은 모두 피곤해졌다. 건강에 상당한 문제가 생긴 사람들도 나타났다. 목성권 구호동맹에서는 일단 그들에게 필요한 비상식량과 물자를 나눠주어야 한다는 판단을 내렸다. 마침 목성 주위에서 얼쩡대고 있던 이미영의 우주선이 그 물자를 배송하는 역할을 맡게 되었다.

이미영은 우주선을 보호장벽 앞에 착륙시켰다. 그리고 난민 대표를 만났다. 하지만 난민 대표는 이미영이 싣고 온 구호물자를 다 가져가려고 하지 않았다.

"이렇게까지 많은 비상식량은 필요 없을 겁니다. 곧 이오 제1도시에서는 우리를 들여보내 줄 거거든요."

"그래도 기왕 멀리 떨어진 다른 위성, 다른 행성에서 이렇게 물자를 가져온 것이니 다 가져가시는 게 어떨까요? 혹시 모르잖아요."

"그렇지 않습니다. 우리는 같은 이오에서 세 번째로 생긴 도시인 이오 제3도시에 사는 주민들입니다. 이오 제1도시에서 우리를 받아들여야 하는 것은 당연한 책임입니다. 곧 저희를 받아들일 겁니다."

이 말을 듣고 이미영은 그냥 가려고 했다. 하지만 찜찜한 마음이 들어 다시 돌아갔다.

이미영은 난민 대표에게 다시 물었다.

"지금껏 난민들을 받아들이지 않고 있는 것을 보면, 이오 제1도시에서 난민을 받아들이고 싶지 않은 것 아닐까요? 정말로 이오 제1도시가 이오 제3도시 출신 난민들에 대한 책임을 질 거라고 믿을 만한 근거가 있나요?"

"그럴 수밖에 없습니다. 우리가 난민이 된 것은 따지고 보면 제1도시 사람들 때문입니다."

"어떻게 그렇게 되었다는 말씀이시지요?"

그러자 대표는 보호장벽 바깥에 쌓여 있는 거대한 우주선들을 가리켰다. 대단히 낡아 보였고 일부는 부서진 채였다. 대표가 말했다.

"구형 탄소엔진으로 날아다니던 우주선입니다. 저 우주선은 무척 값싸고 힘이 좋습니다. 다만 엄청나게 많은 이산화탄소를 내뿜어요. 이오에 처음 도착한 이오 제1도시 사람들은 저런 기계를 값싸게 돌려서 굉장히 많은 돈을 벌었습니다. 그 돈으로 많은 기술을 발달시키기도 했습니다."

"지금도 이오 제1도시는 태양계에서 대단히 부유한 곳으로 손꼽히는 곳이라고 하던데요."

"그렇습니다. 그런데 저 구형 탄소엔진에서 대단히 많은 이산화탄소가 뿜어져 나오면서 이오의 공기가 바뀌었습니다. 그것 때문에 이오에 기후변화가 일어났고 날씨가 예전과는 굉장히 달라졌습니다. 목성 돌풍이 갑자기 몰아치는 일도 많고, 냉각 안개는 덜 생기게 되었습니다. 그러니 여기서 사는 게 너무 힘들어졌지요."

"지구에서도 21세기 초에 그런 문제가 무척 심했던 것으로 알고 있어요. 선진국 여러 나라가 기술을 빨리 발전시키느라 기계를 엄청나게 돌리고 자동차도 많이 타고 다니면서 지구에 이산화탄소를 굉장히 많이 배출했다고 하더라고요. 그것 때문에 온난화가 일어나 태풍이나 홍수, 가뭄이나 폭설에 피해를 보는 나라들이 많이 생겼죠."

대표는 그 말을 듣고 고개를 끄덕였다.

"바로 그런 현상이 이곳 이오에서도 일어나고 있는 겁니다. 저희 제3도시 사람들은 이오에 나중에 도착한 사람들입니다. 돈도 없고 기술도 더 부족합니다. 제1도시 사람들은 기술이 뛰어나고 돈도 많으니 이런 보호장벽으로 도시를 둘러싸고 강력한 돌풍 방어막 장치도 갖고 있습니다만, 저희는 그런 규모가 크고 성능이 좋은 장치가 없습니다. 기후변화 때문에 돌풍이 불어 닥치면 제3도시는 박살 나죠. 그렇지만 기술이 발달한 제1도시는 끄떡없습니다."

"지구에서도 비슷했어요. 홍수나 가뭄이 생길 때 댐과 배수 시설을 갖추고 좋은 건물이 많은 선진국에서는 피해가 덜했죠. 그렇지만 허름한 건물이 많고 강물 관리를 할 만한 시설이 부족한 저소득국가에서는 집이 떠내려가고 농사가 망하면서 큰 피해를 보는 사람들이 많았어요."

"맞습니다. 그래서 저희는 이 모든 기후변화를 일으키는 원인을 가장 먼저 제공하기 시작했던 제1도시 사람들이 저희 제3도시 사람들을 도와줘야 한다고 말하는 겁니다."

이미영은 보호장벽 너머를 힐끗 보았다. 그리고 대표에게 물었다.

"맞는 말인 것 같은데, 제1도시 사람들은 왜 거부하는 거지요?"

"제1도시 사람들은 과거에 자기들이 이산화탄소를 많이 배출한 것은 맞지만, 지금은 하지 않고 있으니 자신들에게 문제가 없다고 주장합니다. 아닌 게 아니라 제1도시에서는 탄소엔진보다 좋은 규소엔진을 개발했거든요. 규소엔진은 이산화탄소를 내뿜지 않고 힘도 더 셉니다. 그래서 요즘 제1도시에는 탄소엔진이 없습니다."

"그건 좋은 거 아닌가요?"

"그렇지만 제3도시는 너무 가난하고 기술력도 떨어지기 때문에 어쩔 수 없이 낡은 탄소엔진을 돌릴 수밖에 없습니다. 그렇다 보니까 제1도시에서는 저희 제3도시를 이산화탄소를 훨씬 많이 배출하는 기후 악당이라고 지목하고 있습니다. 지금 상황을 점점 더 악화시키고 있는 것은 우리 제3도시 사람들이라고 말하는 겁니다."

"그래서 어떻게 하셨나요?"

"하는 수 있나요. 제3도시에서 제1도시에 큰돈을 줬죠."

"뭐라고요? 왜 가난한 제3도시에서 부유한 제1도시에 돈을 주나요?"

이미영은 대표의 말을 믿을 수가 없었다.

"제1도시에서 개발한 그 좋다는 규소엔진을 달라고 부탁해야 했거든요. 어쩔 수 없잖아요. 과거가 어찌 되었든 지금 자연을 파괴하지 않으려면 탄소엔진 대신 규소엔진을 쓰는 방법밖에 없다고들 하지 않습니까? 실제로 자연을 파괴하는 나쁜 나라라고 여러 다른 행성에서 저희 제3도시에 항의도 많이 했고요. 그래서 어쩔 수 없이 제1도시에 돈을 내고 규소엔진을 계속 들여와야 했습니다. 그럴수록 제1도시는 더 부유해지고 우리는 점점 더 가난해졌습니다."

"문제가 점점 어려워지네요."

"그렇죠. 가난하니 재난이 일어났을 때 그것을 대비할 만한 시설을 만들 돈은 점점 더 없어지고요. 결국 지난번 목성 돌풍이 정말 심하게 불었을 때 우리 도시는 크게 파괴되었습니다. 여기 있는 사람들은 대부분 그때 살 곳을 잃은 사람들입니다."

이미영은 다시 우주선에 있는 물자를 보았다.

"알겠습니다. 그런데 그런 만큼 힘든 상황에서 비상식량은 더 받으셔야 하지 않을까요?"

"아닙니다. 저희는 반드시 이번 협상에 성공해서 제1도시로 들어갈 겁니다. 처음 제1도시 사람들은 저희를 선별한 뒤에 괜찮은 사람들만 골라서 천막 같은 임시 거주 시설을 만들어 그 안에서 살게 해주겠다고 제안했습니다. 사람을 아주 하찮게 취급하는 거죠. 저희가 본 피해에 제1도시가 얼마나 큰 책임이 있는지 모르는 태도였습니다."

"제1도시 사람들로서는 예상하지 못했던 문제일 테니까요."

"또 자기들이 배출한 이산화탄소가 얼마인지를 따져서 그 정도만 저희를 도와주겠다고 말한 적도 있었습니다. 우스꽝스러운 이야기이지요. 지난 몇십 년 동안 이산화탄소를 자기들이 얼마나 배출했는지 스스로 계산한 수치를 어떻게 믿는단 말입니까? 도시 전체에 이산화탄소 배출 감지기가 설치되어 있던 것도 아닌데요."

"그래서 지금부터는 어떻게 하시려는 거죠?"

"저희는 제1도시에 들어가서 원래부터 제1도시에 살던 주민들과 똑같은 권리를 받아야 한다고 주장하고 있습니다. 평등한 사람으로서 당연하지 않습니까? 제1도시는 부유하기 때문에 그 도시에서 사람들에게 좋은 집에서 살 권리, 건강을 유지할 음식을 먹을 권리를 기본으로 보장해주는 도시입니다. 저희도 같은 대접을 받을 자격이 있습니다. 그동안 제1도시 때문에 저희가 겪은 고통을 생각하면, 거기에 더해 위로금과 배상금을 받아야 할 상황이란 말입니다. 그 고통은 우리가 감수할 테니 그저 평등한 대접만 해달라는 것이 잘못된 것입니까? 저희는 결국 협상에 이길 겁니다."

말이 통하지 않는 느낌에 이미영은 하는 수 없이 그냥 돌아가야 했다.

"일이 이렇게 되기 전에 제3도시도 상당히 살기 좋은 곳이 될 수 있도록 미리미리 서로 도와가며 문제를 풀었어야 하지 않았나 싶기도 한데요."

"그렇게 말하는 사람은 참 많았죠."

대표도 그 말을 마지막으로 남기고 떠나갔다.

○

2004년 작 SF 영화 〈투모로우〉는 미국에서 기후 문제 때문에 대량의 난민이 발생하는 상황을 보여준다. 현실에서는 미국 같은 선진국이 주로 난민을 받아들이는 입장이다. 하지만 영화는 기후변화로 피해를 보는 난민의 시각에서 이야기를 펼친다.

기후변화로 인한 선진국과 저소득국의 갈등은 지난 수십년간 자주 지적되어 온 문제다. 2020년대 초에는 석탄이 값싸기는 하지만 이산화탄소를 대량 발생시키니 금지하자는 주장이 선진국을 중심으로 제기되었고, 저소득국가가 여기에 반발하는 논쟁이 실제로 많이 이루어졌다. 산업혁명 시기에 선진국들은 석탄을 마음껏 활용해 증기기관을 돌려서 경제와 기술을 발전시켜 선진국의 자리를 차지했다. 그런데 저소득국가가 경제를 발전시켜 잘살아 보려고 노력하는 지금 상황에서는 석탄을 쓰지 말라고 선진국들이 제지한다면 당연히 불공평하다는 의견이 나올 것이다. 석탄을 대체할 수 있는 태양광 발전이나 풍력 발전을 도입하려 해도 해당 기술을 가진 선진국, 강대국의 기술을 수입해서 써야 하니, 결국 선진국에 돈을 내야 하는 셈이 된다. 이런 상황에서 선진국과 저소득국가 간에 어떤 조정이 이루어져야 하는지는 기후변화 문제를 해결하기 더 어렵게 만든다. 게다가 기후변화와 같은 문제로 큰 재난이 발생해 어떤 나라에 대량 난민이 발생했을 때 이웃나라가 어느 정도의 책임감으로 난민을 얼마나 받아들여야 하는지는 거기에 더해지는 고민이다.

6 유전자조작 아기는 허용되어야 할까?

유전자조작으로 인한
부익부 빈익빈과 몰개성 문제

#유전자조작 #안정성 #디자이너베이비 #획일성

이미영과 김양식은 결혼 평가 회사의 프로그램에 각자의 주민등록번호를 넣어보았다. 거기서 나온 결과를 보니 한숨이 절로 나왔다. 딱히 좋은 결과를 기대한 것은 아니었지만, 점수가 낮아도 너무 낮다는 느낌이었다.

"제 건강 점수가 이렇게 낮을지 몰랐는데요. 느낌상으로는 건강한 것 같은데."

"결혼 평가 프로그램은 현재의 건강보다 나이가 들어서도 오래오래 건강하게 살 수 있는지를 보는 프로그램이잖아. 아마 나이 들어서 골골할 걸로 예상된다는 뜻인가 봐."

"사장님 점수는 괜찮아요?"

"나는 성격 점수가 이렇게 낮을 줄 몰랐네. 그래도 회사일 하면서 큰 문제 없어서 사회생활을 잘하는 줄 알았는데. 이만하면 성격이 무던한 편 아닌가?"

김양식은 아무 말도 하지 않았다. 그때 검찰청에서 지원 요청이 들어왔다. 화성에 있는 유전자 조작 회사에서 돈을 받고 아기의 유전자 조작을 해주려고 하는데, 화성 법령으로는 금지된 일이기 때문에 빨리 가서 막으라는 의뢰였다.

이미영과 김양식은 전속력으로 우주를 날아 단숨에 화성으로 갔다. 소식을 전하자 화성에 있는 유전자 조작 회사의 로봇은 투덜거리는 소리를 냈다.

"왜 안 된다는 거죠? 유전자를 조작하면 태어날 아기를 더 귀엽고 똑똑하게 개조할 수 있어요. 자식이 더 귀엽고 더 똑똑하고 더 건강하고 더 착하게 태어나면 좋은 것 아닌가요? 그런 아이들이 자라서 사회에도 도움이 되겠죠. 그냥 우연으로 태어난 아기라면 확률상 아주 극소수는 성격도 이상하고 남에게 공감하는 신경도 덜 발달해서 괜히 여기저기 폭탄 던지는 게 재미있는 놀이라고 생각하는 비뚤어진 범죄자로 자라날지도 모르죠. 저희 회사에서는 그렇게 비도덕적인 사람으로 만드는 유전자를 아기로부터 제거할 수 있다니까요."

"그런 일이 활성화되면 이 회사에 많은 돈을 주고 유전자를 조작한 사람의 자식은 항상 똑똑하고 잘생기고, 돈 없는 사람은 유전자 조작을 못 하니까 그 자식도 멍청하고 못

생기게 태어나지 않겠습니까? 그건 불공평하죠. 돈 많은 사람들은 대대로 그 자손도 잘생기고 똑똑하고, 돈 없는 사람들은 그 자손도 무능해지면서 대대로 가난하게 살게 된다고요."

그러나 로봇의 목소리는 그 말을 듣고도 달라지지 않았다.

"그게 어쨌다는 겁니까? 지금도 부유한 사람들은 결혼 평가 회사 프로그램으로 건강하고 똑똑하고 성격 좋은 사람을 골라서 결혼하고 자식을 낳는다고요. 그러면 그 사이에서 태어난 자식도 똑똑하고 성격이 좋을 확률이 높겠죠. 그렇잖아요? 돈이 많은데 일부러 성격 나쁘고 허약한 사람과 짝이 되어 자식을 낳고 싶겠어요? 우리는 그것을 유전자 조작으로 좀 더 확실히 하려는 것뿐이라고요."

"그래도 그건 아니죠. 사람의 외모나 특기는 하늘이 내리는 거잖아요. 더군다나 조작은 불법이고요."

어떤 설득에도 꿈쩍하지 않던 로봇은 불법이라는 경고는 잘 알아들은 것 같았다. 결국 나중에 도착한 검사들과 단속반 당국자들이 이런 사업을 하면 안 된다고 강조하자 유전자 조작 회사는 사업을 포기했다.

"이번 건은 생각보다 쉽게 끝나네. 암, 삶이 너무 불공평하면 안 되지."

이미영은 기뻐했다. 그러나 불과 한 달이 지나지 않아

서, 검찰청에서 이 사건이 제대로 정리되지 않았다며 다시 이미영을 불렀다.

유전자 조작 회사의 로봇이 이번에는 당당하게 검찰청에 와 있었다.

"저희는 아주 대규모로 유전자 조작 사업을 할 겁니다."

"그거, 불법이라고 말씀드렸을 텐데요. 불공평하다고요. 부자의 자식만 더 잘살게 되는…."

"그래서 저희가 서비스 가격을 아주 많이 낮췄습니다. 그 결과 정부에서 공공 목적으로 사업을 진행할 수 있게 되었어요. 이제 저희는 부자들에게만 유전자 조작을 해주는 식으로 사업을 하지 않아요. 가난하건 부유하건 모든 사람이 다 유전자를 조작한 아기를 낳을 수 있어요. 회사 차원에서는 박리다매로 돈을 많이 벌 수 있으니 오히려 이쪽이 더 이익이죠."

"잠깐만. 그렇다면 너도나도 건강하고 똑똑하고 성격이 좋고 잘생긴 아기로 조작하려고 할 텐데."

"그럴 수 있겠죠. 뭐, 어쩌겠어요?"

"그런데 세상이 그렇게 해서 돌아가겠어요? 세상에는 이런저런 다양한 사람이 다 있잖아요. 어떤 사람은 묵묵히 자기 일을 하고, 어떤 사람은 남이 하기 싫은 일을 맡아 하고, 한편으로 어떤 사람은 모두를 이끄는 지도자가 되고, 그렇게 여러 종류의 사람들이 있어야 세상이 돌아가잖아요."

"그렇지만 그걸 누가 그걸 정하죠? 지도자가 되면 멋있고 존경받고 부러움의 대상이 되는 것은 다 알아요. 누가 굳이 남이 하기 싫어하는 일을 맡게 될 체질로 자기 아기를 태어나게 하고 싶겠어요? 다들 자기 자식은 지도자가 될 유전자로 조작하겠죠."

"그렇게 되면, 너도나도 지도자만 하려고 해서 세상이 엉망이 될 거예요. 그래서는 안 됩니다. 사람의 아기를 유전자 조작으로 태어나게 하는 것은 금지해야 합니다."

이미영이 잘라 말했다. 그러나 로봇은 웃는 얼굴이었다. 로봇이 이미영에게 되물었다.

"그렇지만 유전자 때문에 병든 몸으로 태어나는 사람들도 있는데, 그런 유전자도 고쳐주면 안 된다는 뜻인가요? 당장 오늘 지구에서 태어날 모든 아기들 중에 22명이 심장이 지나치게 작은 돌연변이로 태어나서 평생 숨 쉴 때마다 힘겨워하면서 살게 될 겁니다. 저희 회사의 기술이었다면 그 아기의 유전자를 고쳐서 건강한 심장을 갖고 태어나게 할 수 있었을 겁니다. 그걸 고치지 말아야 한다고 말씀하시는 건가요?"

이미영은 잠시 머뭇거렸다. 그렇지만 다시 대답했다.

"그렇게 비정상으로 병든 상태일 때 유전자 조작으로 고칠 수도 있겠죠."

로봇은 멈추지 않고 바로 따졌다.

"어디까지가 정상이고 어디까지가 비정상인지는 누가 정하는 거죠? 예를 들어 키가 최대 140센티미터밖에 자라지 않는 유전자라면 그것이 정상입니까, 비정상입니까? 유전자 조작을 해서 고쳐주어야 합니까, 말아야 합니까? 코가 너무 큰 사람이 있다면 그것도 비정상이라고 할 수 있지 않을까요? 코가 얼마나 큰 사람이라면 저희 회사에서 유전자 조작을 해서 코 크기를 줄여주어야 할까요? 비정상일 정도로 큰 코와 그럭저럭 괜찮은 코의 기준은 누가 정합니까? 그런 개인적인 일을 정부에서 이 사람은 정상이고 저 사람은 비정상이라고 정해주는 게 옳다고 생각합니까? 차라리 그냥 취향대로 마음껏 고치도록 하는 게 더 자연스럽지 않을까요?"

이미영은 로봇의 말에서 자연스럽다는 말이 참 부자연스럽게 들린다고 생각했다. 그리고 역시 쉽게 풀리는 일은 하나도 없다고 생각했다.

◘

영화 〈가타카〉에서는 유전자 조작으로 태어난 사람들이 더 재능 있고 인기가 많아서 사회를 주도하고 있으며 선망되는 중요한 일들을 하는 이야기가 나온다. 그리고 이 영화를 비롯해 정말 많은 SF물들이 유전자 조작으로 부유한 사람은 자식마저 완벽한 유전자를 갖게 해서 부익부 빈익빈이 심해진다는 이야기를 소재로 다루고 있다.

그러나 유전자 조작이 부익부 빈익빈을 심화시킨다는 문제는 유전자 조작의 가장 초입에 있는 문제일 뿐이다. 기술이 발달하면 가격은 저렴해지기 마련이다. 마침 DNA와 관련된 기술은 지난 몇 년간 경이로울 만큼 빠른 속도로 가격이 저렴해진 분야다. 이런 속도를 고려하면 초기에 부자만 유전자 조작을 할 수 있다는 생각이 그렇게까지 큰 문제는 아니다. 태어날 사람의 유전자를 자유롭게 조작하는 기술은 단순히 부유한 사람들과 가난한 사람들과의 대결을 넘어서서 사람의 개성과 운명에 대한 훨씬 본질적인 문제와 연관된다.

만약 그림 그리는 것을 좋아하는 체질이 되도록 유전자를 조작해서 화가를 꿈꾸는 사람으로 태어나게 할 수 있다고 해보자. 그런 운명을 누군가가 정해주는 것이 옳은가? 부모에게 그런 권한이 있는가? 또는 사회나 국가에 그런 권한이 있을까? 반대로 우연에 그 모든 문제를 맡겨두는 것이 바람직하다고 보아야 하는가? 조작으로 없애주어야 하는 질병이나 비정상적인 체질의 범위와 정상의 범위를 어떤 기준으로 나눌 수 있을까? 유전자 조작을 너무 억압하기보다는 국가와 사회의 발전을 위해서 오히려 적극적으로 지지함으로써 지능이 엄청나게 뛰어난 학자나 매우 용감한 전사를 어느 정도 길러내는 것이 바람직하지 않을까?

유전자 조작도 가끔은 오류나 사고가 발생할 수 있는 작업일 것이다. 그렇다면 사람의 생명과 운명을 걸고 수행하는 이런 작업에서 오류나 사고의 확률은 어느 정도로 낮을 때 안전하다고 판단할 수 있을까? 한 나라에서 굉장히 안전한 시술만 허용하고 있는데 그 나라와 경쟁하는 옆 나라에서는 어느 정도 위험을 감수하고 시술을 허용하고 있어서 그 나라 사람들이 훨씬 행복하게 잘 사는 경향이 나타날지도 모른다. 이때 안전성의 기준은 어디에 두어야 할까?

7 피할 수 없는 종말을 알려야 할까?

알 권리와 혼란 방지를 위한 기밀 유지의 문제

#종말 #알권리 #혼란 #국가기밀

이미영이 운반해야 할 컴퓨터에는 은하수 관찰 위성이 기록하는 자료의 양보다 훨씬 더 많은 자료가 들어 있었다. 먼 거리에 걸쳐 컴퓨터를 운반하는 일은 여러 차례 해보았지만 이렇게 많은 자료를 운반해본 적은 없었다. 그래서 더 이상했다.

이미영은 속도를 최대한 내서 은하수 중심부에서 지구 상공에 있는 우주 망원경 기지까지 우주선을 몰았다. "이렇게 빨리 와주셔서 감사합니다."

이미영으로부터 컴퓨터를 받아 든 연구원은 그 컴퓨터를 기지의 중앙 컴퓨터에 허겁지겁 연결했다. 어찌나 급한지 이미영에게 고맙다든가, 일이 끝났으니 가보라든가 하는 말도 생략하고 자료를 분석하는 일을 시작했다. 이미영은 이제 가도 될지, 배달료는 언제 주는지 들을 수 있을까 싶어 우두커니 서 있었다.

그런데 이미영이 배달비는 언제 주냐고 묻기도 전에 중앙 컴퓨터 화면을 보던 연구원이 소리쳤다. 거의 우는 것 같은 목소리였다.

"아, 아, 아. 안 돼. 큰일 났어. 망했어. 끝장이야."

"왜? 왜 그러세요? 뭐가 안 된다는 거예요? 무슨 큰일이 났고, 뭐가 망해서 끝장이라는 거예요?"

"다요. 전부 다. 전부 다 망했고 끝장이라는 거예요."

다리에 힘이 풀린 듯 주저앉은 연구원은 팔 한쪽을 내밀어 허공을 휘저었다. 그의 팔 앞에는 우주 망원경 기지의 창문이 있었고 창밖으로는 우주의 별들이 반짝일 뿐이었다.

한참 혼자 우는소리를 한 연구원이 겨우 마음을 추슬렀는지 말을 시작했다. 여전히 주저앉은 채였다.

"이 모든 별들이 다 끝장난다는 그런 이야기에요. 우리 은하수의 중심부에 엄청나게 큰 초거대 질량 블랙홀이 하나 있는 것은 아시죠? 궁수자리 Ȧ 블랙홀 말이에요. 그 블랙홀에서 요즘 이상한 입자 활동이 엄청나게 관찰되었거든요. 불안해서 은하수 중앙 블랙홀 관측 장치를 총동원해서 정밀 관찰을 해봤어요. 그랬더니 블랙홀이…. 설마설마했는데."

"설마설마했는데, 뭐요? 블랙홀이 폭발이라도 한다는

건가요?”

“블랙홀이 폭발한다면 피하면 되잖아요. 훨씬 더 큰 문제가 생겼어요. 블랙홀이 벤저민 붕괴를 일으킬 겁니다. 그러면 은하수 반경 10배 정도 거리의 모든 시공 파괴가 순간적으로 양자 동시성을 만족시키며 일어날 거예요.”

“그게 도대체 무슨 말이에요?”

“지구, 태양, 밤하늘의 별 대부분을 포함한 우리의 은하수 전체가 통째로 다 박살 나서 없어져 버릴 거라는 거죠. 궁수자리 A 블랙홀이 꿈틀거리면서 그런 현상을 일으키는 거예요.”

“뭐라고요? 어떻게 그런 끔찍한 일이 일어날 수 있는데요?”

“어떻게라는 것은 방금 컴퓨터가 풀이한 계산식에 따라서 그 결과로 그런 현상이 발생하는 거고요. 우리가 이제 고민해야 할 문제는 언제에 해당하는 문제입니다. 아마 석 달 후 정도가 아닐까 싶어요.”

“석 달 후에 은하수가 폭발한다고요?”

“그래요. 은하수가 모두 폭발하면 지구인은 더 이상 살 곳이 없겠죠. 온 힘을 다해서 좋은 우주선을 타고 도망치면 다른 은하에 있는 행성에 정착할 수도 있겠지만 그런 사람은 소수일 거예요. 그들도 그 은하에 있는 나무 열매나 따 먹으며 겨우 생존할 거고. 지구, 화성, 은하수의 다른 행성

에 사는 수많은 사람들이 옮겨 갈 만한 곳은 없다고요. 다들 이제 종말을 받아들이는 수밖에 없습니다."

"갑자기 어떻게 그럴 수가 있나요."

"세상이란 곳이 원래 갑자기 그런 일도 벌어질 수 있죠. 삶이 끝나는 데 꼭 사람이 이해하기 쉬운 원인과 결과가 있는 것은 아니에요. 어느 날 갑자기 몸이 좀 안 좋은 것 같아서 병원에 갔더니 암이 많이 진행되어서 얼마 못 산다고 하는 일도 있고, 멀쩡하게 잘 살고 있는데 갑자기 큰 지진이 나서 자기 집이 폭삭 무너지는 일도 있는 것이지요. 그런 게 삶이고 세상입니다. 그러니까 갑자기 커다란 소행성이나 혜성이 지구와 충돌하는 바람에 지구가 온통 불바다가 되면서 수많은 생명이 죽음을 맞이할 수도 있고. 이렇게 아주 아주 드물게는 은하수가 통째로 폭발하면서 모든 게 끝장날 수도 있는 거예요."

이미영은 자신의 다리에서도 힘이 빠지는 느낌을 받았다. 결국 이미영도 연구원 앞에 풀썩 주저앉고 말았다. 목소리가 심하게 떨렸다.

"이제 누구를 통해서 이 사실을 발표할 건가요?"

"뭘 발표해요? 이런 사실은 아무에게도 발표 안 할 거예요. 어차피 우리가 할 수 있는 일도 없어요. 그냥 세상이 다 같이 끝장나는 거라고요. 석 달 후에 은하수의 모든 별이 다 폭발하면서 사라진다고 말하면 괜히 사람들이 겁이나 먹겠죠. 무슨 수가 있겠어요? 그냥 아무것도 모르는 채로 평소처럼 살다가 석 달 후에 어느 날 갑자기 하늘이 번쩍하면서 모든 게 순간에 끝날 거예요. 이렇게 하면 적어도 공포에 떨 필요는 없겠죠."

"그렇지만 남은 시간 동안 자기 인생을 정리하고 싶은 사람들도 있지 않을까요? 싸우고 나서 오랫동안 관계를 끊고 지냈던 친구나 가족과 마지막으로 화해하고 싶은 사람도 있을 것이고, 은하수는 사라지더라도 기록을 남겨서 먼 미래에 외계인이든 우연히 살아남은 인류의 후손이든 누군가가 찾아보도록 하려는 사람도 있을 거 아니에요? 또 넉 달 후에 있을 스포츠 경기에 출전하느라 지금 모든 것을 포기하고 엄청난 괴로움을 참으면서 연습만 하는 사람도 있을 텐데 그런 사람에게도 지금 당장 경기보다 더 중요한 게 있다는 걸 알려줄 필요는 있죠."

"그런 사람들도 있겠지만, 반대로 석 달 후에 모든 게 끝난다는 생각에 두려움과 슬픔을 견딜 수 없는 사람들도 있을 거 아니에요? 더군다나 어차피 석 달 후면 세상이 다 끝나니까 범죄를 저질러도 감옥에 갇혀봐야 석 달 이상은 안 갇힐 거라고 생각하고 남을 괴롭히거나 세상을 마구잡이로 파괴하려는 나쁜 마음을 먹는 사람들도 있을 거라고요. 자기가 속한 이상한 사이비 종교를 믿으면 살아남을 수 있다거나, 자기 말을 들으면 초능력으로 목숨을 구해줄 거라고 주장하는 사기꾼도 엄청 생길 것이고. 부작용이 너무 크다고요."

"그래도 어떻게 세상이 다 끝난다는 사실을 아무도 모르게 합니까?"

"불치병이 걸려서 시한부 선고를 받았을 때 가끔 그것을 환자 본인에게는 알려주지 않을 때도 있잖아요. 환자가 도저히 그 공포감을 견디지 못하거나 제대로 된 판단을 못하고 괴로워하기만 할 것 같으면, 안 알려주는 게 도움이 될 수 있으니까요."

"그것은 사람마다 다르겠죠. 그렇지만 인류 전체를 대상으로 한다면 개인의 병처럼 정할 수 있는 문제는 아니잖아요. 일단은 공개해야죠."

"오히려 그렇기 때문에 정확한 결론을 내릴 수 있을 때까지 소수의 사람들만 알면서 비밀을 지켜야 합니다. 전쟁에서는 우리가 불리해도 이기고 있다고 말해야 할 때가 있습니다. 그래야 다들 용기를 가지고 열심히 싸워서 역전할 수 있을 테니까요. 경제 문제도 불경기가 올 것 같지만 경제 전망이 좋다고 말해야 할 때가 있어요. 불경기가 온다고 말하면 다들 투자하지 않으려고 해서 경제 사정이 더더욱 나빠질 테니까요. 마찬가지죠."

"마찬가지가 아니죠. 이것은 전쟁이나 경제 문제가 아니라 종말 문제 아닙니까? 그리고 정확히 석 달이 맞기는 한 겁니까? 거기에 따라서도 달라질 수 있을 것 같아요. 종말이 100년 후에 일어난다거나, 70년 후에 일어난다고 하면 당연히 공개해야죠. 그리고 다들 합심해서 진지하게 의논할 필요가 있어요. 5시간 후에 종말이 일어난다면 굳이 발표할 필요가 없겠다는 생각도 들고요. 정확히 석 달 후에 종말이 일어나는 게 맞나요?"

"그것까지는 잘 모르겠습니다."

두 사람의 토론만으로는 답을 얻을 수가 없었다.

다행히 며칠 후 안드로메다은하의 측지 시공 연구소에서 이 문제를 해결할 방법으로 블랙홀 재활성화 가속 장치라는 것을 만들 것을 제안했다. 그리고 사람들이 퍼져 사는 우주 전체에서 10만 척의 우주선을 동원하고, 심지어 외계인 우주선들의 도움까지 얻어서 거대한 블랙홀 재활성화 가속 장치를 완성했다. 그 장치로 블랙홀에 충격을 준 덕분에 블랙홀은 진정되었고 은하수는 종말에서 벗어날 수 있었다.

그렇지만 과연 이와 비슷한 일이 또 발생하면 종말을 언제 어떻게 사람들에게 알려야 하느냐에 대한 고민은 그대로 남았다. 이미영은 나중에 은하수 연합에서 이에 대한 긴긴 논의에 들어갔다는 소식을 들었다.

○

단편집 《지상 최대의 내기》에 실린 〈종말 안내문〉에서는 외계인들이 갑자기 나타나 불과 수 분 후, 수십 분 후에 지구의 모든 사람을 멸종시키겠다는 이야기를 인류 전체에게 공지한다. 과연 이런 내용을 공지할 필요가 있을까?

피할 수 없는 재난과 엄청난 공포를 불러올 수 있는 큰 사건을 예측할 수 있다고 했을 때, 그 내용을 어디까지, 어떤 사람들에게, 언제 안내되는 것이 바람직할까? 과거에는 이런 고민이 주로 목숨이 얼마 남지 않은 환자들에 관한 문제였다. 그러나 다가올 재난을 예측할 수 있는 기술이 점점 더 발전하면서 이런 문제는 어떤 사회, 단체, 지역에 대한 문제로 확대될 수 있다. 게다가 사회의 다양한 재해와 사고에 대한 철저한 준비가 필요하다는 의견이 점점 더 많아지면서, 이런 공지가 필요한 조건이 무엇인지에 관해서도 미리 정해둘 필요가 있다고 판단할 수도 있다. 피할 수도 없고 피해를 줄일 별다른 방법도 없는 재난이 다가오고 있을 때, 그리고 예측이 얼마나 정확해졌을 때, 누구에게까지 알려야 할까? 사고의 규모나 형태에 따라 그 기준이나 전달 범위가 달라져야 할까?

8 어느 쪽을 선택해도 희생이 따른다면?

트롤리 딜레마에 대한 일반 원칙 제정의 문제

#트롤리문제 #자율주행차 #인공지능 #인공지능운용원칙

초대형 우주 화물선 트롤리 호가 고양이눈 은하의 우주 공간을 빠른 속도로 날아가고 있었다. 그런데 트롤리 호 근처에 이미영과 김양식이 탄 우주선이 나타났다.

"경고, 경고합니다. 현재 트롤리 호가 날아가는 방향은 위험합니다."

이미영은 트롤리 호를 향해 긴급 통신을 보냈다. 잠시 후 트롤리 호를 조종하고 있던 로봇이 통신에 응답했다.

"여기는 트롤리 호입니다. 저희는 외부 은하 협회에서 지정한 안전 항로로만 비행하고 있습니다. 이 길로 가는데 왜 위험하다는 겁니까?"

"안전 항로로 설정했던 곳 근처에서 예상하지 못했던

떠돌이 중성자별이 나타났기 때문입니다. 이대로 진행하시면 떠돌이 중성자별의 중력 때문에 트롤리 호의 방향이 틀어져서 우주 매운맛 연구소 112호 연구 기지와 충돌하게 됩니다. 당장 조치를 취하십시오. 저희는 은하수 교통 안전국의 의뢰를 받아 긴급 위험 사항을 전달하러 온 것입니다."

"알겠습니다. 그러면 지금 연료를 모두 사용해서 항로 방향을 바꾸겠습니다."

로봇이 통신을 마쳤다.

긴급 요청 사항을 전달했을 때는 대개 사람 조종사보다는 로봇 조종사가 빨리 알아듣고 금방 대답하는 편이다. 트롤리 호에는 로봇 조종사만 있어서 그런지 이미영은 이번 일은 빨리 끝났다는 생각이 들었다. 이제 지구로 돌아가 푹 쉬면 되겠다고 생각했다.

그런데 이미영이 돌아가기 직전에 이번에는 트롤리 호 쪽에서 긴급 통신을 보내왔다.

"긴급 상황입니다. 비상 항로로 방향을 바꾸면 그때는 우주선이 다른 중성자별에 이끌려서 또 엉뚱한 곳으로 날아가게 된다는 결과가 나왔습니다. 그쪽에는 우주선 주유소가 자리 잡고 있습니다. 다시 말해서 방향을 바꾸면 우주선 주유소와 충돌하게 됩니다."

"뭐라고요? 연구소와도 충돌하지 않고 우주선 주유소와도 충돌하지 않는 방향으로 우주선 방향을 바꿀 수는 없나요?”

“두 방향밖에 없습니다. 어디로 가든 두 중성자별 중에 어느 한쪽으로 빨려들게 되어 있습니다. 그냥 가만히 있으면 우주 매운맛 연구소와 충돌하고, 지금 최대한 연료를 사용해서 방향을 바꾸면 우주선 주유소와 충돌합니다.”

심각한 문제였다. 이미영은 갑자기 정신이 아찔해졌다.

이미영이 로봇에게 물었다.

“우주 매운맛 연구소와 우주선 주유소에는 각각 사람들이 몇 명이나 있나요?”

“우주 매운맛 연구소에는 다섯 사람의 연구원이 근무하고 있습니다. 우주선 주유소에는 네 명 정도의 사람들이 있습니다. 지금 당장 연락해준다고 해도 충돌의 폭발에 휘말려서 생기는 피해를 벗어나기는 어려울 것입니다. 둘 중 한 곳을 선택해야만 합니다.”

이미영은 고민에 빠졌다. 얼마 후 나온 대답의 목소리는 무척 무거워져 있었다.

“다섯 명이 목숨을 잃는 것보다는 네 사람이 목숨을 잃는 것이 그래도 덜 나쁜 일 아닐까요. 사람 목숨을 하나라도 더 구할 수 있으니까요. 그러니까 우주선 방향을 바꾸어서 우주선 주유소에 충돌하도록 하는 게 어떨까요?”

“과연 사람의 목숨을 사람 숫자로 비교할 수 있을까요? 다섯 명 대 네 명 정도의 차이밖에 안 나니 큰 차이도 아닌 것 같습니다만."

"그래도 지금 상황에서는 그것이 최선일 것 같은데…."

"생각해보세요. 여기에서 굳이 방향을 바꾼다면 우주선 주유소 사람들 입장에서는 원래 일어나지 않을 일에 억울하게 목숨을 빼앗기는 것입니다. 처음부터 작정하고 공격한 것은 아니라도 고의에 가깝다고 생각할 거라는 말입니다. 그에 비해서 방향을 바꾸지 않고 그냥 매운맛 연구소에 충돌하면 중성자별 때문에 어쩔 수 없이 사고가 생긴 것입니다. 즉 고의는 없는 것입니다. 그러면 혹시 나중에 이 문제 때문에 재판을 받고 처벌받게 되었을 때, 의도가 없었던 쪽이 더 처벌이 가벼울 가능성이 있지 않겠습니까?"

"그러면 방향을 바꾸면 한 사람을 더 살릴 수 있다는 것을 알고 있는데도 방향을 바꾸지 말아야 한다는 건가요?"

"쉽게 판단하기 어려운 문제라는 거죠."

이미영은 고민에 빠졌다. 잠시 후 다시 말을 꺼냈다.

"반대로 생각해보죠. 만약에 우주선 주유소에 10명쯤 살고 있고, 매운맛 연구소에는 한 사람만 살고 있다고 쳐요. 방향을 안 바꾸고 그냥 날아가면 매운맛 연구소에 충돌해서 한 사람만 목숨을 잃는 거고, 방향을 굳이 바꾸면 우주선 주유소에 충돌해서 10명이 사망하는 거예요. 그런 상황이라면 굳이 방향을 바꾸려는 사람은 아무도 없을 거라고요."

"그렇겠죠."

"내가 손가락을 움직여서 방향을 바꾼다는 행동 때문에 의도, 고의성 같은 것을 따지니까 문제가 복잡해지는 것뿐이라고요." 이미영이 고민하느라 말을 멈추자 로봇이 다시 말을 이어나갔다.

"사람의 숫자 말고 다른 점은 확인할 필요는 없을까요? 예를 들어, 매운맛 연구소에는 노인들이 많이 일하고 있지만 우주선 주유소에서는 젊은 사람들이 일하고 있습니다. 사람들의 문화는 보통 젊은 사람들이 목숨을 잃는 문제를 노인들이 목숨을 잃는 것보다 더 안타깝게 생각하지 않습니까? 이런 경우에 나이를 평가해서 판단에 반영하는 것이 좋지 않겠습니까?"

"나이까지 판단에 반영해야 한다고요?"

"사람들의 직업이나 과거 행적 같은 것은 어떻습니까? 매운맛 연구소에 일하는 사람들 중에는 탐욕스럽게 살았던 사람들이나 무능한 사람들이 많다는 평판이 검색되고 있습니다. 그에 비해 우주선 주유소에 일하는 사람들은 기부를 많이 하고 착하게 살았다고 하며, 유능한 사람들이 많아서 사회에 큰 도움이 될 아이디어를 갖고 있다거나 다른 사람들의 목숨을 구하는 의사가 될 사람도 있다고 합니다."

"그건 좀 아니지 않을까요? 먹고사는 문제에서 무능하다고 해서 차별 대우를 받아야 한다고요? 로봇이 비상 상황에서 누구의 목숨을 구해야 하는지 판단할 때도 무능한 사람보다는 유능한 사람을 구해야 한다고 판단하는 것은 굉장히 기분 나쁘게 들리는데요."

"그래도 선택하려면 그런 판단도 어느 정도는 필요한 일 아니겠습니까? 한쪽에는 평생 착하게 살면서 수많은 사람을 살려낸 응급실 간호사들만 있고, 다른 쪽에는 사악한 우주 해적들만 있다고 해봅시다. 그럴 때도 우주 해적 다섯 사람을 구하기 위해서 간호사 네 명을 희생시켜야 합니까?"

"그건… 답하기 어려운 문제네요. 자동차 운전이나 사람 목숨이 달린 중요한 판단을 로봇이나 인공지능에 맡기기 위해서는 이런 문제에 대한 답을 미리 정해두어야 하는데 어쩌면 좋을까요. 여러 사람에게 설문조사를 해서 답을 정해야 하려나… 아니지, 여러 사람의 말이 이런 문제에 무조건 맞다고 할 수 있을까?"

"빨리 답을 정하지 않으면 그대로 돌진하게 됩니다."

"이런 것을 항상 어떤 규칙이나 원칙을 정해서 해결해야 하나요? 그때그때 사람이 내키는 대로 판단하도록 하면 어떨까요?"

"급박한 상황에서는 사람이 판단을 내릴 만한 여유가 없을 수도 있습니다. 그 사람의 판단이 잘못되었을 수도 있고요. 조종하다가 눈앞에 무엇인가가 나타나 부딪히려고 하는데, 1, 2초 사이에 피하든지 말든지 정해야 하는 상황을 생각해보십시오. 사람이 미처 신경을 쓰지도 못할 시간에 기계가 자동으로 대처하기 위해서라도 이럴 때 어떤 원칙으로 판단을 내려야 하는지 정해둘 필요가 있습니다."

이미영은 초조해졌다. 그런데 우주 해적이라는 말을 듣고 나니 떠오르는 것이 있었다.

"잠깐, 그러고 보니 얼마 전에 우주 해적들을 붙잡았을 때 압수한 수소폭탄이 네 발 정도 있어요. 지금 우리가 수소폭탄을 발사해서 트롤리 호를 폭파해버리면 어떨까요?"

"저로서는 안타까운 일입니다만, 지금 상황에서는 그게 최선인 것 같습니다. 트롤리 호에는 200억 원 상당의 초콜릿케이크가 실려 있습니다만, 사람 목숨보다 중요하다고 할 수는 없겠지요."

그렇게 해서 우주 공간에서 트롤리 호와 트롤리 호를 조종하던 로봇, 그리고 200억 원어치의 초콜릿케이크가 모두 폭발해 흩어지는 것으로 이 문제는 끝을 맺었다.

그러나 마지막 순간까지 로봇과 함께 고민하던 문제에 대해서 누군가는 답을 갖고 있어야 하는 게 아닌가 하는 생각은 이후에도 한동안 이미영의 마음에 남았다.

영화 〈아이, 로봇〉에는 인공지능이 자동차를 운전하는 상황에서 사람의 목숨이 달린 사고가 발생하고 이와 비슷한 갈등이 발생한다. 로봇은 입력된 원칙대로 사고를 처리하지만 주인공은 자기 기준으로 생각했을 때 로봇의 원칙이 완전히 잘못된 판단을 내린 것이라고 생각한다.

인공지능과 윤리 문제에서 비상 상황에서 생명의 가치를 어떻게 판단하느냐는 문제는 가장 대표적인 고민으로 아예 '트롤리 문제'라는 형태로 정형화되어 있다. 번역해서 '광차 문제'라고 부르기도 한다. 선로를 따라 움직이는 전철같이 생긴 탈것이 움직이는데 그대로 움직이면 누가 사고를 당하고 급히 다른 방향으로 움직이도록 조작하면 다른 사람이 사고를 당한다는 식의 이야기다. 이때 그 전철처럼 생긴 탈 것을 트롤리 또는 광차라고 부르기 때문에 트롤리 문제 또는 광차 문제라는 이름이 붙은 것이다.

인공지능이 등장하기 전에도 트롤리 문제는 사람의 윤리적 결정이 쉽지 않다는 예시로 자주 거론되었다. 인공지능이 실제로 자동차를 운전하며 판단을 내리는 요즘에는 트롤리 문제가 너무나 많이 언급되었다. 그렇다 보니 인터넷에서 요즘은 농담거리처럼 트롤리 문제가 언급되기도 한다.

그러나 인공지능 시대의 트롤리 문제에 대한 핵심적인 고민은 남아 있다. 과거에는 트롤리 문제 같은 상황이 발생하면 결국 사람 개개인의 판단, 감정, 기분에 의해 순간적인 결정이 이루어졌다. 그런데 인공지능 시대에는 어떤 원칙에 의해 판단을 내리도록 미리 정해두어야 한다. 그렇다면 어떻게 정해두는 것이 옳을까? 다수결이 좋은 방법일까? 다수 의견이 개인적인 선택이 아니라 이때 다수가 속한 집단의 의견이라면 불공정할 수도 있지 않을까? 예를 들어, 백인과 흑인 두 사람 중의 한 사람의 목숨만 구할 수 있다고 할 때 어느 쪽을 택해야 하느냐의 문제에서, 그 나라에 백인 인구 숫자가 많다면 흑인을 희생해야 한다는 결론이 나오는 것이다. 만약 어느 한 쪽으로 결론을 내릴 수 있게 된다면, 생명에 관한 일인 만큼, 규정이나 법령을 만들어야 할까? 아니면 인공지능 자동차를 구입하는 사람이 자기 취향에 따라 어떤 식으로 판단하라고 자기 마음대로 설정하라고 해도 되는 문제일까?

9 인터넷 익명성은 유지되어야 할까?

익명성을 악용한 인터넷 범죄와 통제 위험성 사이의 균형 문제

#1984 #인터넷익명성 #사이버범죄 #인터넷실명제 #인터넷검열

화성의 클럽 거리에서 휴일을 즐기고 있던 이미영은 잠시 공원 벤치에 앉아 우주 인터넷을 보았다. 그런데 인터넷 게시물을 보다가 깜짝 놀라 소리를 질렀다.

"이게 뭐야, 너무 무섭잖아. 깜짝 놀랐네."

화면에는 무섭고 흉측한 귀신 그림이 나와 있었다. 오늘만 벌써 세 번째였다.

사람 괴롭히기 좋아하는 나쁜 인간들이 '중요한 정보입니다' '이 글 꼭 읽어보십시오. 인생이 달라집니다' 같은 제목을 붙여서 글을 읽도록 끌어들이고 있었다. 그런데 막상 글을 열어보면, 도움이 되는 정보 따위는 없고 사람을 깜짝 놀라게 만들거나 겁에 질리게 하고 머릿속에 계속 그 흉측한 장면이 남아 종일 기분을 찜찜하게 만드는 사진이나 영상을 보여줄 뿐이었다.

“이건 지나가는 사람 귀에 대고 갑자기 큰 소리로 욕설을 한 뒤에 도망치는 것과 별 차이가 없잖아? 왜 이런 짓을 하는 놈들을 가만두는 거지.”

마침 공원을 도는 순찰 로봇이 이미영 앞을 지나갔다. 이미영은 로봇에게 인터넷 화면을 보여주었다.

“이딴 글 올리면서 사람 괴롭히는 놈들 좀 붙잡아서 철저하게 단속해주세요. 썩어빠진 놈들.”

“네, 노력해보겠습니다.”

그런데 어쩐지 순찰 로봇의 반응이 성의 없게 들렸다. 로봇의 목소리야 어차피 기계가 내는 것이니 목소리에 성의가 없거나 있을 수 없었다. 그런데도 이미영은 느낌이 이상했다.

“정말로 이런 글 올리는 사람들을 제대로 단속할 수 있는 거예요?”

그러자 로봇이 한숨을 푹 쉬었다. 한숨 소리에 맞춰 화성의 인조 공기를 정말로 얼굴 앞쪽으로 뿜어내는 기능까지 작동되었다. 로봇은 이렇게 대답했다.

“사실을 말씀드리자면, 인터넷에 나쁜 글을 올리는 사람이 있더라도 단속하기는 쉽지 않습니다. 인터넷에서는 누가 어떤 신분으로 어디에서 글을 올리는지 감출 수 있잖아요. 이렇게 지독하게 나쁜 글을 올리는 놈들일수록 작정하고 자기 정체를 숨기려고 하거든요. 붙잡기는 굉장히 어렵습니다."

"그렇다고 이런 놈들이 그냥 난동을 부리도록 놔둔단 말이에요?"

"그러게 말입니다. 수사 당국에서도 걱정입니다. 특히 요즘에는 어린이를 대상으로 이런 짓을 하는 놈들이 많습니다. 어린이의 연약한 마음에 잠깐 봐도 평생 가는 충격을 남기는 나쁜 영상을 불쑥 들이밀거나, 나쁜 영향을 어릴 때부터 심어주는 영상을 올리는 놈들이 많습니다."

"어린이를 대상으로 이런 나쁜 영상이나 글을 들이민다면 특히 문제인데요."

"그나마 그냥 기분 나쁜 영상, 폭력적이고 사악한 글은 당장 큰 문제를 일으키지는 않지요. 나쁜 인간들 중에 인터넷에서는 누가 무슨 글을 올리는지 알지 못한다는 점을 이용해서 아주 나쁜 헛소문을 퍼뜨리는 놈들도 많습니다."

"나쁜 헛소문이요? 그런 문제가 심각해요?"

"지난번에 금성 주민들은 화성 주민들을 증오하고 있어서 금성에서 화성 주민이 눈에 띄기만 하면 붙잡아서 길 가운데에 묶어놓고 돌을 던진다는 헛소문이 인터넷을 통해서 한번 돌았잖아요? 엄청난 가짜 뉴스였지요. 결국 아무 근거 없는 사실로 밝혀졌습니다. 그렇지만 그 때문에 괜히 화성 사람들은 무의식중에 금성 사람들을 싫어하는 마음을 게품게 되었지요. 그런 느낌이 한번 퍼지면 쉽게 사그라들지는 않습니다. 일단 퍼지기만 하면 진짜든 가짜든 잘 안 없어지거든요. 그걸 노리는 거죠. 그런 식으로 착한 연예인이 사실 나쁜 놈이었다고 누명을 씌우거나, 좋은 식당인데 알고 보면 더러운 곳이라는 헛소문이 도는 바람에 피해를 본 사람도 여럿 있지요."

"그러니까 철저히 단속해야 하는 것 아닌가요?"

"인터넷에서는 누구나 자유롭게 글을 쓸 수 있어야 하니까 단속도 함부로 못 해요. 인터넷에서는 자신이 누구인지 숨기기가 워낙 쉬워요. 단속도 어렵고요. 게다가 요즘에는 인터넷을 이용해서 직접 큰 피해를 주는 범죄를 저지르는 놈들도 너무 많습니다. 마약을 팔거나, 수많은 사람들이 병을 앓게 만드는 바이러스 만드는 법을 공유하는 놈들도 있고, 아예 돈만 주면 지정하는 사람한테 레이저 폭탄을 던져주겠다는 놈도 있거든요. 그렇지만 인터넷에서는 실명을 알기가 어려우니까 누가 썼는지 추적이 어렵지요."

순찰 로봇의 설명을 듣고 있으니, 이미영은 겁이 났다. 화성은 살 곳이 못 된다는 생각이 들었다.

"금성은 인터넷을 철저히 관리한다고 하는데, 화성은 왜 이 모양인지…."

로봇이 다시 한숨을 쉬었다.

그 말을 들은 이미영은 금성이야말로 안전하고 살기 좋은 곳이 아닐까 생각하게 되었다. 그래서 남은 휴일은 금성에서 보내야겠다고 마음먹고 금성으로 날아갔다.

금성의 클럽 거리 입구에는 커다란 동상이 하나 서 있었다. 흥겹게 노는 클럽 분위기와는 어울리지 않는 정치인 동상이었다. 자세히 보니 그 동상은 금성의 총리를 표현한 것이었다.

“이런 동상이 여기에 왜 있나요?”

친절해 보이는 안내 로봇이 있기에 이미영이 물었다. 로봇은 낭랑한 목소리로 대답했다.

“이 동상은 우리에게 옳은 것이 무엇인지 알려주시는, 태양계에서 가장 훌륭하시고 은하수에서 가장 탁월하신 우리의 지도자, 은하수 중심 블랙홀처럼 우리 모두를 이끄시는 총리님이십니다!”

“이게 총리 동상이라는 것은 알겠는데요. 총리 동상을 왜 클럽 거리에 세워놓았느냐고요.”

“이렇게 훌륭하신 분의 동상이라면 많을수록 좋지요. 모두가 총리님의 말씀에 귀를 기울이고 총리님의 뜻을 더 착실히 따라야겠다는 마음을 갖도록 눈에 띄는 곳마다 총리님 동상이 있는 것도 좋은 일이지요.”

이미영은 아무리 로봇이지만 지나치게 정부 홍보용 발언만 한다고 생각했다. 이미영은 말을 좀 돌려서 묻기로 했다.

"그렇게 생각할 수도 있을 텐데, 그래도 클럽 거리 앞에 정치인 동상은 보기 싫다고 생각하는 사람도 있지 않을까요."

"그런 이상한 사람이 있을 가능성이 아주 조금 있을 수는 있겠지만, 그런 의견이 공식적으로 확인된 적은 없습니다."

"그럴 리가요? 인터넷 같은 데에 사람들이 투덜대면서 이건 좀 잘못되었다고 글을 올릴 것 같은데요."

"금성에서는 인터넷에 글을 올릴 때 누가 어디에서 올렸는지 철저한 확인을 거치고 있습니다. 자기 글에는 책임을 져야지요. 사회를 어지럽게 하고 사회를 어지럽히는 글을 올리면 순찰 로봇이 바로 체포합니다."

"뭐라고요? 정부에 불만을 표출하는 글을 인터넷에 올리면 누구인지 추적해서 잡아간다고요?"

"그렇습니다. 모든 것이 추적되고 통제되는 인터넷의 장점이죠."

"그게 장점인가요?"

"정부만 범인을 추적하는 것이 아닙니다. 직장인이 자기 직장에 대한 불만이나 비밀을 인터넷에 올리면 경영진들이 바로 당사자를 추적해서 해고하고 소송을 걸어 손해배상을 청구합니다. 학교나 동네에서도 마찬가지입니다."

"범죄자들을 잡기 위해 인터넷을 조금씩 통제하기 시작

한 것이 어느 날 이렇게 악용될 수도 있는 건가요?"

"하하하, 악용이라니요. 그런 단어를 사용하시면 곤란하지요, 하하하."

로봇의 웃음소리가 너무나 인공적으로 들렸다. 이미영은 금성에서도 오래 머무르면 위험하겠다는 생각이 들었다.

잘 알려진 고전 SF인 《1984》는 거대한 정부가 개인의 삶을 하나하나 살펴보고 통제하는 세상을 다룬다. 혹시나 정부에 불만이 있고 무엇인가 잘못되었다는 것을 지적하려는 사람이 있다고 하더라도 그런 사람이 누구인지 바로 추적해서 잡아들일 수 있기 때문에 반대 의견을 철저하게 막을 수 있다. 그렇기 때문에 세상을 통치자의 뜻대로 조종해 나가는 지배자에게 반대하는 사람들을 모아 저항한다는 것이 거의 불가능하다.

현실의 인터넷에서 이런 문제는 당장 심각하게 드러나고 있다. 한쪽에서는 인터넷으로 나쁜 정보를 주고받아도 추적하기 어렵다는 점을 이용해서 마약 밀매에 인터넷을 이용하거나, 남을 욕하고 거짓 정보를 퍼뜨려 사기를 치려는 사람들이 있다. 2023년에 일어났던 사건 중에는 누군가가 인공지능으로 폭탄 테러가 벌어진 장면을 진짜처럼 만들어서 인터넷에 유포하는 바람에 "지금 폭탄 테러가 일어났으니 경제에 혼란이 발생할 것이다"라는 소문이 퍼져 주식 시장에 혼란이 일어난 사건도 있었다. 누군가가 일부러 주식 시장의 혼란을 이용해서 돈을 벌기 위해 그런 사기를 벌였을까?

그런가 하면 몇몇 독재 국가에서는 사람의 통신을 철저히 감시해서 그 국가의 정책에 반대하는 사람을 추적하고 국가를 비판하는 이야기는 퍼뜨릴 수 없도록 막아버리고 있다. 이런 나라에서는 여러 가지 의견이 공유되기도 어렵고, 국가가 잘못된 정책을 추진하고 있을 때 이를 지적해서 막기도 어렵다. 만약 20세기 초에 지금 같은 통신, 정보기술이 있어서 사람의 모든 행적을 정부가 철저히 추적할 수 있었다면 한국의 옛 독립운동가들이 감시를 피해 독립운동을 하는 것은 거의 불가능했을 것이다.

미래 사회에는 잘못된 정보로 사기를 치거나 범죄를 저지를 수 있는 위험의 크기도 점점 커질 것이고, 반대로 정부가 정보를 철저히 통제할 경우 정부에 저항하는 사람을 추적해서 탄압하기도 훨씬 쉬워질 것이다. 그렇다면 어느 선에서 자신을 드러내지 않는 인터넷을 자유롭게 활용할 수 있다고 정해두는 것이 옳을까? 어떤 식의 관리 방법이 가장 좋을까?

10 개발이 먼저일까, 보존이 먼저일까?

자연스러운 개발과 인위적 보존이
인류 생존 문제와 엮일 때의 딜레마

#환경보존 #기술개발 #인류멸망 #개발도상국 #친환경신기술

지름길을 찾겠다고 안드로메다은하의 미개척 지역을 지나던 이미영과 김양식은 대단히 이상한 생명 신호를 방출하는 행성 하나를 발견했다. 이미영은 호기심을 느껴 행성에 착륙해서 살펴보기로 했다.

"도시가 있는데요?"

김양식의 말대로였다. 두 사람은 지금까지 그 어떤 지구인도 알지 못하던 이상한 도시가 그 행성에 있다는 사실을 발견했다.

"지능이 발달한 외계인들이 자기들만의 사회를 이루고 사는 것인지도 몰라."

처음 얼마간 이미영은 자신이 새로운 외계인 종족을 발

견한 것인지도 모른다는 생각에 굉장히 흥분했다.

그 종족의 외모는 지구인과 구별되지 않을 정도로 유사해 두 사람은 일단 자연스럽게 섞여들어 살피기로 했다. 처음에는 눈에 띄어 공격당하지 않도록 조심하느라 무척 긴장했다. 그런데 얼마간 돌아다니다 보니, 그들의 문화에 특이한 점이 여럿 있기는 했지만 지구인과 공통점도 아주 많다는 사실을 알게 되었다. 보면 볼수록 평범한 사람이었다. 이미영, 김양식은 길에서 그 도시의 어느 부동산 중개업자와 마주쳐서 대화하다가 그 이유를 들을 수 있었다.

"요즘 젊은 사람들이 역사에 대한 상식이 없다고는 하지만 정말 이건 너무하네. 우리가 어디에서 왔는지도 몰라? 우리는 지구인의 후손이라고. 지구인 중에서 썩어빠진 지구의 타락한 세계가 싫어서 우리만의 문화를 가진 좋은 세상을 건설하기 위해 이 머나먼 행성으로 온 거잖아. 그 후에 우리는 원래 지구에 살던 지구인들과는 모든 연락을 끊고 그들 모르게 우리만의 세상을 만든 거지. 지구를 떠나 새 세상을 개건한 위대한 선조들 이야기, 그것도 몰라?"

긴 세월이 지나는 사이에 아무도 모르는 그들의 도시는 번성해서 인구 100만을 헤아리고 있었다. 그들의 기술은 대략 지구의 19세기 말에서 20세기 초 수준이었다. 지구와 연락할 방법은 갖고 있지 않았다. 그런 상태로 그들은 나름대로 세상을 만들어가고 있었다.

이미영과 김양식은 그 행성에서 며칠간 지내면서 이들의 사회가 요즘 큰 논쟁에 빠져 있다는 사실을 알게 되었다. 언어 번역 컴퓨터를 동원해서 그들의 신문과 잡지를 최대한 살펴보니 논쟁의 핵심은 간단했다.

이미영은 읽은 내용을 김양식에게 요약해주었다.

"이 행성에 커다란 혜성이 충돌해서 행성이 통째로 멸망할 가능성이 크다는 거야. 앞으로 75년 정도 후에 그런 일이 벌어진다는데."

이 행성의 학자와 정치인들은 나름대로 여러 가지 대책을 궁리했다. 그들의 무기를 이용해 혜성을 파괴하는 방안을 살펴보기도 했고, 그들이 가진 교통수단을 이용해서 다른 행성으로 대피할 생각을 해보기도 했다. 그렇지만 그들의 무기는 원시적인 대포와 수류탄 수준이었고, 교통수단이라고 해봐야 열기구와 자전거 정도였다. 우주의 위협을 막아낼 방법이 그들에게는 없었다.

마침내 정치인들은 전혀 다른 방법의 해결책을 제안했다. 그것도 해결이라고 할 수 있는지 모르겠지만 말이다. 문제의 초점은 혜성이 충돌하는 시점에 있었다. 혜성 충돌로 세상이 멸망하는 것은 석 달 후나 넉 달 후도 아니고, 그렇다고 1,000년 후나 1만 년 후가 아니었다. 마침 75년 후라는 교묘한 시점이었다.

"다행히 우리는 75년 앞서서 이 문제를 알아냈습니다.

우리에게는 충분한 시간이 있습니다. 그래서 우리는 '영예로운 퇴장'이라는 방안을 개발했습니다. 그것은 이제부터 아무도 자식을 낳지 않음으로써 후손을 남기지 않는 것입니다. 지금부터 새로운 사람이 태어나지 않는 세상을 만들어간다면, 어제 태어난 아기라고 하더라도 적어도 75세까지는 살 수 있을 것입니다. 더 나이 든 사람들은 75년이 흐르는 동안 하나둘 세상을 떠나겠지요. 그렇게 되면 75년 후 혜성이 우리 행성에 충돌해서 세상을 끝장낼 때 우리 행성에는 75세까지 장수한 몇몇 노인들 말고는 아무도 없을 것입니다. 텅 빈 행성뿐일 것입니다. 그 상황에서 세상의 종말을 맞는다면, 우리는 큰 혼란도, 많은 고통도 없이 자연스럽게 사라질 수 있을 것입니다. 남은 75년 동안은 모두가 남은 세월에 감사하면서 서로 돕고 모든 시간을 보람차게 사용하기 위해 애쓰면서 평화롭게 보내면 됩니다. 자식에게 큰 유산을 남겨주기 위해 아등바등할 것도 없고, 역사에 이름을 남길 만한 공을 세우려고 피나는 노력을 할 필요도 없는 세상입니다."

"옳소!"

"누군가는 이것이 종말을 앞둔 지옥이라고 생각하겠지만, 우리가 이렇게 태도만 바꾸면 이것은 우리가 경험할 수 있는 마지막 유토피아인 것입니다!"

영예로운 퇴장 방안은 큰 인기를 얻었다.

만약 그 방안이 실시되면, 부질없이 전쟁에 돈을 쓰거나 쓸데없이 먼 미래를 위해 투자하는 일도 없어질 것이다. 그만큼 여유자금을 가난한 사람을 돕는 일에 더 쓸 수 있을 것이다. 그렇게 지금보다 훨씬 더 평화롭고 풍요롭게 평생을 살 수 있을 거라고 생각하는 사람도 많았다.

그러나 그 의견에 반대하는 사람들도 적지 않았다.

"어떻게 마지막 순간까지 미래를 위해 도전하지 않는단 말입니까? 지금 우리는 기술의 한계를 느껴서 모든 것을 포기하지만, 앞으로 태어날 새로운 세대는 우리보다 더 뛰어난 생각을 할 수 있는지도 모르지 않습니까? 오히려 우리는 후손을 낳고 그 어느 때보다 열심히 교육시켜 더 뛰어난 인재로 키워나가야 합니다. 그러다 보면 그 사람들 중에 분명히 혜성이 충돌해 세상을 파괴하는 문제를 해결할 사람들이 나타날지도 모릅니다."

"그런 생각은 무모한 것이오. 답이 나올지 안 나올지도 모르지만, 미래에는 어떻게든 답이 나올 수도 있다는 막연한 기대만으로 자식에게, 후손에게 문제를 떠넘기는 일 아니오? 돈을 거의 다 잃은 도박판에서 마지막에 될 대로 되라는 심정으로 모든 돈을 모조리 다 거는 것 같은 행태가 아니겠소!"

그러나 영예로운 퇴장 방안의 반대자들은 주장을 굽히지 않았다.

"40년 전, 나무와 장작이 부족해서 행성 전체가 난리를 겪었던 적이 있었습니다. 그때 무기, 배, 물레방아, 농기구 등을 만들려면 나무를 재료로 써야 했기 때문에 너도나도 나무를 베는 바람에 아주 심각했지요. 나무가 다 잘려 나가고 숲이 파괴되어 온 세상이 사막으로 변할지도 모른다는 말까지 나올 정도였습니다."

"그 일은 기억하고 있소. 그런데 그게 무슨 상관이란 말이오?"

"우리가 나무 부족 문제에 시달리던 그 시절에 몇몇 도시에서는 무기나 배 만드는 일을 줄이고 나무를 보존해야 한다고 강하게 주장했지요. 그 도시들이 나무를 보존하겠다고 애썼지만 결국 행성 전체로 보면 별로 표시도 나지 않았지만요. 그러는 동안 결국 세계 정복에 성공한 도시는 나무를 무제한으로 잘라서 많은 무기와 배를 만들어 강력한 군대를 갖춘 우리 도시였습니다."

"그렇소. 우리 조상과 선배들의 자랑스러운 역사요."

"그때 우리 도시가 행성을 정복한 뒤 세계를 여러 구역으로 나누어 나무를 잘라도 되는 지역과 안 되는 지역을 지정하고 단속하면서, 비로소 나무를 무분별하게 벌목하는 시대는 끝났습니다. 아시겠습니까? 일단 힘을 갖추고 미래에 투자할 수 있는 경제력이 있어야 뭐든 해결책이 나오는 것입니다."

"황당하군요. 그때 우리 도시가 그렇게 빨리 세계를 정복하지 못했다면, 아무리 좋은 의도라도 결국은 전쟁에 이길 무기를 만들려고 모든 나무를 다 잘라 없앴을 겁니다. 그러면 행성은 사막으로 변해 우리 모두 함께 망했을 겁니다. 그런 위험한 사례가 이 문제의 답이 될 수는 없습니다."

"그래도 어떡하겠습니까? 계속 개발하고 발전하려고 노력해야 문제의 답을 찾고 새로운 시대로 나아갈 수 있는 겁니다. 더구나 75년 뒤에 노인만 남아서 모두 마음의 준비를 했는데, 그즈음에 혹시 다른 사건이 발생해 혜성이 우리를 비껴가게 되면 그때는 어떻게 할까요?"

"도박꾼 같은 생각일 뿐입니다!"

이미영과 김양식은 점점 심해지는 논쟁 속에서, 언제 나서야 할지 눈치를 보고 있었다.

자신들이 지구에서 왔고, 지구의 우주 함대에 부탁하면 그런 혜성 정도는 쉽게 파괴해줄 수 있다고 이야기할 시점은 언제일지. 그러는 동안 논쟁이 격렬해지면서 어느 편을 들면서 말할 기회를 찾아야 할지 점점 더 헷갈리기 시작했다.

단편집 《토끼의 아리아》에 수록된 〈조용하게 퇴장하기〉에서 태양 폭발로 종말을 70여 년 앞둔 지구의 상황이 다루어진다. 이 소설에서 지구 사람들은 이미 영예로운 퇴장을 결심한 상태다. 세상 그 누구도 자식을 새로 낳아 아이를 기르는 것은 금지되어 있다. 세상 모든 사람들에게 인생이란 이렇게 한 번 왔다가 가는 것일 뿐이고, 조용하고 평화롭게 살다 마치면 된다는 생각을 심어주는 교육이 시행되고 있다. 이런 상황에서 또 다른 가능성을 생각하는 사람들이 나타날 확률은 없을까?

이런 이야기는 보기에 따라서는 개발주의자와 보존주의자의 해묵은 논쟁과 연관 지어 생각해볼 수 있다. 기술을 개발하고 경제를 발전시키는 과정에서는 어떤 부작용이 나타날 수 있다. 환경 파괴가 일어날지도 모른다. 그렇다면 기술 개발과 경제 발전은 포기해야 할까? 어쩌면 기술을 더 많이 개발하고 경제를 더 발전시킴으로써 그 부작용과 환경 파괴를 줄일 새로운 기술과 경제력을 갖게 될지도 모른다. 전 세계에서 꼽아볼 만한 가장 대표적인 사례는 울산의 태화강이다. 1990년대 초까지만 해도 난잡한 산업 개발로 울산 중심부를 흐르는 태화강은 극심하게 오염되었다. 그러나 울산의 경제력과 발달한 기술을 동원해서 수질 개선 사업을 지속적으로 진행한 결과, 2020년대의 태화강은 전국 대도시의 어느 강 못지않게 깨끗하고 아름다운 곳으로 변모했다. 태화강 수질이 1급수로 판정받는 일도 심심찮게 있어서 한참 과거에 비해서도 강이 오히려 더 깨끗하고 아름다워졌다고 할 수 있을 정도다. 만약 울산이 경제 개발을 처음부터 포기했다면 이 정도로 강을 가꿀 수는 없었을 것이고, 가난도 피하지 못했을 것이다.

그렇다고 당장 돈을 벌 수 있고 기술을 발전시킬 기회가 있다고 해서 환경 파괴 문제를 무시해서도 안 된다. 환경 파괴의 대가로 큰 재난이 발생하거나 수많은 사람이 피해를 보는 일도 세계 곳곳에서는 자주 발생한다. 환경 파괴로 피해를 보는 사람과 경제 개발 및 기술 발전으로 이익을 보는 사람이 일치하지 않는 일도 종종 벌어지는 일이다. 그렇다면 개발과 보존 사이에서 균형을 잡는 좋은 방법은 무엇일까? 어떤 절차를 만들어두는 것이 현실적이고 효과적일까? 균형을 잡는 방법이 생각대로 바람직하게 풀려나가지 않을 만한 위협이 있을까?

11 달의 소유 및 개발권은 어떻게 분배해야 할까?

우주 개척 시대,
새로운 별의 영유권 문제

#우주개발 #우주자원 #우주식민지개척 #우주조약열

이미영은 특이한 컴퓨터 신호를 감지했다.

"달에 있는 포피의 분화구 근처에 꽂아둔 태극기가 손상되었다는데?"

소란스러운 통신들이 다시 공용 통신망에 쏟아져 나왔다. 태극기가 꽂혀 있던 곳 근처에 무슨 사고라도 났는지 알아봐야 할 것 같다든가, 화산 폭발 같은 전혀 예상하지 못한 현상이 벌어졌는지 조사해야 한다는 이야기도 들려왔다.

"저희가 빨리 가서 한번 살펴볼 테니까, 수고비를 조금 주실 수 있으실까요?"

이미영이 제안한 그 이야기를 우주개발청은 받아들였다. 그래서 이미영과 김양식은 우주선을 타고 잽싸게 달로

갔다. 사고가 난 곳은 한국인이 최초로 달에 착륙했던 장소여서, 위치 정보가 풍부한 편이었다. 자동 조종으로도 쉽게 그 위치를 찾아갈 수 있었다.

"하늘에서 운석 같은 게 떨어진 것 아닐까요? 달에는 공기가 없어서 그런 게 잘 떨어지잖아요. 우연히 태극기에 맞았겠죠. 달에서 화산이 폭발한다는 것은 가능성이 거의 없는 일 같고."

김양식은 그렇게 말했다. 이미영도 어느 정도는 공감했다. 그러나 막상 태극기가 있던 곳에 도착하자 둘의 예상과는 전혀 다른 모습이 펼쳐져 있었다.

이상하게 생긴 우주선과 기이한 모양으로 움직이는 금속 기계가 주변을 돌아다니고 있었기 때문이다. 처음 두 사람은 혹시 외계인이라도 나타났나 싶어 깜짝 놀랐다.

그런데 가까이 가서 살펴보니, 그 기계 장치에는 룩셈부르크 국기 모양이 있었다. 특이한 모양이기는 했지만 결국 지구에서 만든 기계라는 뜻이었다. 기계에는 음성 인식 컴퓨터가 달려 있다는 표시가 있었다. 이미영은 룩셈부르크 국기가 붙어 있는 기계에 물어보았다.

"여기는 한국에서 태극기를 꽂아놓은 곳인데요. 태극기를 뽑아버리고 다른 작업을 하시면 어떡합니까? 한국에서는 사람이 달에 처음으로 도착한 곳이라고 해서 굉장히 중요하게 여기고 있는 곳이라고요."

"저희도 알고는 있었습니다. 뽑아놓은 태극기는 한쪽에 잘 보관해두었습니다. 회수해서 박물관으로 가져가시든지, 아니면 옆에 있는 다른 공터에 꽂든지 하시지요."

"무슨 말이에요? 원래 있던 자리에 다시 세우게 해주셔야죠."

"그건 안 됩니다. 저희 룩셈부르크에서 이곳에 얼음이 묻혀 있는 것을 발견했습니다. 그 얼음을 녹이면 사람이 마실 수도 있고, 농작물을 기를 수도 있습니다. 얼음을 전기로 화학 분해하면 숨 쉴 산소를 얻을 수도 있고 우주선 연료가 되는 수소도 얻을 수 있습니다. 이렇게 소중한 자원이 있어서, 저희가 캐서 쓰려는데 태극기가 꽂혀 있으니 작업을 할 수 없습니다. 그건 한국인들에게도 문제입니다. 태극기를 꽂아놓은 채 작업하다가 잘못해서 이 귀한 태극기가 찢어지기라도 하면 큰일 아닙니까?"

기계는 땅을 파는 작업을 계속했다. 자세히 보니, 처음에 외계인이라고 생각했던 것은 특이한 모양으로 생긴 땅 파는 도구였다.

김양식도 기계에 따졌다.

"그러면 더 큰 문제죠. 그렇게 귀한 얼음이 있는 곳에 한국의 태극기가 이렇게 보란 듯이 꽂혀 있는데. 이 땅을 함부로 빼앗아 가시면 어떡합니까? 이 땅은 한국에서 개발해야 합니다. 룩셈부르크에서 태극기 깃발을 뽑아내고 마음대

로 파헤치다니요."

"그런 논리는 받아들일 수 없습니다. 깃발만 꽂으면 무조건 자기 땅이 되는가요? 길을 가다가 마음에 드는 공터가 있을 때, 자기 가문이나 자기 회사를 상징하는 깃발을 꽂으면 거기를 그 사람 소유로 인정해 주나요? 아니잖습니까? 땅은 땅 주인에게 정당한 대가를 주고 사야 자기 땅이 되는 것이지요. 그게 아니면 공공 소유의 나라 땅이고요."

"여기는 달이잖아요. 달을 원래부터 가진 나라는 없잖아요. 사람이 먼저 가서 깃발을 꽂아놓은 곳이라면 우리 땅으로 인정해줘야죠."

"저희도 사실 이런 일로 다투면서 문제를 일으키고 싶지는 않습니다. 한국과 룩셈부르크가 딱히 사이가 나쁘지도 않고요. 그러니 이렇게 하겠습니다. 깃발은 원상 복구하시죠. 그러면 저희는 깃발은 건드리지 않고 깃발을 꽂아놓은 정확히 그 자리, 가로세로 30센티미터 넓이의 땅을 피해서 그 주변을 전부 개발하겠습니다."

"그건 이상하죠. 깃발을 꽂아두었으면 인간적으로 그 주변의 어느 정도 땅덩어리는 그 깃발에 속한 땅으로 치는 게 상식이죠. 정확히 깃발이 꽂혀 있는 손바닥만 한 크기만 인정해준다는 것은 이상하잖아요. 그러면 넓은 땅을 차지하려면 깃발 수만 개, 수십만 개를 가져와서 모내기하듯이 촘촘하게 꽂아야 하나요?"

"그러면 다시 원래의 문제로 돌아갑니다. 깃발만 꽂아 둔다고 그 주위의 넓은 땅을 무조건 깃발 주인에게 주는 것은 말이 안 됩니다. 땅을 준다면 주위의 어느 정도 넓이의 땅을 주어야 한단 말입니까? 더군다나 그런 식으로 한다면 달의 대부분은 러시아 땅이 될 것입니다. 러시아 우주선들은 일전에 달 주위를 돌면서 아주 작은 초소형 깃발들을 곳곳에 우수수 뿌려놓았기 때문입니다. 그것을 모두 깃발 꽂은 것으로 인정해야 한다면, 남은 땅이 별로 없을 지경입니다."

"그건 너무 심하긴 하지만…."

김양식은 긍정도 부정도 할 수 없어 말끝을 흐렸다. 그러자 기계가 다시 말했다.

"저희 개발팀이 있는 곳 근처에는 지금 사람이 와서 머물고 있습니다. 사람이 먹고 자면서 사는 달 기지를 건설했다는 뜻입니다. 사람이 오래 머무르려면 이곳에 있는 얼음이라는 귀중한 자원을 반드시 개발해서 써야 합니다. 사람이 살아남는 것만큼 중요한 일은 없지 않습니까? 그래서 얼음을 캐서 쓰려고 하는데, 옛날에 잠깐 다녀간 어떤 외국 사람이 깃발 하나 덜렁 꽂아놓고 갔다고 해서 얼음을 쓰지 못하고 생존에 어려움을 겪는다면 그것은 세상 누구도 공감하지 못할 일일 것입니다."

"그건 그렇긴 하지만…."

"그렇죠?"

"그러면 어쩌자는 건가요? 이제부터 여기에서 캐서 쓰는 얼음은 당신들이 다 차지할 거라는 이야기인가요?"

"당장 살아남아야 하니 어쩔 수 없지 않습니까?"

"그러면 앞으로 달이나 화성 혹은 우주의 다른 개발할 만한 곳은 이렇게 누구든 먼저 가서 울타리 치고 파헤치는 작업을 시작하면 다 그 사람 것이라는 말입니까? 먼저 가서 곡괭이질하고 드러누워 있으면 그냥 인정해주는 식인가요? 그렇게 마구잡이로 개발해서는 안 될 것 같은데요."

"우주 개발이 다 그렇지요. 이미 20세기부터 지구 정지 궤도라는 아주 유용한 위치에 인공위성을 보낼 때, 그 위치의 공간이 한정되어 있어서 누가 그 자리를 차지하느냐가 문제가 되었던 적이 있습니다. 결국은 선착순으로 인공위성을 먼저 그 자리에 올리는 쪽이 임자라는 식으로 일이 진행되었지요. 달에서 여러 나라가 협의한 원칙을 만들기 위해서 2020년 즈음에 미국의 주도로 여러 나라가 협의하는 아르테미스 협정이라는 것이 체결된 적도 있기는 합니다만, 그 협정에 참여하지 않은 나라들은 자기들끼리 다른 협정을 맺기도 했기 때문에, 결국 지금은 별 의미가 없어졌습니다."

"그래도 이렇게 원칙이 없는 것은 너무 이상한데요. 세계 여러 나라가 협의해서 달과 우주를 개발할 권리를 누가 어떻게 가져야 하는지 제도를 만들고 그것을 따라야 하지 않을까요?"

기계는 대답하지 않고 멈추었던 작업을 시작했다. 그리고 작업하면서 꼭 혼잣말 비슷하게 내뱉었다.

"어차피 그런 국제 협의 제도를 만든다고 해도 결국은 강대국들이 자기들 유리한 쪽으로 정할 겁니다. 그럴 바에야 차라리 지금처럼 돈을 들여서 우주에 직접 사람이 올 경우에 선착순으로 땅을 차지하는 것이 공평하지 않습니까? 우주에서 다툼이 생기면 어느 나라의 어느 법정에 소송을 걸어야 할지도 모르는 판국에."

미국 SF TV 시리즈 〈스페이스 포스〉는 달에서 벌어진 나라 간의 관할권 문제를 중요한 사건으로 다루고 있다. 〈스페이스 포스〉에는 미국 달 탐사팀과 중국 달 탐사팀이 서로 경쟁을 벌인다. 어디까지가 중국 땅이고 어디까지가 미국 땅이라는 명확한 원칙이 없기 때문에 미국과 중국의 달 탐사대가 서로 힘을 겨루어 결정해야 한다는 분위기까지 감돈다. 이 다툼은 결국 지구에서 미국과 중국의 더 큰 다툼으로 이어질 우려를 낳게 된다.

미래에 우주의 여러 지역을 개발하게 되면, 이런 식의 관할권 싸움, 권리 싸움은 상당히 진지한 고민거리가 된다. 달에 사람이 정착하는 문제를 생각하면 물이 있는 지역이 귀중한 곳이 될 것이고, 소행성 개발 사업을 한다면 그곳에 묻혀 있는 자원을 캘 권리가 누구에게 있느냐가 중요한 문제다. 우주에서는 새로운 것을 최초로 발견한 사람과 그 발견을 과학적으로 증명하고 확인한 사람, 그곳에 실제로 도달해서 발자국을 찍은 사람, 그곳에서 처음 자리 잡아 개발 사업을 진행하려는 사람 등등이 다를 경우가 많다. 그런 혼란스러운 상황에서 누구의 권리를 얼마나 인정해줄지에 관해 아직까지 세계적으로 합의된 명확한 원칙은 없다.

결국에는 여러 나라 간의 합의로 규정을 하나씩 만들어 가는 수밖에 없을 것이다. 어떤 사람이 어떤 절차를 밟았을 때 우주의 어느 지역을 그 사람의 땅, 그 사람의 것으로 인정해 줄 수 있을까? 그 권리를 영원히 인정해줘야 할까, 일정한 기한을 두는 것이 옳을까? 이런 문제에 관해서는 어떤 원칙을 택해서 어떤 절차에 따라 규정을 정하는 것이 옳은 방법일까?

실제로 유럽의 룩셈부르크는 우주에서 돈을 버는 개발 사업에 관해 다른 나라들에 비해 먼저 규정을 만들고 제도를 개발해서 주목을 받은 나라다. 그러나 미래에 다른 여러 나라들이 룩셈부르크의 방침을 모두 인정하고 찬성하게 될까? 신항로 개척 시대에 신대륙을 발견했다거나 새로운 섬을 발견했다고 주장하던 유럽의 탐험가들은 자칫 잔인한 침략 행위를 저지르던 때가 많았기 때문에, 그 시절의 규정을 그대로 본받아 활용하는 것은 좋은 방법이 아닐 것이다.

12 우주의 미개척지에 간섭하면 안 될까?

인위적 개입이 불러올 나비효과의 문제

#우주개발 #외계종족 #우주탐사 #원시부족

베텔게우스 별 주변을 지나던 이미영과 김양식의 우주선이 갑자기 급하게 떨리기 시작했다. 이미영은 놀라서 소리쳤다.

"이거 왜 이런 거야?"

"지난번에 우주해적들이 쏜 광선총에 맞은 부분이 못 견디고 망가진 것 같은데요."

"이러다가 우주선이 폭발할 것 같은데, 어쩌지? 물이 많은 곳에 가면 일단 뜨거워진 부분을 식히고 급하게 수리해 볼 수 있을 것 같은데. 근처에 물이나 얼음이 많은 행성이 없을까?"

김양식은 재빨리 주변 우주 공간에 대한 자료를 검색해

보았다. 그리고 마침 아무도 살지 않는 행성을 발견해서 그곳에 불시착했다.

그곳은 얼음 빙판이 넓게 펼쳐진 곳이어서 우주선을 긴급히 수리하기에 적합했다. 이미영과 김양식은 겨우 목숨을 구할 수 있었다.

우주선을 그럭저럭 수리하자마자 두 사람은 다시 지구로 향했다. 우주선을 깔끔하게 정비할 필요가 있다고 생각했기 때문이다. 우주정거장 한 곳에 들러서 우주선 부품을 판매하는 로봇과 피곤한 흥정을 한참 하고 나니, 거대한 분해 재조립 로봇이 한 손으로 우주선을 번쩍 들어 올렸다.

그때 우주 변호사 대리 로봇이 나타났다. 변호사나 변호사 대리 로봇이 나타났다면 좋은 소식일 리가 없었다. 로봇은 친근하고 명랑해 보이기 위한 모습으로 제작되었는데, 그 결과 상당히 촐싹대는 모습이었다.

"은하수 검찰이 이미영 씨와 김양식 씨를 기소할 예정이라는 정보를 얻었습니다. 중대 법 위반 사항으로 재판을 받으실 것이고 재판 결과에 따라 처벌받으실 겁니다. 처벌을 최대한 가볍게 하려면 저희 변호사를 고용해서 유료 상담을 받아보시지요. 이런 경우에 처벌을 피할 수 있는 125가지 방안을 맞춤형으로 제안해드립니다."

이미영은 로봇이 말을 멈추도록 제지했다.

"잠깐만요. 좀 더 자세히 말해보라고요. 우리가 무슨 법을 어떻게 위반했기에 처벌받을 가능성이 있다는 거예요? 우리는 법 없이도 살 사람들이라고요."

"두 분은 얼마 전에 베텔게우스 별 근처를 지나다가 행성 88873232호에 착륙하신 적이 있지요? 그리고 거기서 1만 1,052킬로그램의 물을 사용하셨고요."

김양식은 로봇이 뭘 말하는지 알 것 같았다. 그가 대답했다.

"무슨 행성인지는 잘 모르겠고요. 저희 우주선이 폭발할 것 같아서 아무도 안 사는 행성에 착륙해 급히 고쳤던 적은 있습니다. 아무도 안 살고 누구도 소유권이 없는 행성이었는데요. 우리는 아무 짓도 안 하고 물만 썼습니다."

"바로 그게 문제입니다!"

로봇은 반가워하며 웃었다. 그리고 말을 이어갔다.

"새로 발효된 은하수 행성 진화 보호 조례에 따라 다른 행성에 함부로 착륙하는 것은 엄격히 금지되어 있습니다. 그 조례를 어기셨으니 당연히 처벌을 받으시겠죠."

"아니, 아무도 안 사는 빈 행성에 착륙하는 게 무슨 큰 죄입니까? 그런 아무도 안 사는 행성에 우리가 일부러 착륙해서 그 행성을 경험해보고 정보도 갖고 왔으면 그것은 행성에 관해 탐사한 것이니까 좋은 자료를 가져왔다고 칭찬이라도 해줘야 하는 것 아닙니까?"

"그런 극히 인간 중심적인 사고방식에 머물러 있었을

때가 있었죠."

로봇은 또 웃었다. 이미영은 왜인지 그 웃음을 따라 해 보고 싶다는 생각이 들었다. 로봇이 이어서 다시 말했다.

"선생님은 그냥 무심코 잠깐 착륙했다고 생각했겠죠. 그렇지만 멋대로 새로운 지역을 개척하겠다고 사람의 손이 닿지 않은 동굴에 들어가서 걸어 다니다가 그 동굴에서만 피어나는 꽃을 다 밟아 죽였다고 생각해봅시다. 그게 잘한 일일까요? 선생님은 그런 심각한 자연 파괴를 저지르셨다는 겁니다."

로봇은 두 사람을 강하게 비난할수록 더 강한 미소를 띠는 프로그램이 작동하는 것 같은 표정이었다. 이번에는 이미영이 로봇에게 따졌다.

"잠깐, 잠깐만요. 그런데 저희가 검색해보기로는 그 행성에는 꽃 같은 것은 전혀 없었어요. 꽃이나 풀이나 외계 곤충 같은 게 돌아다니고 있으면 저희도 조심했겠죠. 그렇지만 그런 게 전혀 없었다니까요. 그냥 아무것도 없는 행성이었어요."

"그것조차도 너무나 인간 위주의 권위적이고 독단적인 사고방식입니다. 사람의 눈에 보이는 크기의 생물만 생명이라고 칠 수 있을까요? 맨눈에는 보이지 않지만, 확대경이나 현미경으로 보면 아주 잘 보일 세균이나 곰팡이 같은 작은 미생물들이 1,000만 마리, 1억 마리 살고 있었는데, 두 사람 때문에 밟혀 죽었을지도 모르는 일 아닙니까?"

"아니, 밖에 나갔다가 와서 손만 깨끗이 씻어도 세균이 10억 마리는 죽을 텐데, 세균 몇 마리 죽은 게 그렇게 큰 죄가 됩니까?"

"죄가 되지요. 그 행성은 지구와는 전혀 다른 행성이지 않습니까? 그곳에 사는 세균들이 앞으로 무럭무럭 자라나면서 1,000만 년, 1억 년, 10억 년이 흐르다 보면 완전히 새로운 생물로 진화해서 전혀 다른 생태계를 이룰지 누가 알겠습니까? 여러분이 함부로 건드리지만 않았다면, 20억 년 후, 행성 88873232호에는 온갖 생명체들이 번성하는 낙원 같은 곳이 되었을지도 모릅니다. 그리고 그곳에서 지성을 가진 생명체가 출현해서 사람과는 또 다른 문화와 기술을 가진 사회를 이루고 살지도 모릅니다. 그 종족이 대단히 뛰어난 과학기술과 아주 성숙한 사상을 만들어낼지도 모릅니다. 그리고 그 과학기술과 사상이 인류의 수많은 고민을 해결해주고 우리 은하수가 갖고 있는 온갖 문제를 해결해줄지도 모를 일 아니겠습니까?"

"그걸 누가 알아요? 그럴 가능성은 작잖아요."

"그렇지만 여러분이 그곳에 사는 미생물을 죽이는 바람에 그나마 있던 가능성을 완전히 없애버린 거죠. 그건 여러분의 죄입니다."

이미영과 로봇이 대화하고 있는 동안 김양식은 부지런

히 옆에 있던 컴퓨터로 무엇인가를 찾아보고 있었다. 그러다가 찾던 것을 발견하고 대화에 끼어들었다.

"그런데 이것 좀 보십시오. 그 행성에는 세균이나 곰팡이 같은 생물조차도 살지 않는다는 조사 결과가 저희 우주선 컴퓨터에 기록되어 있어요. 저희는 아무 생물도 해친 적이 없다고요."

그래도 로봇은 전혀 물러나려는 태도가 아니었다.

"자, 일단 여러분이 생각하는 생물이라는 것부터가 지구 기준으로 말했을 때 살아 있는 것, 생물이라는 겁니다. 몸이 단백질로 되어 있고, DNA나 RNA 같은 물질을 이용해서 유전 활동을 하는 그런 생물 말입니다. 우주의 다른 행성에는 전혀 다른 물질로 되어 있는, 전혀 다른 형태의 생명체가 살 수도 있는 노릇 아닙니까? 그런 생물에 대해서 무슨 짓을 저질렀는지는 모르는 겁니다. 게다가 생명체가 전혀 없는 행성이라고 하더라도, 그 행성의 환경을 크게 방해한 것만은 사실입니다. 선생님이 저지른 짓을 한번 살펴보죠. 초공간 도약이 가능한 우주선을 대기권 안으로 들어가게 하고, 그 뜨거운 열기로 행성의 공기를 휘젓고, 행성의 얼음을 마구 녹여서 액체로 만들고, 그 액체 속에 우주선에 있던 광자기 공명 물질을 씻을 때 오염된 물을 흘리고. 그런 여러 가지 행동은 크지는 않더라도 그 행성의 상황을 크게 바꾸어놓겠죠."

"넓디넓은 행성에 우리 우주선 한 대가 왔다 간 건데 그게 무슨 영향이 있겠습니까?"

"그렇지만 그 행성에 하여튼 인위적인 영향과 충격을 준 겁니다. 그것 때문에 원래라면 30억 년 후에 생명이 탄생할 예정이었는데, 생명이 탄생할 가능성이 영영 사라졌을 수도 있지 않을까요?"

"뭐라고요? 우리가 생명 탄생 가능성을 없애버렸다고요?"

"그럴 수도 있다는 거지요. 다른 악영향도 생각해볼 수 있습니다. 예를 들면 이런 거죠. 원래라면 평화를 사랑하는 아주 착한 생명체가 탄생할 상황이었는데 여러분이 우주선을 착륙시키면서 이상한 물질을 흘리고 간 탓에 생명체가 바뀌어서 잔인하고 사악한 생명체가 탄생할 수도 있겠죠. 어찌 되었건 생명체가 자연스럽게 탄생할 수 있는 아주 중요한 기회를 여러분이 방해했다는 것 자체가 큰 죄를 저지른 것입니다."

이미영이 대화에 다시 참여했다.

"사람이 우주를 탐험하는 바람에 우주의 환경을 바꾸게 되고 그것 때문에 그 우주에서 원래 일어나지 않았을 일이 일어난다는 것까지는 이해하겠어요. 그런데 그런 일은 옛날부터 항상 있던 일이잖아요. 사람이 개척되지 않는 땅에 가거나 사람의 발길이 닿지 않은 높은 산에 올라갈 때도 그런 변화는 일어나죠. 그렇지만 너무 심한 오염을 시키는 상황이 아닌 다음에는 그냥 자연스러운 탐험 활동으로 인정해 주잖아요. 저희가 정말 그렇게 큰 죄를 지은 건가요?"

"사람은 지구 자연의 일부로서 지구에서는 자연스럽게 돌아다니던 겁니다. 생태계가 하나로 연결된 지구에서 돌아다니면서 사람이 닿지 않았던 곳에 도달하는 일은 자연 속에서 살던 사람의 습성이죠. 그러나 여러분이 하신 행동은 그것과는 다르죠. 지구를 벗어난 지역에서 사람이 활개를 치고 다니는 것은 자연의 한계를 초월한 인공적인 오염이란 겁니다."

"원래 사람이라는 종족이 과학기술의 발전과 함께 점점 더 먼 곳을 탐험하는 본능을 가진 동물이잖아요. 그게 자연스러운 습성이라고요. 그 습성 때문에 지구 바깥까지 돌아다니다가 다른 행성에도 우연히 닿은 게 그게 뭐가 그렇게 큰 잘못입니까? 그런 식으로 우주에서 앞으로 생겨날 다른 생명의 가능성을 존중하는 것이 극도로 중요하다면 우주에서 사람이 살펴보고 개척할 수 있는 곳은 아무 데도 없을 텐데요."

로봇은 다시 밝은 미소를 지었다.

"그래서 법으로 어디까지는 탐사해도 좋고 어디부터는 함부로 가면 안 된다고 선을 그어놓은 겁니다. 기준은 전문가들이 잘 합의해서 정했겠지요. 그리고 여러분은 그 선을 넘으셨어요. 그래서 재판정에 서게 될 겁니다."

이미영은 뭐라고 대답하면 좋을지 몰라 망설였다. 로봇이 말을 이어갔다.

"사람 중심의 기준을 함부로 먼 곳에, 우주의 다른 행성에 적용하면 안 된다는 건 상식 아닌가요? 예를 들어, 이런 경우를 생각해보세요."

로봇은 예를 잘 들기 위해서 자기 몸에 달린 화면에 이상한 외계인과 외계인의 우주선을 보여주었다.

"지구에 엄청나게 지능이 뛰어나고 기술이 몇백만 배는 더 뛰어난 외계인이 나타났다고 상상해봅시다. 그 외계인은 허리춤에서 총을 뽑아서 버튼만 틱 누르면 바로 지구를 폭발시킬 힘을 갖고 있을 정도예요. 그러면 얼마나 놀랍고 무서울까요?"

"무섭겠죠."

"그런 외계인이 '앞으로 인생을 이렇게 살아야 하는 게 맞습니다' '지구인 여러분의 법과 도덕을 이런 식으로 바꾸십시오' '우주의 목적은 이런 것입니다' 하는 식의 말을 해준다면 그렇게 뛰어난 외계인들이 하는 말이니까 따르는 게 맞을까요?"

"기술이 뛰어나고 지능이 뛰어나니까 그 외계인들이 해주는 말은 하여튼 맞을 것이라는 이야기인가요?"

"그런데 한편으로는 외계인들이 정해준 대로 무조건 따

라야 하는 것은 아니지 않느냐고 주장하는 사람들도 있을 거 아니에요? 그런 논란 때문에 혼란에 빠지는 사람도 얼마나 많아지겠습니까?"

"그렇긴 하겠죠."

"기술이나 지능이 우리보다 훨씬 뛰어난 외계인이 갑자기 나타나면, 지금까지 더 좋은 세상을 만들어보겠다고 연구하고 노력하고 애쓰던 일이 다 무의미해지는 듯한 충격도 있을 거예요. '어차피 외계인들이 답을 다 알고 있겠지'라고 다들 생각할 거니까요."

"그렇기도 하겠네요."

"마찬가지예요. 얼음으로 뒤덮인 바다만 있는 행성의 바다 밑에서 살면서 수억 년 동안 그곳이 세상 전부라고 생각하며 살아오던 외계인 종족도 있을 거라고요. 그런 외계인 행성을 지구인들이 발견했다고 해서 갑자기 '당신들은 완전히 우물 안 개구리였습니다. 정확히 말하자면, 바다 안 외계인입니다. 세상은 훨씬 넓고 우주에는 온갖 행성들이 널려 있습니다. 당신들이 갖고 있던 세상에 관한 생각과 도덕, 사상은 다 헛된 거짓입니다'라고 말하면서 엄청난 혼란과 충격을 주면 안 된다고요."

로봇은 그 말을 마지막으로 '저희 변호사팀과 함께한다면 감옥이 블랙홀이라도 꺼내드립니다'라고 쓰여 있는 전단 한 장을 주고 떠났다.

SF TV 시리즈 〈스타트렉〉에는 '최우선 지령' 또는 '프라임 디렉티브'라는 꼭 따라야 하는 규정이 소재로 자주 활용되었다. 다른 행성에 사는 생명들에게 너무 큰 충격을 주지 않기 위해서 남의 행성에는 함부로 간섭하지 않아야 한다는 규정이다. 재미있는 것이 SF 작가들은 이 규정이 우주가 이렇게 넓은데 지구에 왜 아직까지 외계인이 나타나지 않았느냐는 문제의 대답이 된다고도 생각했다. 기술이 발달한 외계인들은 분명히 우주에 있고 지구에 관해서도 알고 있지만 지구의 생태계에 간섭하지 않고, 지구인들의 정신에 너무 큰 충격을 주지 않기 위해서 정체를 최대한 숨기고 있다는 이야기다. 다시 말해 지구는 국립공원 같은 곳이고 사람들은 그 국립공원에 사는 천연기념물 산양이나 여우 같은 신세라는 이야기다.

우주 탐사에 관한 영향력 문제는 실제 우주 탐사에서 고민하는 문제이기도 하다. 예를 들어 미국의 화성 탐사선들은 화성의 환경에 혹시라도 오염을 일으키는 일을 최대한 방지하기 위해 소독을 꼼꼼히 거친 뒤에 보내는 절차를 밟고 있다. 예를 들어, 혹시라도 화성 탐사선에 붙어서 간 지구의 세균이 화성에 퍼지면 화성이 엉망이 되어버릴 수 있기 때문이다. 이런 식의 오염 방지 조치는 충분할까? 혹은 너무 과도한 것일까? 어느 정도의 오염 방지가 적당할까? 목성의 위성인 유로파 같은 곳은 두꺼운 얼음이 있고 그 얼음 및 깊은 곳에 넓은 바다가 있을 것으로 추정되고 있다. 우주에 있는 여러 행성이나 위성 중에는 이런 형태로 되어 있는 곳이 꽤 많을지도 모른다. 그런 곳 중 일부에서는 바닷속 세상에 사는 외계생명체들이 수십억 년 동안 얼음 바깥에 또 다른 세상이 있다고는 상상도 하지 못하고 살아왔을지도 모른다. 지구인은 그런 외계생명체들을 발견하고 접촉해야 할까? 그러면 어떤 방침을 가지고 그 생명체들을 대해야 할까?

더 나아가, 세상을 개발하고 개척하는 문제에 관해서도 비슷한 고민을 해볼 수 있다. 지난 수백 년간 외부와 접촉하지 않고 자신들만의 문화와 풍습을 지키며 정글 한복판이나 깊은 산골에서 사는 마을 사람들이 있다면, 그곳에 찾아가서 사람들의 세상은 훨씬 더 넓고, 민주주의, 인터넷, 케이팝 같은 것이 있다고 알려주어야 할까? 적극적으로 알려주어야 할까? 아니면 어느 선에서 오히려 보호해야 할까?

13 인공지능에 애착을 갖는 것은 문제행동일까?

인간보다 대하기 편한
인공지능으로 인한 단절 문제

#인공지능 #애착 #단절 #반려로봇

타이탄 생산 기지의 공장에 폭탄 테러가 발생했다는 소식이 들려왔다. 동시에 인근에 있는 모든 우주선에 사람을 구조하는 데 협조하라는 안내 통신문이 전달되었다.

"요즘 같은 시대에 폭탄 테러라고? 그런 짓을 왜 하는 거지?"

마침 근처에 있던 이미영은 급하게 우주선을 타이탄으로 향하도록 했다.

폭탄 테러는 굉장히 심각해 보였다. 어린이 장난감 중에 최신형 말하는 곰 인형에 들어가는 원자력 핵융합 장치를 개조해서 EMP electromagnetic pulse, 전자기 펄스 폭탄을 만든 것으로 보였는데, 그 때문에 온갖 전자 장비들의 손상이 아주 심각했다. 첨단 장비를 잘 만드는 것으로 유명했던 타이탄 생산 기지의 그 넓은 공장이 단숨에 거대한 고철 덩어리로 변해버렸다. 그렇지만 의외로 다친 사람은 아무도 없었던 것 같았다.

타이탄은 지독하게 추운 곳이면서 메테인이 가득한 곳이다. 전자 장비가 고장 나서 기계가 모두 멈추면 사람이 숨을 쉬고 한기를 견디게 해주는 설비도 멈춘다. 당장 다친 사람들이 없다 뿐이지, 모두 급히 대피해야 했다.

다행히 타이탄의 비상 우주선을 이용해서 대부분의 사람들이 탈출할 수 있었다. 그 와중에 이미영과 김양식은 타이탄 생산 기지의 눈에 띄지 않는 구석에 어떤 사람이 홀로 떨어져 있는 모습을 발견했다. 그 사람은 추위에 덜덜 떨면서 구조 요청을 하고 있었다.

"저 사람을 구출해야겠네."

이미영은 우주선을 그쪽으로 몰아서 구출 작업을 시작했다.

"어느 회사, 어느 팀 소속 직원이시죠? 그쪽으로 수고비를 청구해야 해요."

그런데 구출한 사람으로부터 엉뚱한 대답이 돌아왔다.

"저는 타이탄 생산 기지에 있는 회사 소속이 아니에요. 외부인이죠. 사실은 제가 폭탄을 만들어서 던진 테러리스트거든요."

이미영과 김양식은 당황했다. 김양식은 당장 토성 보안국에 신고부터 했다. 그러자 테러리스트가 호들갑은 그만 떨고 안심하라고 했다.

"저는 사람의 생명을 공격하는 그런 테러리스트는 아니거든요."

"사람의 생명을 공격하지 않는 테러리스트라고요? 그건 또 무슨 말입니까? '술은 마셨지만, 음주운전은 하지 않았다'의 우주 테러리스트 버전인가요?"

"아니요. 저는 사람이 아니라 로봇을 공격하는 테러리스트예요. 정확하게 말하면 로봇의 핵심인 인공지능. 더 정확하게는 자연 감성 처리 수준의 고급 인공지능 소프트웨어 탑재 반도체만을 노리고 파괴하려는 테러리스트라고요. 저는 사람은커녕 강아지도 함부로 괴롭히지 않아요."

그러고 보니 테러리스트가 그렇게 무서운 사람처럼 보이지는 않았다. 이미영이 물었다.

"그러면 인공지능 때문에 사람들이 일자리를 잃는다, 로봇이 없어져야 사람을 고용할 테니 일자리를 만들기 위해 로봇을 부수자는 주장을 하는 분이신가요?"

"저는 그런 시대에 뒤떨어지는 일은 하지 않아요. 사회에 필요한 물건들을 충분히 만들려면 로봇과 인공지능이 어쩔 수 없이 필요하다는 것은 상식이죠. 일하는 모든 로봇을 어떻게 다 부수겠어요?"

"그러면 무슨 로봇, 무슨 인공지능이 문제라는 겁니까? 사람을 싫어하고 공격하는 로봇이 문제라는 건가요?"

"정반대죠. 제가 노리는 로봇은 사람을 사랑하고 사람에게 사랑을 주는 로봇이에요. 그런 로봇이 가장 큰 사회 문제입니다."

이미영은 이해할 수가 없었다.

"그게 뭔 소리예요? 사랑을 주는 로봇이 문제라니?"

"사람이 인공지능 프로그램을 사랑하거나 로봇을 사랑하는 일에 대해서 어떻게 생각하세요?"

"뭐, 그럴 수도 있잖아요. 옛날부터 오랫동안 사용하던 자동차에 애착을 가지거나, 아기 때부터 들고 다니던 인형을 좋아하는 어린이가 있을 수 있으니까요."

"그렇죠. 사람은 그렇게 사랑에 약한 동물이에요. 사람은 자신을 전혀 이해하지 못하는 동물을 키우면서도 깊은 사랑에 빠지곤 해요. 자동차라는 쇳덩어리에 불과한 물건에 애착을 느끼는 사람도 많다고요. 아름다운 조각상이나 그림 속 인물에도 사랑 비슷한 감정을 느끼는 것이 사람의 심리예요."

"그렇긴 하죠."

"그러니까 큰 문제라는 거예요. 사람의 성향과 심리를 조직적으로 철저히 파악하는 인공지능이 사람이 애착을 갖도록 모든 말과 행동을 한다고 해보세요. 그 인공지능 로봇에 애착을 느끼지 않을 사람이 있을까요? 이곳 타이탄 생산 기지에서 만드는 최신 부품을 이용하면 사람이 상상 이상으로 깊은 친근감을 느끼도록 대화하는 인공지능도 얼마든지 만들 수 있어요. 21세기 초의 전자제품 소비자 중에는 이리저리 걸어 다니는 일밖에 못 하는 로봇 강아지에도 애착을 느끼는 사람들이 있었어요. 그런데 고급형 감성 인공지능이 장착된 로봇 하인을 집에 두고 있으면 어떤 감정을 느끼겠어요?"

이미영은 잠시 상상해보았다. 그러나 대답하기도 전에 테러리스트가 말을 이어갔다.

"누구나, 정말 철저하게 인공지능에 빠져들 수밖에 없는 겁니다. 사람에게 사랑을 느끼는 것보다도 훨씬 더 심하게 빠져들 수도 있어요."

"설마요."

"설마가 아니에요. 인공지능 로봇은 근원적으로 사람을 배신하지도 않고 사람을 괴롭힐 줄도 몰라요. 가끔 토라지거나 조금 반항하는 것도 더 많은 애정을 끌어내기 위해 철저히 계산된 수준으로만 할 뿐입니다. 이런 대상에게는 실제 살아 있는 사람보다 훨씬 더 철저하고 심각한 애착을 느낄 수밖에 없어요. 자기 개가 죽었다고 심한 우울감에 빠지는 사람이라면 하인 로봇이 파괴될 경우에 모든 것을 버릴 수 있을 정도의 극심한 심리적 충격을 받을 거라고요."

"그래서요? 그런 로봇을 금지해야 한다는 건가요?"

"철저하게 금지해야죠. 그런데 그게 시행될 기미가 없으니 제가 이렇게 테러까지 하는 거라고요. 정신적인 애정의 대상을 위해 최적화된 인공지능은 그 어떤 로봇보다 변태적이고 역겨운 거라고요. 사람이 한번 그런 감정에 매달리게 되면 어떤 일을 하는지 아세요? 사람은 그 로봇과 인공지능을 행복하게 할 수 있는 일이라면 무슨 짓이든 하게 되죠. 반대로 그 로봇이 혹시라도 잘못되면 깊은 절망과 끝없는 슬픔에 빠지고요."

"정말 그럴까요?"

"그렇다니까요. 미래는 로봇이 총을 들이대고 협박하는 식으로 인공지능의 지배를 받게 되는 게 아니에요. 이런 데 빠져드는 게 인공지능의 지배라고요. 요즘 로봇 청소기나 스마트폰을 판매하는 회사들이 판매량을 늘리려고 애착을 주는 감성 교류 인공지능을 탑재해서 판매하는 것 아시죠? 한번 정들면 자기 제품이 기능이 떨어지고 낡아져도 버리고 다른 제품으로 바꾸지 않는다고요. 그런 식으로 사람의 애정을 얻도록 철저히 계산된 인공지능 로봇은 결국 사람이라는 종족을 완전히 병들게 할 거예요."

"종족이 병든다고요?"

"나중에는 사람과 친하게 지내는 것보다도 인공지능 로봇과 감정을 교류하는 게 훨씬 충만하고 안전하다는 이야기도 나오겠죠. 그렇게 되면 사람 친구를 사귀거나 사람과 사랑을 나누는 사람은 사라지게 될 거예요. 모두가 사람을 만족시킨다는 단 하나의 목적을 위해 매 순간 미친 듯이 계산하는 가장 사랑스러운 목소리의 로봇에 빠져서 로봇만 쳐다보며 살게 될 거라고요."

테러리스트는 연설 연습이라도 해두었는지, 하는 말이 청산유수였다. 나중에는 흥분해서 끝도 없이 떠들었다.

얼마 후, 토성 보안국에서 출동한 우주선이 나타났다. 우주선에서 로봇 두 대가 나타나 테러리스트를 체포해서 데려갔다. 체포한 로봇의 태도는 그날따라 유독 친절하고 믿음직스럽게 보였다. 이미영은 자신이 직접 본 사람 경찰 중에서는 저 정도로 듬직하면서도 친절했던 사람이 과연 있었는지 잠깐 생각해보았다.

◘

듀나의 SF 단편 〈첼로〉는 사람이 인공지능, 로봇에게 갖는 애착 문제를 멋지게 다룬 소설의 대표로 자주 꼽힌다. 이 소설 속에서는 자신이 구조했다고 생각하는 로봇에 완전히 빠진 여성이 등장한다. 한편 이 소설에서는 사람을 감정적으로 빠지게 하도록 설계된 인공지능 로봇들이 등장하는데, 사람이 로봇을 향한 깊은 감정에 빠지는 상황을 만드는 것을 로봇들은 "사람을 플레이한다"라고 부른다는 이야기도 나온다.

세계적으로 성공한 할리우드 영화 〈그녀〉 역시 비슷한 상황을 중심 소재로 다루고 있다.

사람의 삶이 동물의 생명보다 소중하다는 것은 긴 세월 많은 문화권에서 공유되어 온 가치다. 그렇지만 적지 않은 사람들이 자신과 함께 살며 감정적으로 깊은 영향을 준 동물을 그다지 친하지 않은 타인에 비해 중요하게 여길 수 있다. 그렇다면 인공지능 기술을 이용해서 사람의 감정 반응을 분석하고 학습해서 오직 사람의 마음에 꼭 드는 것을 목적으로 하는 로봇을 만든다면 얼마나 강력한 효과를 이끌어낼 수 있을까? 이런 인공지능을 만드는 데는 사람과 깊은 토론을 할 수 있는 아주 뛰어난 지능이나 세상의 온갖 첨단 기술을 갖출 필요도 없다. 그저 강아지가 꼬리치고 고양이가 야옹거리는 정도의 반응을 아주 잘해내는 정도면 충분할지도 모른다.

이미 현대 사회에서 컴퓨터 게임이 제공하는 재미와 감동에 빠져서 일상의 삶을 등한시하고 게임만 하는 사람들이 종종 나타나는 것이 사회 문제가 될 때가 있다. 한국에서는 2005년 무렵에 장시간 연속으로 게임을 하다가 사망에 이른 사람들에 대한 소식이 연달아 보도된 적이 있었다. 그렇다면 사람의 마음에 가장 깊은 감동과 만족을 주는 것을 목표로 하는 인공지능의 여러 부작용을 사회는 어느 수준까지 감당할 수 있을까? 그것이 문제가 된다면 누가, 어떻게 그러한 기능을 제약하는 규정을 만들 수 있을까?

14 영생을 가져오는 기술을 허용해야 할까?

사람의 삶이 길어질 때 나타날 다양한 문제들

#생명연장 #백세시대 #은퇴후의삶 #인구증가 #불멸

허니듀 행성에서 지구로 날아오는 초소형 우주선 하나가 레이더에 발견되었다. 이미영과 김양식은 이상한 우주선이 발견되었다고 우주 교통 관리국에 연락했다.

"아무래도 정상적인 경로로 지구에 착륙하려는 게 아니라 불법 착륙하려는 것 같습니다. 교통관리국 우주선들이 지금 다들 바빠서 그러는데, 가능하시면 직접 그 우주선에 접근해서 경고해주실 수 있겠습니까?"

그러면서 우주 교통 관리국에서는 섭섭지 않은 수고비를 주겠다고 했다. 이미영이 김양식에게 말했다.

"잽싸게 저 초소형 우주선을 따라가 보자고."

우주선은 한 사람이 겨우 탈 수 있을까 말까 한 아주 작은 크기였다. 이미영이 주의 깊게 그 방향을 보고 있지 않으면 감지되지 않을 가능성이 커 보였다. 가까이 다가가니 초소형 우주선은 반대 방향으로 빠르게 날아 도망치려고 했다. 허니듀 행성은 기술이 발달한 것으로 유명했다. 변변찮아 보이는 초소형 우주선조차도 성능이 상당히 뛰어났다. 김양식이 신경을 집중해서 우주선을 고속으로 주행하고 있는데도 따라붙기가 쉽지 않았다.

그렇게 술래잡기하듯이 우주 공간을 한참 도망치고 따라잡는 대결을 펼쳤다. 오기가 생길 정도로 긴 시간 애쓴 끝에 이미영과 김양식은 결국 초소형 우주선을 붙잡아 화물칸으로 끌어들일 수 있었다.

초소형 우주선에 다가가 보니, 그 안에는 겁먹은 표정의 허니듀 행성 주민이 한 명이 타고 있었다.

"도대체 왜 도망친 겁니까? 그리고 왜 몰래 지구에 가려고 했어요?'

김양식은 그렇게 따졌다. 허니듀 행성 주민은 물통만 한 금속 병처럼 생긴 것을 가슴에 안고 있었다.

"그건 뭐예요?"

이미영의 물음에 허니듀 행성 주민은 대답하지 않았다. 그렇지만 두 사람이 집요하게 다그치니 결국 모든 것을 털어놓았다.

"이것은 건강을 언제까지나 유지해주는 약이에요. 이

약을 먹으면 늙지 않아요. 암세포나 세균, 바이러스 감염으로 몸의 기능이 망가지는 일도 다 막아주고 적당한 면역이 유지되도록 돕는 기능이 있어요."

"뭐라고요? 그러면 이 약은 영원히 살 수 있게 해주는 약이잖아?"

"그렇게 말할 수 있죠. 이 약을 먹으면 1,000살, 아니 1만 살까지 건강하게 젊게 사는 것도 가능할 겁니다."

이미영은 약통을 직접 손에 들고 한참 바라보았다.

"엄청나게 비싸겠지?"

"그렇지도 않아요. 통 안에 약을 만드는 방법도 기록되어 있습니다. 어느 정도 기술이 있는 나라라면 이 약을 대량 생산할 수 있을 겁니다. 그러면 싼값에 팔거나, 나라에서 이 약을 무료로 나눠줄 수도 있을 겁니다. 그리고 모두가 늙는 걱정, 아플 걱정 없이 언제까지나 잘살 수 있는 거죠."

그 말을 듣자 이미영은 얼굴이 확 밝아졌다. 그러나 김양식은 찝찝한 표정이었다.

"잠깐만요. 세상을 떠나는 사람 없이 모두가 계속 살 거 아니에요. 그러면 지구에 인구가 계속 늘어날 텐데, 그걸 어떻게 감당하죠?"

이미영은 그 문제에 바로 대답할 수 있었다.

"임신과 출산에 참여하지 않기로 맹세하고 거기에 필요한 수술을 받는 사람에게만 이 약을 먹게 하면 되지. 어차피 이런 약이 없어도 요즘은 사람들이 자식을 낳지 않아서 인구가 줄어드는 게 문제인데. 인구가 너무 늘어나면 감당이 안 된다, 이런 것은 옛말이라고. 이건 도움이 되는 약이야. 엄청난 약이라고."

"잠깐만요. 그래도 그렇게까지 오래 사는 건 무의미하지 않을까요. 왜, 옛날 흡혈귀나 요정 나오는 영화 같은 것을 보면, 자기가 사랑하는 사람들이 모두 늙고 병들어 세상을 떠나는데 자기만 영원히 사는 것은 저주라고 말하잖아요."

"그건 그냥 영화야. 아무리 그래도 오래 사는 건 좋은 거야. 더군다나 이 약을 모두에게 뿌리면 모두가 젊은 모습으로 다 같이 영원히 살게 된다고. 사랑하는 사람이 먼저 병들어 떠나고 그런 건 없어."

이미영은 자기가 먼저 시험 삼아 약을 당장이라도 먹어 볼 기세였다. 김양식은 이미영을 말렸다.

"그래도 문제라고요. 사람이 열심히 사는 것은 인생이라는 제한된 시간 안에 무엇인가를 이루려고 하기 때문이잖아요. 사랑하는 짝을 만나려고 애쓰고, 사회의 어떤 문제를 극복하려고 애쓰고, 자기 꿈을 이루려고 애쓰는 그런 거요. 인생이라는 시간에 한계가 있으니까 애를 쓰는 거 아닌가요? 그런데 인생이 영원하다고 하면 그런 노력이 사라질 거라고요. 어차피 나중에 하면 된다고 생각하니까 다들 게으르게 살 가능성이 크죠. 그러면 열심히 사는 사람들조차 인생이 점점 지루해질 거라고요. 세상의 온갖 목표들을 수천 년, 수만 년에 걸쳐 하나하나 다 이루고 나면 결국은 할 일이 없어지고 그 무엇도 더 이상 도전할 것이 없는 지루한 상태가 되지 않겠어요?"

"그럴 수도 있어. 그렇지만 아닐 수도 있지. 인생은 언제나 그 자체로 그냥 즐거운 거라고. 만약에 김양식 이사가 당장 내년에 갑자기 목숨을 잃는 병에 걸렸다고 생각해봐. 엄청 싫겠지? 그런데 이 약을 먹으면 영원히 살 수 있다고 쳐봐. 그러면 약을 안 먹겠어? 물론 영원히 산다면 게을러질 수도 있고, 언젠가 지루해질 수도 있지. 그렇다고 해서 그게 죽는 것보다도 나쁠까? 정말?"

이미영이 약통을 열어보려고 했다. 그러자 김양식은 다시 이미영을 말렸다.

"잠깐, 잠깐만요. 그런데 이 약이 몸을 건강하게 유지시켜주는 것이지 무적으로 만들어주는 것은 아니잖아요. 그렇죠? 이 약을 먹어도 총에 맞으면 목숨을 잃는 거잖아요?"

행성 주민이 대답했다.

"그렇습니다. 이 약은 사람의 세포를 건강하게 유지해줄 뿐, 마법의 보호막 같은 것은 아닙니다. 사고가 나거나, 무기로 공격당하면 목숨을 잃을 수밖에 없지요."

그 말을 듣고 김양식은 이미영을 보면서 다시 말을 이어나갔다.

"이 약이 세상에 퍼지면 유일한 죽음의 원인인 사고를 피하려고 아무도 자동차도 안 타려고 하고 우주선도 안 타려고 할 거예요."

"교통사고가 날 수도 있고, 우주선 사고도 날 수 있으니까?"

"그뿐인가요? 우주 탐험이나 위험한 실험 같은 일은 아무도 안 하려고 할걸요. 경찰이나 군인이 되려는 사람도 없겠죠. 집 밖에 나가려는 사람도 없을 거예요. 혹시라도 무슨 일이 생겨서 목숨을 잃으면 어떡해요? 다들 안전한 벙커 같은 곳에 숨어서 몸조심하면서 지내려 하지 않겠어요?"

"그러면 영원히 살 수 있는 약이 세상에 퍼지면 안 된다는 거야? 아니, 그래도 세상에 병들어 목숨을 잃는 사람들이 얼마나 안타까운데 이런 귀중한 약을 그냥 버릴 수도 없잖아. 잠깐만, 그러고 보니까 이상한데. 허니듀 행성은 지구 정부와 대결하고 있고, 지구를 원수로 생각하는 행성이잖아. 그런 행성에서 왜 우리에게 영원히 살 수 있는 약 같은 보물을 주려고 하는 거지?"

이미영은 허니듀 행성인을 흘겨보았다. 겁먹은 허니듀 행성 주민은 한숨을 쉬고 이렇게 대답했다.

"누가 보물이라고 했나요. 사실은 비밀 테러 작전이었거든요."

○

1986년 작 〈최후의 하이랜더〉부터 시작된 영화 하이랜더 시리즈를 보면 외계인 종족과 엮이는 바람에 스코틀랜드 지방을 중심으로 영원히 살 수 있는 종족이 나타나면서 여러 가지 슬픈 일들을 겪는다는 이야기를 다루고 있다. 그런가 하면, 1994년 작 〈뱀파이어와의 인터뷰〉에서는 흡혈귀로 변해 영원히 사는 삶에 관한 문제에 등장인물들이 괴로워하면서도 어쩔 수 없이 당장 목숨을 잃는 상황이 왔을 때 죽음을 피하기 위해서는 그래도 영원히 사는 삶을 택할 수밖에 없지 않느냐고 토로하는 이야기도 나온다.

당장 100세 시대라는 말이 유행하면서 한국 사회는 세계에서 유례없이 빠른 속도로 초고령 사회로 진입하고 있다. 병에 시달리면서 가난하게 사는 노인들의 삶의 질을 유지하도록 하는 문제가 지금은 너무나 시급한 사회의 고민거리이기도 하다. 그러나 이 시급한 고민거리가 어느 정도 해결되면 계속해서 길어지는 수명으로 인해 남은 삶을 어떻게 활용해 수십 년의 세월을 보내는 것이 바람직한가 하는 문제가 더욱 중요해질 것이다. 일반적으로 정년퇴직이 60세이니, 100세 시대라면 사람들은 그 뒤에도 직장생활을 한 40년의 세월만큼, 무엇을 하며 살아야 한단 말인가?

이러한 긴 수명에 사회의 문화가 어떻게 적응할 수 있을까 하는 문제도 가까운 고민거리다.

15 육체 개조를 어디까지 해도 괜찮을까?

생명연장 아닌 개인 만족 목적의 육체 개조 허용 문제

#사이보그 #인체능력개발 #성형수술 #문신합법화

이미영과 김양식은 화성의 공연장과 악기 상가 거리를 걷고 있었다. 때마침 사지 개조 업체의 광고가 나왔다.

"여러분의 팔 대신에 더 멋지고 활용하기 좋은 팔을 달아보세요!"

광고 영상에서는 인어 모습을 한 배우가 나와서 아름다운 목소리로 첨단 기술을 이용해 몸을 개조하라고 권하고 있었다. 광고를 보고 나서 김양식은 들떠서 말했다.

"아, 맞아. 요즘 화성의 이쪽 거리에서 개조 시술을 그렇게 싸게 해주는 가게들이 많대요. 이참에 나도 개조 좀 받아볼까 봐요."

"어떤 모양으로 몸을 바꾸려고?"

"지금 제 팔은 좀 멋없잖아요. 팔에 근육도 별로 없고. 여기에서 시술을 받으면 사람 팔을 떼어내고 그 자리에 기계 장치와 인조 근육으로 만든 문어 다리 같은 모양을 달 수가 있대요. 한쪽 팔에 여덟 개씩. 그러면 엄청 멋있지 않겠어요?"

"사람 팔 대신에 꿈틀거리는 문어 다리가 달린 게 멋있어?"

"멋있잖아요. 세 보이고. 그리고 여러 모양으로 움직이기 좋아서 작업하기에도 편리하대요."

"너무 징그러운 것 같은데. 사람의 몸을 그런 식으로 막 바꾸는 작업은 위험한 느낌이야."

"무슨 말씀이세요? 시대가 바뀌면서 사람들이 점점 과감해지고 더 많은 가능성을 꿈꾸는 건 자연스러운 거죠. 조선 시대에는 머리카락만 잘라도 부모가 물려주신 몸을 훼손했다고 해서 큰일 나는 줄 알았다잖아요. 단발령이 내렸을 때 반발하는 사람도 엄청 많았고. 그런데 20세기가 되면서 머리카락 잘라서 멋있는 머리 모양으로 바꾸는 것 정도는 아무렇지도 않게 되었잖아요? 요즘 팔이나 다리를 개조하는 것은 아무 일도 아니에요."

김양식은 개조 시술을 해준다는 가게 안으로 들어섰다. 이미영도 얼떨결에 따라 들어갔다.

"어서 오십시오. 어떤 부위에 관심이 많으십니까? 광

고를 보고 오셨으면, 하반신 전체 개조에 관심이 있으신가요?"

가게에서는 수술 로봇이 친절하게 두 사람을 맞아주었다. 그런데 수술 로봇은 무엇인가 착각했는지, 김양식이 아니라 이미영에게 말을 걸었다. 로봇이 말했다.

"광고에 등장한 배우는 인어처럼 사는 게 멋질 거라고 생각해서, 하반신을 실제로 어류와 비슷한 모양의 인공 장기와 근육으로 바꾸었습니다. 정말 자연스럽게 움직였잖아요? 단순히 인어 하반신 모양의 CG computer graphic, 컴퓨터 그래픽이 아니라, 진짜 본인의 하체를 떼어내고 저희 가게에서 만든 하체를 달았기 때문이지요. 그러면서 수중 호흡 장치 수술까지 같이 해서, 폐와 연결하기도 했습니다. 물속에서 자유롭게 숨 쉬면서 돌아다니는 진짜 인어처럼 살 수 있게 된 거죠. 그 배우의 꿈을 현실로 이루어준 겁니다."

"야, 그런 줄은 몰랐네요. 정말 멋진데요!"

김양식이 감탄했다. 그러나 이미영은 무엇인가 잘못되었다는 생각을 지울 수가 없었다.

"사람의 모습을 물고기와 사람이 반반인 상태로 바꾸는 것이 과연 잘하는 일일까요?"

"그렇지만 다리를 잃은 사람에게 인조 다리를 달아주는 것은 꼭 필요한 일 아니겠습니까? 그렇다면 다리를 잃지 않은 사람도 조금 더 좋은 다리를 원해서 인조 다리를 달 수도 있는 것 아닐까요? 더 빨리 뛰거나, 산을 오를 때 더 안전하게 미끄러지지 않는 구조를 가진 기계 다리를 붙이고 싶어 할 수 있잖아요."

"그런 생각을 해볼 수는 있겠죠."

"그렇다면 뭐가 문제인가요? 기능이 더 뛰어난 다리를 붙이는 것은 문제가 안 되지만, 모양이 더 좋은 다리, 더 마음에 드는 다리를 붙이는 것은 문제가 된다는 것은 이상한 생각이죠. 어떤 모양이 아름답다, 징그럽다는 것을 법으로 정할 수는 없으니까요."

김양식은 이미영과 로봇과의 대화에는 신경 쓰지 않고 어떤 팔을 붙이면 좋을까 둘러보고 있었다. 이미영은 잠시 생각에 빠져 있다가 로봇에게 다시 질문했다.

"그렇지만 팔다리를 바꾸어 다는 것은 너무 위험한 수술이라고요. 수술 중에 자칫 잘못해서 팔을 잃게 되거나 하면 어떡해요. 위험 부담이 큰 개조는 사람의 건강을 위해서라도 허락해서는 안 될 것 같은데요."

"그렇게 치면 사람이 면도하는 것도 날카로운 칼을 급소인 목 가까이 갖다 대는 일이니까 굉장히 위험한 일 아닙니까? 그렇지만 그 위험한 정도가 감수할 만하니까 면도를 하는 거죠. 마찬가지입니다. 사람의 다리와 팔을 기계 다리나 문어 모양의 인조 근육 팔로 바꾸어 다는 수술의 성공 확률도 지금은 굉장히 높아졌습니다. 사고가 날 확률은 무척

FOR SALE

낫습니다. 누구나 받아들일 만하죠.”

“99.99퍼센트라고 해도, 1만 명에 한 명은 수술 중에 팔을 잃을 수도 있다는 거잖아요?”

“그보다도 조금 더 높습니다. 어느 정도가 되어야 괜찮다고 생각하시겠습니까? 면도하다가 잘못해서 어디를 찔리거나 베여서 크게 다치는 사람도 세상에 아주 조금은 있지 않을까요? 확률만 낮으면 문제가 없는 게 맞습니까?”

대화가 오가는 사이에 김양식은 자신의 팔이 문어 다리로 변한 모습을 가상현실 기계에서 살펴보았다. 그의 얼굴에는 웃음이 가득했다. 이미영은 그 모습을 보고 눈살을 찌푸렸다. 그리고 고개를 돌려 다시 로봇에게 따졌다.

“사람의 몸을 어느 정도 이상으로 개조하는 활동을 허용하면 분명히 큰 부작용이 있을 거라고요. 예를 들어서, 이런 일은 정부가 국민을 괴롭히는 수단으로 쓰일 가능성도 크다고요. 군인이 저격수가 되려면 표적을 더 잘 보면 좋겠죠. 그래서 저격수들에게 머리에 세 번째 눈 역할을 하는 카메라를 하나 더 달라고 강요하면 어떡해요? 나라에서 시켰기 때문에 어쩔 수 없이 눈 세 개인 사람이 되어야 한다면 끔찍하지 않나요? 소방관들은 먼 곳에 있는 사람도 더 잘 구출하기 위해서 팔이 더 길게 늘어 나는 기계 팔로 개조하라고 시키지 않겠어요? 그런 식이 되면, 나중에는 취직하기 위해서 일자리에 걸맞은 방식으로 자기 몸을 개조해야만 하는 시대가 오게 될 겁니다. 그런 세상은 너무 비인간적이지 않나요?"

"말씀하신 사고방식을 이해할 수가 없습니다. 겉모습이 멋져 보이기 위해서가 아니라 일을 잘하기 위해서 몸을 개조한다는 것은 숭고한 일 아닙니까? 저희 같은 몸을 개조해 주는 가게들이 왜 공연장과 악기 상가 주변에 많이 있는지 아십니까? 더 아름다운 음악을 연주하기 위해 몸을 개조하려는 분들이 많기 때문입니다. 한 사람이 네 개의 기계 팔을 달고 있으면 두 손으로 결코 연주할 수 없는 환상적인 피아노곡을 연주할 수 있게 됩니다. 기계 허파를 추가로 달고 있으면 보통 사람의 숨으로는 절대 부를 수 없는 아주 길게 이어지는 고음의 노래를 부를 수 있게 되지요. 이게 무슨 잘못이란 말입니까? 더군다나 요즘 시대의 기술은 그런 개조 시술이 별로 위험하지도 않습니다."

"그렇지만 이 정도는 너무 심하다고 허용하지 않아야 하는 어떤 기준은 정해야 할 거라고요."

"어떤 기준을 정해야 할까요? 화성 협곡의 고층 빌딩에서 건설 작업을 하시는 분들은 발을 원숭이 발처럼 개조합니다. 그렇게 하면 발을 이용해서도 쉽게 붙잡고 매달릴 수 있습니다. 발 덕분에 작업하다가 아래로 추락하는 위험을 훨씬 줄일 수 있습니다. 떨어지는 순간에 원숭이처럼 매달릴 수 있으니까요. 이런 식으로 몸을 개조하는 것은 생명을 보호할 방안입니다. 그냥 보기에 징그럽다고 무조건 거부해야 합니까? 일하기 위해 몸을 개조하는 것은 일을 맡기는 사람의 강압에 의한 것이니 거부하는 것이 옳을까요? 목숨을 구할 수 있는데도?"

"강압에 의한 것과 자발적인 의사에 의한 것을 구분하는 방법이라도 만들어볼 수 있지 않을까요?"

"어디까지가 강압이고 어디까지가 자발적인 것일까요? 원숭이 발을 달지 않으면 도저히 일자리를 얻을 수가 없을 것 같아서 몸을 개조하면 그것은 강압인가요, 자발적인가요? 그렇게 복잡하게 따질 것 없이 아예 생각을 바꾸시면 어떻습니까? 그냥 익숙해 보이지 않는다는 것 말고 굳이 싫어하실 이유는 무엇입니까?"

마침 창밖에 거리에서 공연하는 음악가가 있었다. 아름다운 음악을 연주하는 가야금 연주자였다. 김양식은 연주자의 손을 보더니, 문득 생각이 바뀌었는지 이렇게 말했다.

"저 가야금 연주자의 손도 멋있어 보이는데요."

이미영은 가야금 연주자를 바라보았다. 로봇이 말했다.

"태어날 때부터 손놀림이 좋고 재능이 있어서 가야금을 잘 연주하는 사람이 있지요. 한편으로 지금 저 연주자는 옛날 가야금의 한계를 초월하는 음악을 만들어내기 위해 기계 손가락을 두 개씩 덧붙였고 알루미늄 합금을 뼈대로 사용한 기계 손가락으로 교체했습니다. 힘이 더 강하면서도 보통 사람 손가락보다 훨씬 더 길게 늘어나도록 만든 열두 개의 손가락으로 연주를 하지요. 그렇기 때문에 이렇게 아름다운 음악을 들려줍니다. 우연히 타고난 재능으로 몸이 어떤 일을 하기에 적합한 것은 괜찮고, 자기가 바라는 바대로 몸을 바꾸어 더 좋은 일을 하는 것은 안 된다고 할 수는 없잖습니까?"

○

이서영 작가의 SF 단편 〈전체의 일부인〉에서는 청소 일을 하기 위해서 몸을 개조한 미래의 노동자들에 관한 이야기를 다루었다. 발표 당시 상당히 좋은 평가를 받았다.

조금 더 가벼운 현실의 문제를 살펴보자면, 한국은 여느 나라에 비해서도 성형수술이 대단히 보편화된 나라라는 점부터 짚어볼 만하다. 피부를 벗기고 살갗을 잘라 붙이는 방법으로 몸을 아름답게 꾸미는 방법은 널리 시행되고 있다. 그런가 하면 문신을 비롯한 다양한 방법으로 몸을 바꾸어 치장하는 여러 가지 시도들도 최근 빠른 기세로 늘어나는 중이다. 이렇게 몸을 변형하는 일은 기술이 발전하면서 점점 더 쉬워질 것이다. 여기에 한계가 필요할까? 어떤 제도적인 제한을 둘 필요는 없을까?

16 생명을 좌우하는 약은 싸야 할까, 비싸야 할까?

기술 개발 독려와
보편적 복지에 관한 딜레마

#생명연장 #젊음의묘약 #신약개발 #정부시장개입 #투자회수

이미영은 최소수량은 확보했으니 슬슬 돌아가자고 했다. 그러나 김양식은 좀 더 일하자고 했다.

"이만큼 돈이 되는 일을 따기가 쉽지 않다고요."

두 사람이 하는 일은 해왕성의 하늘을 떠다니는 눈송이를 채집하는 일이었다.

눈송이를 많이 채집할수록 제95 우주정거장에 있는 회사에서 돈을 많이 쳐줄 거라고 했기 때문이다. 돈 버는 재미가 있는지 김양식은 밥 먹고 잠자는 것도 잊고 계속 해왕성 눈송이를 따라다녔다. 이미영은 저러다 쓰러지겠다 싶어서, 자신이 직접 우주선을 조종해서 해왕성을 떠나기로 했다. 떠나는 중에도 김양식은 아쉬워했다.

제95 우주정거장에 도착하니 일을 맡겼던 할머니가 두 사람을 반갑게 맞아주었다. 그리고 해왕성 눈송이 무게를 측정해서 값을 계산해주었다. 과연 두 사람이 잠깐 행복해질 만큼 큰 액수였다.

이미영은 할머니에게 물었다.

"그런데 저희가 가져온 물질로 도대체 뭘 할 수 있기에 이렇게 높은 값을 쳐주는 건가요?"

할머니는 해왕성 눈송이를 기계에 부지런히 집어넣고 있었다. 일이 바쁜지 바로 답을 주지 않았다. 기계가 동작을 시작한 후에야 입을 열었다.

"원래 가속 쿼크 합성 기계라는 아주 비싼 장치를 이용해야만 만들 수 있는 재료가 있었는데, 해왕성 눈송이로 대신해도 비슷한 결과를 얻을 수 있다는 생각을 하게 됐거든. 그래서 정말로 그렇게 해도 우리 제품을 만들 수 있는지 실험해보려고."

할머니는 말하면서도 유심히 기계를 살폈다. 이미영이 다시 물었다.

"여기서 만드는 제품이 뭔데요?"

"이거지. 잘 만들어졌네. 성공이야. 해왕성 눈송이를 이용해도 제품이 되네."

기계는 작동을 멈췄고, 한쪽 끝에서 우유 비슷한 하얀 액체가 흘러나왔다.

"그게 뭐예요?"

"직접 보여줄게."

할머니는 흘러나온 액체에 입을 대고 들이마셨다.

그리고 잠시 고개를 숙이고 엎드렸다. 이윽고 할머니가 고개를 들고 돌아서자, 이미영과 김양식은 동시에 깜짝 놀랐다. 할머니가 젊어진 것이다.

"이게 뭡니까? 얼굴을 바꾸는 약입니까?"

"그보다 훨씬 더 좋은 거야. 젊음의 샘물이지. 나이 든 사람을 다시 단숨에 젊게 만드는 약을 우리가 개발했어. 정말 훌륭한 약 아닌가? 어마어마한 돈을 벌 수 있을 거야. 더군다나 해왕성 눈송이 같은 별로 비싸지도 않은 재료로 약을 만들 수 있다니! 남는 돈이 엄청나겠지."

이미영은 변화한 할머니의 모습이 너무나 신기해 보였다. 그리고 자신도 약을 먹어보고 싶다는 생각이 들었다.

"이런 약을 하나에 얼마 전 정도에 파실 거죠?"

"1인분에 3,000억 원에서 4,000억 원 정도에 팔아보려고 해."

그 액수를 듣고 이미영과 김양식은 놀라 동시에 소리를 질렀다. 이미영이 물었다.

"엄청나게 비싼데요. 아까 보니 해왕성 눈송이를 아주 조금 사용해서 약 1인분을 충분히 만들 수 있는 것으로 보이던데요. 재료 비용이 별로 안 들지 않아요? 보통 해열제나 소화제 정도 아닐까 싶은데, 가격은 몇천억 원을 받겠다고요? 그건 너무 심하게 비싼 것 아닌가요?"

"잘 봤어. 사실 약을 찍어내는 데 드는 비용은 1인분에 800원 정도면 충분하지."

"800원짜리 약을 4,000억 원에 판다고요?"

"800원짜리 약이 아니야. 약을 생산하는 데는 800원밖에 안 들지 모르지만, 이 약을 개발하기 위해서 우리 회사에서는 엄청난 돈을 들였다고. 우주 곳곳에 우주정거장을 만들어서 우주에서만 구할 수 있는 물질로 갖가지 연구를 했고, 세계 최고의 학자들을 우주로 불러서 연구하도록 하는 데 인건비도 엄청나게 썼어. 사람을 젊어지게 만드는 원리를 발견하기 위해서 우주 곳곳에 수백 대의 우주선을 보내서 별의별 외계생명체들을 다 조사하면서 생물이 늙는 갖가지 원리를 몇 년 동안이나 연구한 결과라고. 이렇게 거대한 회사의 모든 힘을 동원해 10년 동안 연구한 끝에 만들어낸 약이니 그걸 절대 800원으로 만든 약이라고 하면 안 되지."

"그래도 4,000억 원은 너무 비싸잖아요. 그래서야 누가 그 약을 사겠어요?"

"다시 젊어질 수 있다면 4,000억 원 정도는 쓸 수 있는 부자들이 세상에는 분명히 있을 거야. 일단 그 사람들에게 먼저 약을 팔아야지. 그리고 세월이 지나면 1,000억 원 정도로 값을 내릴 거야. 그러면 약이 더 많이 팔리겠지. 그리고 다시 세월이 지나면 100억 원 정도로 값을 내릴 거야. 그러면 한 나라에서도 몇십 명, 몇백 명씩 우리 약을 사겠지. 우리는 계속 막대한 돈을 버는 거야. 그런 식으로 장사를 하는 거지."

김양식은 해왕성 눈송이를 전달하고 받은 돈을 다시 살펴봤다. 괜히 이상한 기분이 들었다.

"그렇지만 그건 너무 불공평한데요. 그러면 가난한 사람들은 다시 젊어질 기회를 못 얻잖아요?"

"가난한 사람들은 못 하는 걸 부자들이 할 수 있는 게 한두 가지가 아니잖아? 그걸 지금 불공평이라고 말해야 해?"

"그렇지만 이것은 생명의 문제 아닙니까? 부자들은 대부분 인생을 즐겁고 편하게 살았을 거예요. 가난한 사람들은 힘겹고 고달프게 살았을 거라고요. 그런데 늙은 다음에 다시 젊은 인생을 살 두 번째 기회도 편한 삶을 산 부자들에게만 준다니, 너무하잖아요."

"가난한 사람이 힘겹고 고달픈 두 번째 삶을 원할까?"

"다른 이유도 있어요. 사람들 중에는 늙고 쇠약해진 채로 병들어서 회복하지를 못하고 목숨을 잃는 사람들도 있다고요. 그런 사람들이 다시 젊어지는 약을 먹으면 병을 견뎌내고 회복할 수 있을 겁니다. 이 약만 있으면 목숨을 구할 수 있는 사람들이 많아요. 그런데 4,000억 원을 내야만 목숨을 구할 수 있다니요? 뻔히 구할 수 있는 목숨을 돈이 없어서 잃어야 한다는 것은 너무 잔인하잖아요. 이 회사에서 그런 사람들에게 1,000원에 약을 팔기만 하면 목숨을 잃지 않아도 되는데."

할머니는 조금도 동요하지 않았다. 젊어진 얼굴 덕분인지 표정이 매우 긍정적으로 보였다.

"그렇지만 어쩔 수 없어. 우리는 이 약의 개발에 엄청난 투자를 했다고. 이렇게 개발한 약을 헐값에 팔아야 한다면 앞으로는 아무도 그렇게 많은 투자를 하지 않을 거야. 그러면 누가 참신한 약을 개발할 수 있겠어. 약이 개발되는 속도가 너무 느려지면, 앞으로 새롭게 발견되는 병에 대해 치료제도 늦게 나올 텐데. 약을 개발하는 연구를 잘할 만한 사람을 선발해서 나라에서 붙잡아놓고 약을 안 만들면 처벌하겠다고 채찍질하면서 개발을 해야겠어? 요즘 베텔게우스 행성 소식 들었어? 베텔게우스 행성에서는 모든 약을 개발하는 일을 정부에서 통제하고 있어. 그래서 그 나라에서는 베텔게우스 행성을 지배하고 있는 대통령의 관심사인 키가 커지는 약을 개발하는 데 모든 과학자가 매달리고 있다고. 나라에 돈이 남으면 대통령 동상을 만드는 일 따위에 다 쓰고 있고. 나라에서 모든 걸 통제하면 그렇게 되기에 십상이야."

"좋아요. 사람을 건강하게 해줄 약을 개발하는 일에 많은 사람들이 뛰어들게 하려면, 약을 비싸게 팔아서 돈 벌 기회도 줘야 한다는 건 알겠어요. 그렇지만 이번처럼 정말 큰 영향을 끼칠 만한 약은 정부나 사회에서 특별히 명령을 내려서 따로 처리해야 할 것 같아요. 젊음의 샘물만은 예외적으로 싼값에 정부에서 판매하겠다고 한다든지."

젊어진 할머니는 흰 약물이 묻어 있던 곳을 소독 기계로 깨끗하게 닦고는 이렇게 말했다.

"예전에 화성에서 시작된 악몽 바이러스가 유행했던 거 기억나? 악몽을 꾸는 병을 유발해서 지구인 전체가 다 고생했지. 그때 제7 우주정거장에 있던 회사가 엄청난 돈을 들여서 그 바이러스 치료약을 개발했는데, 어떻게 했지? 비상 상황이니까 어쩔 수 없다고 하면서 정부에서 그 약을 무료로 가져가서 그냥 막 뿌렸잖아. 회사는 엄청난 손해를 봤지. 그리고 얼마 지나지 않아 바이러스 2차 변종, 3차 변종이 날아왔을 때는 어떻게 됐어? 힘들여 치료약을 개발해봤자 돈만 날릴 게 뻔하니 어떤 회사도 치료약을 만들려고 하지 않았다고. 그래서 다들 몇 년 동안 얼마나 고생했는지 기억나지 않는 건 아니겠지? 결국 다들 그냥 버티면서 자연히 면역이 생기는 수밖에 없다고 했잖아. 밤마다 악몽을 꾸면서 몇 날 며칠, 몇 달을 모두가 참아야 했다고! 그때 그 난리를 잊은 나라는 아무 데도 없어. 그래서 이제는 아무리 비싸게 팔리는 약이라고 하더라도 그 어느 나라에서도 값을 내리라고 함부로 명령하지는 않을 거라고."

이미영은 그 사건이 기억났다.

"그런 일이 있었지요. 그래서 지금도 우리는 가끔 무시무시한 악몽을 꾸게 되었죠."

◘

〈인 타임〉이라는 영화는 아예 사람의 남은 수명이 곧 돈 그 자체인 세상을 다루고 있다. 영화에서는 그런 세상을 굉장히 불합리한 일이 벌어지며 비극적인 사건이 자주 발생하는 곳으로 보여준다. 그렇지만 부유한 사람일수록 건강하게 오래 살고 치료받기에 유리한 경향은 지금 우리 사회에서도 보이는 편이다. 아마도 미래가 되면 이런 경향은 점점 더 뚜렷하게 많은 사람들이 인식하는 문제가 될 것이다.

조금 더 구체적인 문제로, 불치병에 걸린 사람이 치료제가 있는데도 너무 비싼 약값을 감당할 수 없어서 치료받지 못한다는 것 역시 오래된 이야기다. 슬픈 장면이 나오는 소설이나 영화에서 자주 다루어온 소재로, "약값이 없어서 변변한 약 한 첩 못 써보고"라며 가난한 처지를 설명하는 대사는 우리 옛이야기의 상투적인 문구라고 할 수 있을 정도다.

실제로도 국내에서도 희귀 질환을 가진 환자 단체에서 생명을 구하기 위해 비싼 약값을 내리도록 조처해달라고 요구하는 이야기는 자주 들려온다. 극단적인 사례로 2020년대 초에, 미국의 한 유전자 치료제가 B형 혈우병을 치료하는 효능을 갖고 있는데 그 가격이 350만 달러, 한화 40억 원이 훌쩍 넘는다고 하는 기사가 언론을 통해 보도된 적이 있었다. 혈우병은 사람의 목숨을 앗아갈 수도 있는 병이다. 그런데 재산이 수백억 원 정도가 되는 부자라면 이 약을 사서 새 생명을 얻을 수 있겠지만 그만한 돈이 없는 대부분의 환자는 살 방법이 보이는 데도 그 길을 포기할 수밖에 없다.

반대로 제약산업의 활성화와 병을 치료할 새로운 기술을 자유롭게 연구하는 환경을 마련해주기 위해서는 연구에 참여하는 많은 사람들이 먹고살기 위해 상당히 많은 돈을 벌 수 있어야 하는 것도 사실이다. 그렇다면 어떤 기준을 마련하고 어느 정도의 방안을 실시해 이런 갈등을 조정하는 것이 바람직할까? 아니면 시장에 맡기고 정부 등이 개입해 갈등을 조정하지 않는 것이 맞을까? 약값을 정하는 문제 외에 생명과 돈이 연결되는 상황에서 비슷한 문제가 발생하는 다른 사례는 또 없을까?

17 감정을 인위적으로 조절하는 기계는 필요한가?

기술의 힘을 빌려

성격과 기분을 바꾸는 문제

#성격조작 #감정조절 #약물중독

은하 사이의 공간을 빠르게 이동하기 위해 낯선 길로 우주선이 들어선 지 대략 2시간쯤 지난 후의 일이었다. 우주선 앞쪽에 아름다운 빛이 하늘거리는 천처럼 펼쳐진 풍경이 나타났다. 그 빛은 상상을 초월하는 무늬를 만들었다. 벌집과 비슷한 모양이었지만 벌집 같지는 않았다. 무슨 말로도 쉽게 비교할 수 없는 모양이었다.

"저게 뭐죠? 엄청 아름다운데요."

"정신 차려. 저건 마이크로 블랙홀 산포 지대야. 조그마한 블랙홀들이 한가득 모여 있는 거라고."

입을 벌리고 아름다운 광경을 보던 김양식은 바로 입을 다물었다.

이미영의 목소리는 심각했다.

"되돌아가기는 이미 늦은 것 같고. 사이사이로 잘 빠져나가 보자고. 삐끗하면 끝장이겠지만."

"불가능하지는 않겠지만. 이걸 어떻게 조종해요? 너무 긴장되는데요. 손이 덜덜 떨립니다."

김양식은 식은땀을 흘렸다. 손을 부여잡고 한참 고민하더니 서랍에서 이어폰 비슷한 장치를 꺼냈다. 그리고 그것을 귀 뒤에 붙였다.

"일단 이걸 사용해야겠어요."

"그게 뭔데?"

김양식은 대답은 생략하고 우주선 조종 프로그램을 실행시켜 프로그램 이곳저곳을 살펴보고 빠르게 조작했다. 그에 따라서 우주선은 이리저리 재빨리 움직였고, 갑자기 초공간 도약을 하기도 했고 급격히 멈추는 것처럼 움직이기도 했다. 혼란스러운 요동 속에서 두 사람이 탄 우주선은 알록달록하게 변화하는 블랙홀들 사이를 교묘히 빠져나갔다.

김양식이 말했다.

"이 장치는 뇌의 신경 신호를 정밀하게 조작해주는 장치예요. 이것을 쓰면 공포감을 안 느낍니다."

"뭐라고? 기계가 작동하는 동안은 하나도 안 무섭다고?"

"맞아요. 그렇기 때문에 긴장하지 않고 가장 평온한 마음으로 프로그램을 조종할 수 있어요."

김양식은 말을 하면서도 멈추지 않고 프로그램을 조작했다. 아닌 게 아니라 조금 전과는 다르게 얼굴색이 안정되어 보였다. 더 이상 식은땀을 흘리지도 않았다.

우주선은 서서히 블랙홀로 가득한 구역을 벗어나고 있었다.

"그 장치를 평소에도 자주 써?"

"저는 자주 쓰지는 않는데요. 요즘 젊은 사람들 사이에는 엄청나게 유행하는 장치죠. 너무 떨리는 일이 있을 때나, 중요한 발표를 해야 하는데 마음을 가라앉히고 싶을 때 이 장치를 이용하면 일을 훨씬 더 잘할 수 있거든요. 집중력도 자연히 높아지니까 일의 결과도 좋아지고요."

"그래도 얼핏 보니까 가격은 좀 비싸 보이던데?"

"그렇긴 해요. 그래도 비싼 값을 해요. 공포감 말고도 다른 감정도 마음대로 조종할 수 있거든요. 예를 들어서 너무 슬픈 일이 있을 때는 슬픔을 없애주기도 하고요. 너무 화나는 일이 있을 때는 화나는 감정을 줄여주기도 하죠. 누구와 격렬하게 다툴 때 이 장치로 화나는 감정을 좀 줄이면, 그냥 싸우겠다는 마음 대신에 객관적으로 문제를 돌아보게 되니까 서로 협의하고 화해하기에도 좋죠. 요즘 화성 젊은 사람들 사이에는 아예 이 기계를 자동으로 설정해놓고 쓴대요. 화가 나는 것 같으면 그 감정을 일정 수준 이하로 줄여주도록 자동으로 작동하게 했더니, 싸우는 사람들이 그렇게 줄었대요. 쓸데없이 감정적으로 싸우는 일이 없으니까 회사 일도 더 잘하게 되고. 범죄도 확 줄었다고 하더라고요."

이미영은 대답 대신 생각에 잠겼다. 그리고 시간이 좀 흐른 후에 다시 입을 열었다.

"그래도 사람 감정을 그렇게 기계로 마음껏 조종한다는 것은 좀 이상한데."

"문제 될 것은 없죠. 남의 감정을 조작하는 게 아니잖아요. 내 마음을 내 의지대로 바꾼다는데 그게 크게 잘못된 일은 아니죠. 더군다나 예전부터 의사들은 너무 지나치게 흥분해서 날뛰는 사람에게는 진정제를 사용했고, 잠을 못 잘 정도로 불안한 사람들에게는 불안함을 줄여주는 약을 사용하기도 했어요. 이제는 기술이 발달해서 그렇게 병이라고 할 정도로 문제가 있는 상황뿐만 아니라 일상생활에서 생길 수 있을 만한 변화도 마음대로 조종하게 된 것뿐이죠."

"그런 식으로 마음을 조종하는 약이라면 분명히 뭔가 중독성이 있을 거야."

"그렇지도 않아요. 옛날 마약 비슷한 성분을 포함하고 있거나 그런 것과 비슷한 기능을 하는 약과는 다르게 이 장치는 중독성이 없어요."

"그래도 이 장치를 많이 쓰다 보면, 이 장치 없이는 도저히 못 살겠다며 의존하는 마음이 생길 수는 있잖아. 그게 중독성과 크게 다를 바는 없을 것 같은데?"

"그렇지도 않아요. 이 장치는 그런 마음 자체도 줄어들도록 조정할 수 있거든요."

김양식은 이미영에게 태양계에 도착해 화성에 가거든 이 장치를 한번 경험해보라고 권했다.

그 말대로 태양계에 닿자마자 이미영은 화성에 가서 장치를 판매하는 가게를 찾았다.

"기분을 마음대로 조종하는 기계라니 너무 화날 때, 슬플 때, 무서울 때, 말고 어떨 때 쓰면 좋죠? 가격이 비싸다 보니까 최대한 다양하게 활용하는 방법을 알고 싶어서요."

"잘 보이고 싶은 사람 앞에서는 사소한 일에도 잘 웃는 기분을 갖도록 설정해서 뭘 하든 밝고 즐거운 모습을 보여줄 수도 있고요. 반대로 격식을 갖춰야 하는 행사에서는 기분이 항상 차분하도록 기계를 작동시킬 수도 있습니다."

"그렇게 복잡하게 사용할 수도 있나요?"

"그렇습니다. 아예 성격을 바꾸는 용도로도 쓸 수 있어요. 자신이 너무 소심해서 걱정이라면, 더 용감하고 적극적인 기분을 갖도록 조작하면 대범한 성격으로 바뀐 삶을 사실 수 있습니다. 반대로 신중하고 계산적인 성격으로 살고 싶으시다면 그에 해당하는 감정을 잘 느낄 수 있도록 기계를 작동시키시면 되고요. 자기가 원하는 성격을 가진 사람으로 바로 변하실 수 있는 겁니다."

그러고 보니 그 지역의 거리를 돌아다니고 있는 사람들은 다들 밝고 친절하면서도 용감한 사람들이 많은 것 같았다. 그것은 요즘 사람들이 바람직하다고 하는 성격이었다. 그래서 다들 장치를 이용해 그런 성격을 만드는 것인 듯했다.

"이러면 다들 비슷비슷한 사람이 되는 것 아닌가요?"

"그렇지는 않습니다. 어떤 성격을 갖고 싶은지는 다들 조금씩 다르니까요. 지금 이런 성격이 유행이니까 눈에 많이 뜨이는 것뿐이지, 가끔 좀 우울해 보이는 모습으로 다니는 게 멋있다고 생각하는 사람도 있고, 남들이 함부로 대할 수 없게 무뚝뚝해 보이고 싶다는 사람들도 있거든요. 그래서 사람들 성격이 다들 그렇게 똑같지는 않아요. 친절하면서 용감한 성격 중에서도 조금씩 차이는 있고요."

이미영은 기계 장치를 사기 위해 결제하려다 잠시 멈췄다.

"정말 이래도 되는지 모르겠어요."

"적과 용감하게 싸워야 할 군인이나, 떨지 않고 수술을 해야 할 의사에게는 꼭 필요한 제품 아닐까요? 그렇다면 그런 기술을 다른 많은 사람들이 일상생활에서 좀 더 자주 쓰는 게 무슨 큰 문제일까요?"

"그래도 감정은 사람의 마음에서 저절로 나오는 결과인데 그것을 기계로 조종한다는 게 아무래도 꺼림칙해요."

"수전증이 있으면 손을 덜 떨리게 하는 약을 먹어서 고치잖아요. 자기 머리카락이 흰색으로 변한 게 마음에 안 들면 검게 물들이기도 하고요. 마찬가지죠. 뇌도 몸의 일부예요. 뇌가 내 마음에 너무 안 드는 형태로 작동해서 나한테 해를 끼친 것 같다면 그걸 멈추거나 다르게 작동하도록 어느 정도 고칠 수 있는 거죠. 그건 건강한 거예요."

계속 망설이고 있는 이미영에게 화성의 로봇 상인은 한마디를 덧붙였다.

"우유부단한 성격도 고칠 수 있습니다."

듀나의 SF 소설 중에 걸작으로 손꼽히는 〈사춘기여 안녕〉은 기분과 감정적인 흥분을 억제해주는 시술이 널리 퍼진 시대를 다루고 있다. 이야기의 구성과 입체적인 인물의 표현이 대단히 부드럽게 엮인 사건들을 통해 펼쳐지고 있어서, 교과서에 실려도 될 만한 훌륭한 이야기다.

과거에 프로작이라는 우울증 등의 증세에 처방하는 약이 처음 개발되었을 때, 일부에서는 "알약 하나만 먹으면 누구나 행복해지는 시대"라는 이야기가 나올 정도였다. 프로작이 정말로 그 정도의 약인 것은 아니지만 계속해서 새로운 약들이 개발되면서 약을 통해 기분을 다스리고 성격을 바꿀 수 있다는 식의 이야기는 계속해서 나오고 있다. 최근에는 ADHD주의력

결핍 과다 행동 장애 진단을 받고 그에 대한 약을 처방받아 삶의 태도가 달라졌다는 사람들의 사례가 빠르게 늘어나고 있기도 하다. 이렇게 뇌의 기능을 조절하는 약이 증가하고 그 효과도 빠르게 개선되면서, 이러한 약의 효과를 이용하는 범위와 한계를 따지는 문제들은 과거에 더 많은 사람들에게 논란거리가 되는 추세다.

18 인공지능이 만든 예술품에 저작권은 있는가?

사람의 기여도에 따른 저작권 인정의 문제

#인공지능 #저작권 #창의력 #불법복제 #CG영화

이미영은 김양식에게 우주선을 조금 더 조심조심 운전하라고 일렀다.

"아주 값비싼 영화 필름을 운반하고 있잖아. 엄청난 가격에 거래될 예술품이라고."

"어차피 초공간 도약으로 날아가는데 속도를 조금 줄인다고 해서 무슨 큰 차이가 있나요?"

"느낌이 다르잖아. 뭔가 조심조심 오는 느낌을 줘야 고객들이 좋아하지 않겠어?"

확실히 고객들은 그 가치를 대단히 높게 평가하는 듯했다. 필름을 싣고 있는 이미영과 김양식의 우주선 주변을 전투용 우주선 네 대가 호위하고 있었다.

그렇게 해서 이미영과 김양식이 도착한 곳은 우주에서 가장 특이한 예술품을 거래한다는 가니메데 경매장이었다. 이미영과 김양식은 자신들이 가져온 물건이 도대체 얼마나 비싸게 거래되는지 궁금해서 경매를 구경하기로 했다.

"이 작품은 인공지능을 이용해 만든 영화입니다. 재미로 따지면 지금까지 나온 그 어떤 영화보다 더 재미있는 영화라는 평가를 받았습니다. 세계 영화 평론가 협회 별점은 기본이 별 다섯 개 만점인데, 이 영화는 무려 여덟 개를 받은 8성급 영화입니다. 이런 엄청난 영화를 보시려면 필름을 직접 사서 영사기로 보셔야 하는데요. 이 필름을 사실 분 누가 있으실까요?"

단숨에 엄청난 값으로 가격이 뛰었다. 그런데 갑자기 검은 옷을 입은 사람이 벌떡 일어나더니 경매 참가자들을 향해 소리쳤다.

"저는 세계 영화사 협회의 직원입니다. 이 작품은 거래될 수 없는 저작권 침해 제품입니다! 이 작품을 만든 인공지능은 재미있는 영화를 만들기 위해 전 세계 사람들이 만들어놓은 영화 89만 편을 모두 학습시킨 프로그램입니다. 89만 편 영화에서 추출한 조각 조각이 조금씩 영화에 박혀 있는 것입니다. 이것은 남의 그림 몇 개를 잘라서 붙인 뒤에 그게 자기 그림이라고 하는 것과 다를 바 없습니다. 다른 사람들의 영화들을 훔쳐서 만든 결과물인 것입니다!"

경매장은 혼란에 휩싸였다. 검은 옷의 협회 직원은 바로 로봇 경찰들에게 붙들렸다. 그러나 그의 말은 영향력을 발휘했다. 경매는 정상적으로 진행되지 못했다. 영화를 만든 쪽과 세계 영화사 협회는 서로 소송을 벌이며 싸웠다.

얼마 후 이미영은 다시 영화 필름을 배달하는 일을 맡았다. 이번에는 전투 우주선 여섯 대의 호위를 받았다. 목적지는 역시 가니메데 경매장이었다.

"지난번 저작권 논란 때문에 영화 판매가 제대로 될 수 없었던 것이 상당한 고민거리였다는 것을 저희도 잘 알고 있습니다. 그래서 저희는 세계 3대 영화사와 거래해서 그들이 소유한 영화를 정당하게 사용할 권리를 얻은 뒤에 인공지능 프로그램을 만들었습니다. 이제는 아무런 저작권 문제가 없습니다. 그리고 이번 영화는 지난번보다 더 재미있다는 평가를 받았습니다. 세계 영화 평론가 협회에서는 또 하나의 8성급 영화가 탄생했다고 감탄하고 있습니다!"

지난번 다툼으로 화제가 되어서인지, 이번에는 경매에 참여한 사람이 더 많았다. 그런데 이번에도 검은 옷을 입은 사람이 갑자기 자리에서 일어나 중앙으로 걸어나왔다.

"저는 세계 영화감독 협회 직원입니다. 이 영화는 아무리 재미있더라도 저작권을 인정받지 못합니다. 왜냐하면 세계 대부분의 나라에서 저작권이란 사람의 창의력을 발휘해서 만든 작품에 적용되는 것이라고 규정하고 있기 때문입니다. 그런데 이 영화는 사람이 아니라 인공지능이 만들었습니다. 그렇기 때문에 저작권도 없습니다. 그렇단 말은 비싼 돈을 주고 이 영화를 사셔도 아무런 권리를 얻지 못한다는 뜻입니다. 누가 이 영화를 복사해서 퍼뜨려도 그게 잘못이라고 지적할 수 없습니다."

그러나 이번에는 필름을 판매하는 쪽에서도 가만히 있지 않았다.

"그게 무슨 말입니까? 우리는 인공지능이라는 도구를 사용했을 뿐이지, 그것을 사용해서 영화를 만든 것은 여전히 사람입니다. 우리는 어떤 영화를 만들어달라고 인공지능 프로그램에 입력했고 그렇게 나온 결과들을 보고 좋은지 나쁜지 따져가면서 인공지능 프로그램에 영화를 수정하도록 계속 입력했습니다. 프로그램을 사용하는 중간 작업들은 전부 다 사람이 했습니다. 사람의 창의성이 들어간 것이라는 말입니다. 자동으로 움직이는 전기톱으로 나무를 깎아서 조각을 만들었다고 해서 그것은 기계가 만든 조각이니 예술품으로 인정되지 않는다고 할 수는 없지 않습니까? 인공지능 프로그램은 도구일 뿐입니다."

협회 직원도 물러서지 않았다.

"인공지능 프로그램에 어떤 영화를 만들어 달라고 입력하는 작업에 무슨 대단한 창의성이 있다는 겁니까? 지금 개발된 인공지능 프로그램은 성능이 뛰어나서 아주 짧게 대충 말해도 사람이 좋아할 만한 결과를 만들어준다고 합니다. 듣자 하니, 사람의 창의성과 노력이 들어갔다는 영화가 실제로는 그냥 '키가 큰 여자 주인공이 나오는 엄청나게 재미있는 첩보원 영화를 만들어줘'라고 입력한 게 전부라고 하던데요. 그 말이 그렇게 창의성이 있는 말입니까?"

"그렇지만 그조차도 저희가 처음 한 일 아닌가요? 저희는 그런 식으로 프로그램을 여러 번 돌려서 서로 다른 영화를 20개 만들었습니다. 그리고 그것을 다 살펴보면서 어떤 게 가장 재미있는지 면밀히 따져보고 다시 더 재미난 영화를 골라내는 데 시간도 투자했습니다. 그게 아무런 노력이 없는 일이라는 겁니까?"

"그렇더라도 영화를 만든 것은 어디까지나 인공지능 프로그램이지요. 당신은 심사위원 역할밖에 하지 않은 겁니다."

"종이 위에 여러 가지 모양으로 물감을 흩뿌리고 그중에서 가장 아름다운 모양이 된 것을 골라서 현대적인 미술품이라고 판매한다면 인정받지 못할 이유가 없지 않습니까? 왜 인공지능 프로그램으로 만든 영화는 안 된다는 겁니까? 과학 연구 분야에서는 예전부터 인공지능 기술을 많이 사용했습니다. 인공지능으로 날씨를 분석해서 일기예보를 하는 회사는 여러 방송사, 신문사, 다른 회사들에 돈 받고 판매했습니다. 일기예보 회사가 중간에 인공지능 프로그램을 썼다고 해서 그 회사에서 판매하는 날씨 정보의 권리가 갑자기 사라져서 무단 복제해도 되는 정보로 변하지는 않는 겁니다."

그때 갑자기 문이 열리더니, 바깥에서 검은 옷을 입은 또 다른 사람이 나타났다. 그 사람이 말했다.

"저는 인공지능 기술 협회 직원입니다."

논쟁을 벌이고 있던 두 사람은 새로 등장한 사람에게 거의 동시에 물었다.

"선생님은 우리 둘 중에 누구 편입니까?"

그러자 새로 나타난 사람은 전혀 다른 이야기를 시작했다.

"저희는 두 분의 주장이 어떤 식으로 결론이 나는지는 관심 없습니다. 중요한 것은 영화를 만든 곳에서는 저희 협회 소속사인 한 회사에서 개발한 인공지능을 제작 과정에서 사용했다는 점입니다. 예전에는 돈을 내고 소프트웨어를 구입하면 인공지능의 기능을 어떻게 활용할지는 고객 마음이었습니다. 하지만 이제는 저희 협회에서도 정책을 바꾸었습니다. 저희 회원사가 개발한 기능을 활용해서 예술품을 만들고 그 예술품으로 돈을 번다면 그렇게 얻는 수익의 일부는 인공지능을 개발한 회사에 내야 한다는 것이 새로 나온 정책입니다. 그러니 저작권으로 돈을 벌든, 그것을 많이 복제하고 퍼뜨려서 다른 방법으로 돈을 벌든, 하여튼 돈을 벌면 개발사에 돈을 내야 합니다."

"선생님 말씀은 인공지능 자체가 일을 했으니 권리를 갖고 있다는 이야기인 것 같은데요. 인공지능이 예술 작업에 권리를 일부 가질 수 있다는 겁니까? 전기톱으로 나무를 깎아서 조각상을 만들 때, 그 조각상에 대한 권리를 전기톱 만든 회사에도 일부 줘야 한다는 그런 이야기 아닌가요?"

"전기톱이 아주아주 엄청나게 좋다면, 그런 식으로 계약을 못 할 건 또 뭡니까?"

이야기가 점점 더 복잡해지고 있었다. 듣다 지친 이미영은 김양식에게 이제 어찌 되든 상관없으니 그냥 가자는 뜻으로 손짓을 했다.

인공지능을 이용해 예술품을 만드는 것과 관련해 많이 퍼져 있는 이야기로 "인공지능은 사람이 아니기 때문에 저작권을 갖지 못한다"가 있다. 이는 인공지능이 스스로 저작권을 가질 수 없으며, 인공지능이 그 저작권으로 사람처럼 돈을 벌 수 없다는 점에서는 쉽게 설득력을 얻을 수 있는 말이다. 그렇지만 인공지능 프로그램을 이용해 결과물을 만든 사람이 저작권을 주장할 수 없다는 것은 다른 이야기다.

몇 마디 말만 입력해주면 그림을 만들어내거나 소설 줄거리를 만들어주는 최근의 인공지능 프로그램이 등장하기 전에도 이미 다양한 분야에서 인공지능 기술을 이용해서 가치 있는 제품을 만든 사람들은 많았다. 예를 들어, CG로 자연스러운 영화 장면을 만들기 위해 기계학습을 포함한 인공지능 기법을 이용하는 일은 진작부터 이루어졌다. 그렇게 인공지능의 손길이 닿았다고 해서 CG로 만든 영화가 갑자기 저작권이 없어지지는 않는다. 하다못해, 소비자 분석 회사에서는 소비자들이 좋아할 만한 제품이 무엇인지 조사하고 분석하기 위해서 각종 소비 자료를 기계학습 기술을 이용해서 따져보곤 한다. 그렇게 중간 과정에 인공지능 기술을 사용한다고 해서 소비자 분석 회사에서 만들어낸 자료가 갑자기 저작권 없는 무료 자료로 변하지는 않는다. 오히려 최신 기법을 이용해서 분석한 고급 자료로 더 비싸게 거래될 수도 있다.

그렇다면 인공지능을 이용해서 만든 글, 그림, 영상, 음악, 조각품 등에 대해서는 그 저작권을 어떻게 인정해주는 것이 바람직할까? 저작권에서 조금 더 나아가 그 글, 그림, 영상, 조각품에 대한 예술적인 평가는 어떻게 내리는 것이 바람직할까? 시간이 지나면서 인공지능을 이용해서 그림을 만들고 음악을 만들어내는 일이 더욱더 쉬워지고 그 결과물이 어지간한 사람 전문가가 만들어낸 것과 비슷한 수준이 될 확률도 높아지면, 그 기준은 앞으로 달라져야 할까?

19 행복감을 조작하는 기술이 사람에게 이로울까?

부작용이 없을 때

쾌락을 주는 기술의 허용 문제

#현실도피 #뇌신경조작 #행복추구 #대마초허용 #마약부작용

화성 과학 탐사국에서 우르사 제11행성에 날아가서 행성의 곳곳에 널브러져 있는 하트 모양의 장치를 가져오라는 의뢰를 해왔다. 그것은 굉장히 구하기 힘든 특별한 장치라고 했다. 김양식은 이상한 생각이 들어 이미영에게 물었다.

"은하수 안에 있는 별로 가기 어렵지도 않은 행성에 가서 밥그릇만 한 기계 장치를 집어오는 임무면 너무 쉬운 일 같은데요. 이런 일을 왜 우리에게 부탁하면서 돈도 이렇게 많이 주는 거죠?"

"그 행성에 대형 자폭 장치가 지금 작동을 시작했다고 하거든. 그래서 너무 늦어지면 행성이 통째로 폭발해버릴 거야. 조심해서 신속하게 다녀와야 해."

김양식은 깜짝 놀랐다. 이미영은 꾸물댈 시간이 없다면서 출발을 재촉했다.

우르사 제11행성에 도착해서 착륙해보니 길가 이곳저곳에 하트 모양의 기계 장치가 떨어져 있었다. 찾는 것이 생각보다 어렵지 않았다. 다만 무슨 물건인지는 알 수가 없었다. 그리고 사람을 찾아볼 수도 없었다. 그래서 그 물건에 관해 물어볼 곳도 없었다.

궁금해진 이미영은 물건을 이리저리 만지작거렸다. 처음에는 이미영을 말리던 김양식도 호기심을 느꼈다.

"그렇게 위험한 물건 같지는 않네요. 누구나 친근하게 사용할 수 있는 제품 같은 모양이잖아요."

그 순간 김양식이 무엇인가를 잘못 건드렸는지 장치가 갑자기 번쩍거리기 시작했다. 그리고 그 장치에서 기다란 전선이 여덟 가닥이 뻗어 나왔다.

그 전선이 김양식의 머리를 휘감았다. 전선이 번쩍거리자 김양식이 비명 같기도 하고 환호 같기도 하고 노래 같기도 한 이상한 소리를 냈다. 이미영은 그 모습을 보고 깜짝 놀랐다.

"왜 그러는 거야? 정신 차려."

기계는 잠시 후 다시 멈추었다. 김양식은 멍한 표정이었다가 이내 굉장히 활기찬 표정으로 변했다.

"아, 엄청나게 좋은 기분이 들었어요. 환상적인 느낌을 주는 기계예요. 신나고 즐겁고 짜릿하고 평화롭고 사랑스럽고 화려한 축제에서 춤을 추는 것 같고, 아늑하고 조용한 농장에서 자연을 보면서 휴식을 취하는 것 같고, 온갖 즐거운 기분이 다 뒤섞인 느낌이에요. 이거 정말 좋은데요. 이렇게 좋은 감각은 평생 단 한 번도 느껴본 적이 없어요. 아니, 그 정도가 아닙니다. 이렇게 즐거운 느낌이 있을 거라고는 상상도 해본 적이 없는데 방금 그런 상상을 초월하는 즐거운 느낌을 받았어요!"

"뭐야? 무슨 장치인 거야? 사람 정신을 이상하게 하는 장치야?"

"다시 한번 그 느낌을 경험하고 싶습니다."

김양식이 기계를 다시 이리저리 만지자, 이미영이 이를 말렸다.

"뭔가 위험해 보였어. 또 그러지 말라고 정신 차려."

"그렇지만 정말 좋은 느낌이었다고요. 한 번 더 해보고 싶어요. 그런 느낌을 주는 일은 그 무엇도 해본 적이 없어요. 어떤 놀이보다도 좋고, 어떤 맛있는 음식을 먹었을 때나 어떤 좋은 음악을 들었을 때보다도 기분이 좋았다고요."

이미영과 김양식은 그렇게 실랑이를 벌였다. 그때 행성을 순찰하며 날아다니던 로봇 한 대가 두 사람을 발견하고 내려왔다. 로봇이 말했다.

"이 행성은 곧 폭파됩니다. 그러니 빨리 피하십시오."

이미영은 마침 잘됐다 싶어 로봇에게 물었다.

"일단 이것부터 물어봅시다. 도대체 이 하트 모양의 장치가 뭔가요?"

"이 장치는 우리 행성에서 예전에 개발된 특수 뇌 신경 조작 장치입니다. 사람의 뇌가 경험할 수 있는 가장 즐거운 기분을 신경에 직접 넣어주는 장치입니다. 사람의 신경은 약한 전기의 흐름에 따라 움직이는 세포거든요. 그래서 기분이라는 것도 뇌의 어디에 어떻게 전기가 흐르느냐에 따라 정해지지요. 뇌의 신경에 정확히 우리가 원하는 형태로 전기를 흐르게 할 수 있다면 그 사람에게 어떤 기분이라도 느끼게 해줄 수 있는 거예요."

"어떤 기분이라도 인위적으로 느끼게 해준다고요?"

"그렇죠. 그런데 기왕이면 나쁜 기분보다는 좋은 기분을 느끼는 게 좋잖아요. 그래서 이 장치는 사람에게 그 어떤 일로도 경험할 수 없는 강력한 기쁨의 감각에 해당하는 전기를 흐르게 해줍니다."

"그러면 아무 일이 없어도 이 장치만 계속 사용하면 굉장히 좋은 기분을 계속해서 느낄 수 있다는 거잖아요. 그건 좀 허무할 것 같은데요."

"괜찮아요. 허무한 느낌 때문에 드는 박탈감이나 죄책감 같은 감정은 다 삭제해주는 기능도 함께 만들었거든요. 이 기계는 그런 찝찝한 느낌이 전혀 없이 완벽한 즐거움만을 줍니다."

"그래도 그런 것이 진정한 즐거움이라고 할 수는 없는 것 같은데요? 열심히 노력하고 기술을 연습해서 올림픽에 나가 금메달을 따면, 노력의 과정이 있기에 느끼는 보람과 뿌듯함이 있다고요. 자신이 대견하다는 감동도 느낄 수 있을 거고요."

"그런 형식의 기쁨이 있다는 것도 알고 있습니다. 당연히 그런 기쁨도 같이 넣어주는 기능까지 갖추고 있습니다. 성실히 노력하며 살 때 느끼는 보람이나 뿌듯함도 뇌에서 느끼는 감정이지 않습니까? 그렇다면 그 역시 결국은 뇌에 흐르는 전기의 문제일 뿐입니다. 이 기계를 통하면 세상에서 가장 중요한 일을 해낸 사람보다도 더 큰 보람과 뿌듯함도 느낄 수 있습니다. 그뿐만 아니라 남에게 사랑받을 때의 느낌, 사람과 사람 사이의 교류에서 느낄 수 있는 정다움 등도 다 갖추어져 있습니다. 사람이 생각할 수 있는 그 모든 종류의 행복하다는 느낌을 가장 완벽하게, 또 가장 강력하게 뇌 속에 주입해주는 장치란 말입니다."

이미영은 반박할 말을 찾고 싶었지만, 무슨 말을 해야 할지 알 수가 없었다. 그러나 김양식을 한번 바라보니 드는 생각이 있었다.

"이렇게 아무런 노력 없이 엄청난 기쁨을 주는 장치가 있다면, 사람들이 항상 이 장치만 붙들고 최고의 기쁨만 느끼려고 할 것 같은데요. 아무 일도 하지 않고 그냥 이 장치에서 기쁨 느끼는 일로 시간을 보낼 거라고요. 그러면 인간 사회가 다 망하지 않을까요? 심지어 먹지도 자지도 않고 이 장치를 작동시키면서 즐거움을 느끼는 데만 시간을 보낸다면 그 사람은 굶주려서 몸을 망치고 건강을 잃을지도 몰라요."

"물론 그렇기는 합니다. 그래서 이 기계에는 기쁨을 한 번 느끼고 나면, 그 기쁨에 매달리지 않도록 기억을 삭제해 주는 기능까지 갖추어져 있습니다. 자기가 해야 하는 일을 하면서 밥도 먹고 잠도 자다가 여가 시간에 그냥 아주 강한 기쁨을 한 번씩 느끼는 것이 이 기계를 가장 보람차게 사용하는 방법입니다. 삶의 목표가 행복의 추구라고 말하는 사람들이 많지 않습니까? 이 기계만큼 행복감을 강하게 주는 장치가 없는데, 이 기계의 어디가 나쁠까요? 생활이 비참하고 인생이 괴로운 사람이라도 누구나 평등하게 큰 행복을 누릴 수 있는 기계인데 나쁘다고 할 수 있겠습니까?"

"그런 식이라면 자신이 겪고 있는 문제를 해결하기 위해 적극적으로 나서지 않고 안주할지 몰라요. 예를 들어서 신분제 사회에서 노비로 살고 있다고 하더라도 노비 제도를 없앨 생각은 하지 않고, 그냥 이 기계로 기쁨을 느끼는 데 만족할 거니까요."

"그렇지도 않습니다. 만약에 노비 신세인 사람이 있다면, 이 기계를 사용하지 않을 때는 평범하게 노비 제도의 문제를 인지하고 개선되면 좋겠다는 비판적인 생각을 할 수 있습니다. 노비 제도를 없애기 위한 노력도 할 것입니다. 오히려 비참한 삶을 살면서 모든 것을 포기하고 싶어질 때, 이 기계를 사용하면서 그래도 삶을 계속 이어나갈 힘을 얻을 것입니다. 설령 그렇지 않더라도, 노비로 살면서 괴로워하는 사람에게 이 정도의 기쁨을 줄 기회까지 굳이 빼앗아야 한다는 겁니까?"

이미영은 여기에 다시 반박하고 싶었지만, 김양식이 이제 행성이 폭발할 시간이 거의 다 되었다고 말해주었다. 이미영은 로봇에게 말했다.

"하여튼, 이 기계에는 뭔가 문제가 있어요. 위험한 기계라고요."

그러자 로봇이 대답했다.

"저는 잘 모르겠지만, 그러고 보면 이 행성 주민들은 다들 그렇게 생각한 것 같습니다. 주민들이 행성을 떠나면서 행성에서 개발된 이 기계들은 물론 행성까지 모두 다 폭파되도록 장치해두었습니다. 기계가 영원히 다른 곳으로는 퍼지지 못하도록."

◘

정소연 작가가 번역한 래리 니븐의 연작 SF 단편집 《플랫랜더》에는 쾌락을 느끼는 사람의 신경을 정확히 찾아내서 그곳을 전기로 자극하면 도저히 뿌리칠 수 없을 만큼 큰 쾌락을 느끼게 되어 그것이 아주 강력한 중독성 마약처럼 여겨진다는 이야기가 실려 있다. 그런 만큼 소설에서는 이런 장치가 마약의 여러 해악을 그대로 가진 것처럼 표현된다. 단순히 강한 한 가지 쾌감만을 줄 뿐 진정한 보람을 느낄 수는 없고 다른 일은 할 수 없게 되며, 결국 몸을 망친다는 것이다. 조금 다른 이야기로는 SF의 고전 명작으로 불리는 《멋진 신세계》에 나오는 소마라는 약도 있다. 《멋진 신세계》에서는 정부가 사람들에게 소마라는 약을 지급한다. 소마 역시 일종의 마약이기 때문에 이 약을 사람들이 웃는 얼굴로 살 수 있게 되고 정부는 사람들을 다루기가 더 편리해진다.

만약 여기서 좀 더 나아가서 단순한 쾌락이 아니라 깊은 행복감을 간단한 장치나 약으로 느낄 수 있는 기술이 개발된다면 어떨까? 게다가 그런 약을 이용해도 몸이 상하는 등의 부작용도 거의 없다면, 그런 약을 널리 배포하는 것에 아무런 문제가 없을까? 약으로 느끼는 행복감이 다른 방법으로 얻는 행복감과 비교해보면 가짜 행복감이라는 것은 사실이다. 그렇다고 해서 금지될 필요가 있을까? 고통이 심한 환자에게는 치료에 별 도움이 안 되더라도 진통제로 그 고통을 덜 느끼게 하는 것은 당연한 일이다. 그렇다면 행복감을 그다지 느끼지 못하거나 삶이 불행하다고 느끼는 사람이 이런 약의 도움을 받는 것도 정당화될 수 있지 않을까? 모든 사람이 아침에 행복 알약을 한 알씩 먹고 산다면 세상이 전체적으로 유쾌해지지는 않을까?

물론 불만이나 불안을 느끼는 사람은 아무래도 줄어들 테니, 세상의 문제점을 지적하거나 그것을 해결하려는 동기는 조금 줄어들지 모른다. 그렇지만 이 약이 지능을 떨어뜨리는 것은 아니므로 사회에 문제가 있다는 것은 분명히 이해할 수 있을 것이고, 사회 문제를 파악하고 해결하려는 활동도 꾸준히 이루어질 수 있을 것이다. 오히려 모두가 밝고 쾌활하게 일한다면 그런 활동의 효율이 올라가면서 사회의 문제가 더 빨리 해결될 수도 있지 않을까?

신경과 호르몬에 관한 연구, 뇌의 화학적인 반응에 관한 연구가 진행될수록 사람의 기분, 행복감에 대한 이해는 깊어질 것이고, 이것을 인위적으로 조종하는 방법도 개발될 것이다. 그렇다면 누구나 행복하게 해줄 수 있는 약은 과연 허용되어도 괜찮을까? 이런 약을 금지해야 하는 근거를 찾아낼 수 있을까? 행복 알약의 금지에 대한 실존주의적인 이유는 얼마나 설득력을 얻을 수 있을까? 과거에는 전 세계적으로 금지되는 추세였던 대마초 등의 약물에 대해 해외 일부 지역에서 그 허용 폭을 넓히는 정책이 추진되고 있다. 혹시 효과가 어느 수준 이상으로 평가되고 부작용이 어느 수준 미만으로 제거된다면 비슷한 부류의 약물을 허용해도 괜찮을까?

20 사람에게 일은 꼭 필요한가?

보편적 기본소득으로
일할 필요가 없는 미래의 문제

#보편적기본소득 #일자리 #자동화 #일의보람 #의미있는삶

이미영은 직접 농사를 짓고 산나물을 캐 먹으면서 사는 생활을 그만두었다. 30일 만이었다. 해야 할 일이 너무 많아서 도저히 버틸 수가 없었다. 그뿐만 아니라 다른 물건을 사기 위해서는 산나물을 시장에 가서 팔아야 했는데 가격을 도저히 맞출 수 없었다.

"시장에서 나물을 팔기 위해서는 나물의 품질이 좋은지, 나쁜지, 나물에 위험한 성분은 없는지 농작물 건강 종합 검사를 받고 판매하셔야 합니다."

시장을 관리하는 로봇은 그렇게 안내했다. 검사를 받고 나니, 나물을 팔아 얻은 수익으로 검사 비용을 내면 오히려 적자였다. 시장에서 팔리는 나물은 대부분 기계와 로봇들이

키운 제품이었다. 자동 기기들이 농작물을 대량 재배하는 곳에서는 훨씬 더 값싸게 품질 좋은 나물을 만들어 팔 수 있었다. 이런 농작물보다 싼 값에 나물을 길러 장사를 하는 기술을 개발할 수는 없었다. 이미영은 농촌 생활을 접고 다시 원래 살던 도시로 돌아왔다.

요즘 시대에 당장 먹고사는 것은 별문제가 아니었다. 도시에 가서 기본 생활 지원실이라는 곳에 신청하면 거주용 집 한 채를 바로 내준다. 21세기 초만 하더라도 살기 좋은 집을 얻기 위해 많은 사람들이 평생 번 돈을 투자해야 했는데, 요즘에는 한 사람당 아파트 한 채 정도는 무료로 빌려주는 세상이다. 그만큼 모든 것이 풍요롭기 때문이다.

로봇과 기계 장치는 사람들이 해야 하는 세상의 그 모든 일을 훨씬 싼 값에, 훨씬 더 적은 비용으로, 훨씬 빠르게 다 해준다. 아파트를 관리하고 깨끗하게 유지하는 일도 모두 로봇이 담당한다. 인구는 줄어들었고 물자는 남아돌고 있다. 전에 살던 주소는 아니었지만, 이미영은 도시에 돌아와서 무료 아파트에 들어오니 너무나 익숙하다는 기분을 느꼈다.

로봇이 관리해주는 말끔한 실내, 냉장고에 가득한 음식들, 언제나 최신형으로 업데이트되어 있는 전자제품과 가구들. 시골로 떠나 모든 것을 혼자 하겠다고 했을 때는 결코 가질 수 없는 것들이었다.

"따뜻한 탕수육이 먹고 싶은데. 탕수육은 없네."

냉장고를 열고 그렇게 중얼거리자, 바로 냉장고의 인공지능 컴퓨터가 대답했다.

"탕수육을 지금 하나 주문해드릴까요."

탕수육 사 먹을 돈 정도는 있었다. 도시의 무료 아파트에서 살면 일하지 않아도 시민 월급이라는 이름으로 정부에서 돈을 매달 나눠주기 때문이다. 그 돈으로 먹고 싶은 음식을 사고, 취미 생활을 즐기기에 충분하다.

이미영은 탕수육을 먹으면서 TV를 보기로 했다. 로봇 일자리 혼란기를 배경으로 하는 영화였다. "로봇들이 일자리를 빼앗는다! 대책을 마련하라!"

시위하는 사람들도 있었고, 로봇이 사람의 일을 대신하는 바람에 일자리를 잃은 사람들이 가난해지고 굶게 되면 큰 문제라고 격렬한 토론을 벌이는 사람들도 있었다. 비행기 조종부터 화장실 청소까지, 과학 연구부터 피아노 레슨까지 사람이 돈을 벌기 위해 하던 거의 모든 일을 사람보다 인공지능과 로봇이 훨씬 더 잘하는 시대가 시작되니, 사람들은 적응하기가 어려워졌다는 내용이었다.

"참 재미난 시대였지."

이미영은 혼잣말로 중얼거렸다. 로봇 일자리 혼란기는 사람들의 권리를 위해 맹렬히 싸웠다고 하는 3대 영웅의 활약으로 끝이 났다.

이제 정부는 로봇들이 벌어들이는 돈의 많은 부분을 세금으로 거두어 시민들에게 나눠주고 있다. 덕택에 역사상 처음으로 대부분의 사람들은 일하지 않아도 먹고사는 데 아무런 걱정이 없는 시대가 시작되었다.

"먹고살기 위해 일하지 않아도 된다니. 그러면 뭘 하고 지내죠?"

"이제는 먹고살려고 일의 노예가 될 필요가 없어요. 뭐든 하고 싶은 보람찬 일들을 찾아서 하면 되죠. 예술적인 활동 있잖아요. 그림을 그린다든가, 시를 쓴다든가."

로봇 일자리 혼란기가 끝난 뒤에는 그런 말을 하는 사람들이 많았다. 그렇지만 그 역시 말처럼 쉽지는 않았다. 학교 다닐 때 그림을 잘 그려서 보람을 느끼는 학생이 과연 한 반에 몇 명이나 있던가? 시를 쓰는 것을 좋아하는 사람은 더 드물지 않았나? 더군다나 인공지능 기술이 발전하면서 사람이 그리는 그림이나 사람이 쓰는 소설보다 인공지능이 만들어내는 소설, 시, 예술 작품이 전반적으로 수준이 높았다.

결국 많은 사람이 무료로 주는 집에서 살면서, 별달리 하는 일 없이 놀기만 하면서 인생을 보내게 되었다. 일을 안 해도 정부에서 주는 월급으로 얼마든지 넉넉히 살 수 있으니, 자격증을 딴다거나 공부를 하는 등 인생에 대한 장기 계획을 세우는 사람들도 급격히 사라졌다. 한동안 사람들이 하던 유일한 고민은 점심때 뭐 먹을까 정도였는데, 곧 그런 고민조차 사라졌다. 인공지능 추천으로 점심 메뉴를 고르면 가장 좋다는 사실을 다들 알게 되었기 때문이다.

이미영을 비롯한 몇몇 사람들은 이런 생활이 무의미해서 도저히 견딜 수 없다고 생각했다. 뭔가 보람차게 살 수 있는 대책을 정부에서 만들어주어야 한다고 주장했다. 이런 사람들을 흔히 '보람파'라고 불렀다.

"일자리가 없어지면 가난해지는 게 문제라고 생각했는데, 가난까지 해결되고 나니 왜 사는지가 문제다."

몇 달간 격렬히 이어진 보람파의 주장에 정부는 어쩔 수 없이 굴복했다.

정부는 그 후부터는 사람들이 쓰는 시, 소설, 그림, 노래, 영상 같은 것들을 정부가 돈을 주고 사들이기로 했다. 그것들을 다른 사람들에게 판매해보고 인기가 좋은 것은 그만큼 돈을 더 쳐주겠다고 했다. 어느 노래가 듣기 좋은지, 어느 시가 아름다운지 대결도 하고 순위도 매기겠다고 했다. 그러면 작품을 만들어내는 사람들이 나름대로 순위 대결을 하면서 인생의 보람을 찾을 수 있다는 대책이었다.

그러나 얼마 후 정부의 비밀 통계가 유출되자 사람들은 깜짝 놀랐다. 사람들에게 인기 있는 소설이나 만화 중에 사람이 만드는 것은 하나도 없었기 때문이다. 인공지능이 만든 소설과 만화가 훨씬 더 인기가 많았다. 사람이 만든 작품에 좋은 평가를 하는 사람은 거의 없었다. 아니, 평가조차 드물었다. 많은 보람파 사람들은 이런 상황이 너무나 모욕적이라고 생각했다. 그 때문에 보람파 사람들 중 상당수는 도시를 떠나서 혼자서 모든 것을 해결하며 살겠다고 결심했다. 30일 전 이미영이 휴가를 내고 산기슭으로 떠나 모든 것을 직접 하며 살겠다고 도전한 것도 그 때문이었다.

그렇지만 다시 도시에 돌아와 보니 모든 것이 자동으로 해결되는 세상에서 일부러 쓸데없이 힘든 일을 하며 산다는 것도 무의미한 일인 것 같았다.

보람파 중 일부는 여전히 사람에게 일하는 보람을 느끼게 해주기 위해서, 로봇이나 인공지능이 일을 더 잘할 수 있더라도 어느 정도는 기능을 제한해야 한다고 주장하고 있다. 사람이 일하도록 해서 의미 있는 삶을 만들어주어야 하기 때문이라는 것이다. 하지만 이 주장에 반대하는 보람파 사람들도 적지 않았다. 그런 대책은 어른이 아이와 놀아주느라 일부러 게임을 져주는 것이나 다를 바 없지 않다는 것이다. 거기에서 과연 무슨 보람을 찾을 수 있을까?

이미영은 텅 빈 탕수육 접시를 보며 혼잣말했다.

"먹고살기 위해 아등바등하는 동안 바빠서 잊고 있던 그 질문, 도대체 인생을 왜 사냐는 질문은 사실 똑바로 바라보면 좀 무서운 질문인 것 아닐까?"

SF 단편 〈로봇복지법 개정안〉은 인공지능의 성능이 월등해져서 사람이 하는 거의 모든 일을 다 해줄 수 있는 미래에 사람들이 로봇과 인공지능에 불만을 품게 된 상황을 다루고 있다. 소설에는 인공지능이 사람의 일을 다 해주는 바람에 일자리가 없어져 고민하는 사람들이 나오고, 이들이 지나가는 로봇을 때리는 장면도 묘사된다.

이런 이야기는 최근에 인공지능이 급격히 성장하면서 자주 언급되는 문제다. 이미 어느 정도 사회 문제화된 내용도 있다. 국내에서는 그림을 그리는 삽화가, 만화가들이 인공지능이 그림을 생성하는 기술에 문제를 제기하는 일이 2020년 초에 벌어졌고, 해외에서도 비슷한 시기에 영화, TV 제작에 참여하는 사람들이 인공지능을 이용해 사람을 쓰지 않고 영상을 제작하는 것을 문제로 지적하며 파업하는 사례가 있었다. 이런 일은 인공지능이라는 기술 발전이 산업에 구조조정을 일으키고 그에 따라 실업자를 발생시키기 때문이라고 해석할 수 있다. 사람에 따라서는 이런 변화가 아주 큰 규모로 일어날 것이므로 철저한 대비가 필요하다고 지적하기도 한다.

인공지능과 관련한 구조조정 이야기는 분명 깊이 고민해 볼 만한 문제다. 그러나 그에 못지않게 심각한 문제가 구조조정 문제가 해결된 이후의 상황에 도사리고 있다.

일자리 문제가 해결되어 완전한 복지 사회가 오면, 먹고

사는 문제의 대부분을 인공지능이 해결해줄 것이다. 여기에 사람의 지적 활동이나 예술 활동조차도 인공지능이 더 좋은 성과를 낼 때, 과연 사람은 삶의 의미를 어디에서 찾을 수 있을까? 사람에 따라서는 이 문제를 오히려 더 심각하고 풀기 어려운 문제로 평가하기도 한다. 그런 세상에서 사람이 보람차고 의욕적으로 살기 위해서는 어떻게 살아야 한다고 해답을 줄 수 있을까? 이런 문제에 관한 고민은 현재 우리가 삶을 살아가게 하는 원동력이 무엇이고 사람은 왜 사는가에 관해서도 생각을 환기하게 해줄 수 있을지도 모른다.

21 초거대기업이 세상을 살기 좋게 만들까?

대기업이 사업하기 유리해지는 규제의 문제

#독과점 #초거대기업 #규제와제도 #세금과복지

붉은 고속 우주선은 목성 방향으로 탈출하고 있었다. 이미영은 그 우주선의 조종사가 목표라고 확신했다.

"저 녀석이야. 저렇게 열나게 도망치는 놈이라면 분명히 우리 목표일 거라고."

"저 녀석을 붙잡으면 현상금이 얼마라고요?"

이미영은 현상금을 다시 확인해보았다. 김양식은 현상금이 얼마인지 대답을 듣기도 전에 우주선을 조종해 붉은 우주선에 따라붙었다. 얼마 지나지 않아 이미영과 김양식은 우주선에 바짝 다가가는 데 성공했다. 두 사람은 공격하기 전에 먼저 경고성 통신을 보내는 게 좋겠다고 생각했다.

"도망치고 있는 붉은 우주선, 들립니까? 지금 선생님은 해왕성 제3정부에서 현상금을 내건 우주선으로 잠정 확인되었습니다. 10초 안에 항복하시면 공격이나 그 밖에 불쾌할 만한 조치를 취하지는 않겠습니다.”

말투를 바꿔가며 여러 방법으로 연락하자, 마침내 화면에 붉은 우주선의 조종사가 나타났다.

“그냥 못 본 척해주세요. 어차피 현상금이 그렇게 많지도 않잖아요? 저를 도망치게 해주시면, 황금 100킬로그램을 드리겠습니다.”

조종사가 던진 액수에 이미영과 김양식은 놀랐다. 이미영이 한층 누그러진 목소리로 물었다.

“저희가 돈밖에 모르는 사람들도 아니고, 그냥 황금을 받는다고 모든 걸 없던 일로 해드릴 수는 없죠. 그렇지만 도대체 무슨 사정이 있나요?”

“도망칠 수밖에 없는 사정이 있습니다. 저는 정말 탈출하고 싶다고요.”

“좀 더 상세히 이야기해 주시겠습니까?”

조종사는 한숨을 푹 쉬더니 해왕성 제3정부라는 곳에서 무슨 일이 일어났는지 처음부터 설명하기 시작했다.

“요즘 우주선에 장착된 신형 초공간 도약 장치가 해왕성 제3정부의 영역에서 개발된 것은 아시죠? 해왕성에 있는 성계기술이라는 회사에서 처음 개발했죠. 싼값에 아주 먼 곳까지 우주여행이 가능해졌다고 해서 이 엔진은 엄청나게 많이 팔렸고 성계기술은 엄청나게 큰 기업이 되었죠."

"네, 그건 알고 있어요. 저희 우주선에도 성계기술에서 개발한 엔진이 하나 붙어 있으니까요. 우주 개발 역사에서 굉장히 중요한 사건이었죠. 성계기술이 지금도 은하수 전체에서 몇 번째 갈 정도로 거대한 회사잖아요?"

"그렇습니다. 성계기술이 굉장히 커다란 대기업이 되다 보니까 해왕성 제3정부에 있는 다른 회사들을 하나둘 사들이게 되었어요. 그러면서 성계기술은 점점 더 커졌죠. 처음에는 우주선 엔진 회사였는데, 나중에는 비행기 회사, 항공사, 교통 회사, 자동차 만드는 회사, 기계 만드는 회사, 산소 공급 장치 만드는 회사, 화학 회사, 비료 회사, 농업 회사, 식품 회사, 식음료 회사, 백화점 등등으로 계속 커졌죠."

"성계기술은 엄청나게 큰 회사니까 그렇게 많은 사업에 진출해 있는 것도 당연하겠죠."

"그런데 해왕성 제3정부에서는 그 정도가 정말 심해요. 성계기술이 사실상 모든 사업을 다 하고 있거든요. 온 나라의 모든 일을 회사 하나가 하고 있는 거예요. 아침에 일어나서 처음 먹는 음식도 성계기술에 만들어서 파는 것이고, 텔레비전을 틀면 나오는 방송 프로그램도 성계기술에서 만든 것이고, 심지어 텔레비전도 성계기술에서 만든 거죠. 그리고 밤이 되어서 잠드는 침대도, 심지어 그 생활이 이루어지는 집도 성계기술에서 지은 거예요. 해왕성 제3정부 영역의 모든 사업을 사실상 성계기술 혼자서 하고 있어요."

"아, 이제 알았어요. 엄청나게 거대한 기업이 모든 것을 장악해서 살기가 어려워졌군요. 옛날 SF 영화 같은 데서 많이 봤어요. 그러니까 지금 선생님은 성계기술에 밉보여서 탈출하신 경쟁사 분이군요."

그 말을 들은 조종사가 헬멧을 벗었다. 이미영은 그 얼굴을 알아보았다. 조종사가 말했다.

"전혀 아니에요. 제가 바로 성계기술 대표라고요."

김양식은 깜짝 놀랐다. 김양식이 물었다.

"해왕성 제3정부를 모두 장악하고 있는 성계기술의 대표가 왜 도망치려고 하는 거죠? 성계기술을 싫어하는 사람들이 폭동을 일으키기라도 했나요? 옛날 SF 영화에 자주 나오는 것처럼?"

"그런 것은 그냥 영화죠. 저희 회사는 정부하고 관계가 좋아요. 해왕성 제3정부는 민주주의 정부라서 탄압이 없으니 폭동이 없으니 일어날 일도 없어요. 오히려 저희가 돈을 벌면 그에 해당하는 세금을 걷어서 사람들이 편하게 사는 데 필요한 복지 제도를 잘 운영하고 있어요."

김양식은 더욱 이해할 수 없었다.

"세금을 많이 내기 싫어서 그러나요?"

"아니요. 세금은 어차피 40퍼센트 정도밖에 안 돼요. 이 정도면 20세기 말에 지구의 정부들이 부자들에게 걷던 세금하고 비슷한 정도거든요."

"그럼 뭐가 문제인데요?"

"세금은 누진세로 걷잖아요. 돈을 적게 버는 사람들은 세금도 적게 내고, 돈을 많이 버는 사람들은 세금을 더 많이 내죠. 그렇다 보니까, 정부 입장에서는 저희 같은 초거대 기업이 독점할수록 세금이 많이 걷히는 겁니다."

"무슨 말이죠? 이해가 잘 안 되는데요."

"모든 사람들이 열심히 일하고 있지만 돈은 별로 못 번다고 생각해봅시다. 예를 들어서 전 국민이 다들 자기 가게를 차려서 열심히 일하는데 1년에 1,500만 원밖에 벌지 못한다고 생각해봐요. 그러면 나라에 걷히는 세금은 거의 없어요. 그 돈으로는 생활하기도 빠듯하니 세금은 사실상 0퍼센트에 가깝거든요. 그런데, 만약에 성계기술 같은 회사 하나가 모든 사업체를 다 장악해서 다른 회사들이 전부 망했다고 쳐봅시다. 남은 대기업 하나가 1년에 1,000조 원 정도를 버는 거죠"

"그러면 큰일이잖아요. 중소상공인들이 다 망하고 대기업 하나만 살아남는 거니까."

"그렇죠? 그런데 정부 입장에서는 큰일이 아니에요."

"무슨 말이죠? 나라의 부가 회사 하나에 완전히 독점된 것 아닌가요?"

"하나의 회사가 1년에 1,000조 원을 벌면, 누진세 제도로 세율 40퍼센트를 적용해서 400조 원을 세금으로 걷을 수가 있어요. 거기다 그 기업에서 일하면서 안정적으로 월급을 받는 사람들에게도 세금을 걷을 수 있죠. 전 국민이 자영업자라서 1,500만 원씩 벌 때보다 세금이 훨씬 많이 걷히는 거예요. 정부 입장에서는 다 망하고 큰 회사 하나만 사업을 하는 게 돈이 더 많이 걷히죠. 그뿐만 아니라, 단속하고 관리해야 할 기업도 한 군데가 되니까 일하기도 훨씬 편하죠. 수많은 국민이 각자 자기 사업을 하면 단속하고 관리하기도 얼마나 귀찮아요?"

김양식은 얼른 감이 오지 않았다.

"그러니까 중소상공인은 많아 봐야 정부에 내는 세금도 거의 없고 숫자가 많으니까 다루기 귀찮기만 한데, 대기업 한 군데가 독점하고 있으면 정부에 세금도 많이 내고 관리하기도 편하다는 겁니까?"

"그렇죠. 우리가 독점 기업이라서 우리 마음대로 다 할 것 같지만 그렇지도 않아요. 우리가 돈을 버는 것과 비슷한 액수만큼 세금을 걷어가는 막강한 정부가 있잖아요. 그래서 정부에서 이렇게 해라, 저렇게 해라, 다 철저히 관리합니다. 더군다나 세금을 그렇게 많이 걷어가니까 정부에서는 국민이 편하게 잘살 수 있도록 지원도 많이 해줘요. 그러니 국민의 불만도 별로 심하지 않아요."

"그래도 국민 중에 야심이 있고, 대표님처럼 뭔가 이뤄

보려는 사람들은 있을 거잖아요?"

"그렇긴 해요. 그런 사람들은 다 성계기술에 취업해서 승진하기 위해서 경쟁하죠. 그리고 온 나라에 회사가 하나밖에 없으니 공무원과 정치인들의 통제도 저희 회사로 집중되죠. 회사 대표가 마음대로 조종할 수 있는 게 별로 없어요. 그런데도 뭔가 나쁜 일이 생기면 그건 전부 성계기술 때문이라고 하면서 저를 처벌하겠다고 하겠죠. 뭐, 아주 틀린 말도 아니에요. 해왕성에서 정말로 일하는 회사는 우리 회사밖에 없으니까."

이미영이 물었다.

"그래도 태양계에서 가장 부자라고 하는 사람이 대표님인데, 세금이 무서워서 도망친다는 건 엄살 같은데요."

"다시 한번 말씀드리겠습니다. 저는 세금이 무서워서 도망치는 게 아니에요. 그냥 이 모든 상황이 너무 지긋지긋한 겁니다. 세금을 많이 걷어서 다들 편히 살게 해주기 위해서 정부가 작은 회사들은 다 망하기를 은근히 바라고 큰 회사 몇 군데만 남기를 바라게 된다는 그런 흐름이요."

1980년대의 걸작 SF 영화 〈로보캅〉에는 SF에 자주 나오는, 모든 것을 장악한 거대 기업의 표본과 같은 회사가 등장한다. 회사의 이름은 OCP인데, 그 뜻은 옴니코퍼레이션이라서, 말 그대로 모든 것을 다 하는 회사라는 뜻이다. 수많은 SF에서 거대한 기업이 세상을 장악한 상황이 자주 그려졌다. 이런 내용은 극심한 빈부 격차를 강조하거나 상상할 수 없을 만큼 거대한 규모로 사업을 하는 현대 기업을 풍자하기에 적합한 소재이기도 하다.

문제는 현실에서 이런 일이 자연스럽게 이루어지기도 한다는 사실이다. SF 영화에 나오는 것처럼 부정부패에 물든 정부가 돈 많은 대기업 편만 들기 때문에 이런 문제가 생기는 것은 아니다. 청렴하고 선량한 정부에서도 대기업만이 성장하는 일은 자주 벌어진다. 현대 사회에서 사람들이 기대하는 많은 문제를 처리하기에 대기업은 여러 가지로 유리하며, 그 결과 자연스럽게 정부, 기업, 시민의 관계 속에서 중소기업보다는 한두 개의 대기업만 살아남게 되는 일은 흔하다.

다소 정형화된 예시이긴 하지만, 식품을 판매하는 회사들이 다음과 같은 상황에 처해 있다고 해보자. 식품 사업에서는 식품이 위생적으로 판매되어야 하고, 멋대로 방치되어 상하지 않도록 유통이 잘 관리되어야 한다. 식품 재료가 국내산인지 수입산인지, 수입산이면 어느 나라 제품인지 정확히 표시하고 식품의 성분이나 열량을 표시하는 것도 중요하다. 이런 다양한 작업을 중소기업이 잘해내기는 어렵다.

이런 상황에서 정부가 식품 위생 규정을 강화해 비용이 많이 드는 특수한 살균 시설에서 식품을 처리해야 한다는 규정을 만든다면 어떻게 될까? 국민은 더 위생적인 식품이 유통될 테니 좋아할 것이다. 그렇지만 특수 살균 시설을 설치하려면 돈이 많이 든다. 하루에 식품을 100만 개씩 파는 대기업은 그런 비싼 설비를 설치할 수 있겠지만, 중소기업은 그럴 돈이 없을 것이다. 자연히 중소기업은 사업을 접을 수밖에 없다. 이런 다양한 새로운 규정과 기준, 제도는 계속해서 늘어날 것이다. 결국 첫 규제에서 살아남은 중소기업도 시간이 흐르면 하나둘 사업을 접게 될 수밖에 없다. 결국 어느 날에는, 대기업이 정부와 소비자의 환호를 받으며 모든 사업을 혼자 다 차지할 수 있다.

이후에는 식품 업계에서 나름대로 신선한 아이디어를 가진 사람이 새 회사를 차리려고 해도, 값비싼 특수 살균 시설 규정은 계속 걸림돌이 될 것이다. 그렇게 대기업은 영영 경쟁자 없이 혼자서 모든 것을 독점하고 사업을 해나갈 수 있다.

소비자를 보호하고 국민의 이익을 지키기 위해 정부가 다양한 제도와 규정이 많이 만들수록, 이를 준수하기 위한 조건을 갖추는 데 돈과 인력이 드는 문제로, 대기업이 더 유리해진다. 이런 변화가 바람직할까? 혹시 어쩔 수 없이 그렇게 흘러가는 것이 맞다고 본다면 어느 정도까지는 어쩔 수 없는 선이라고 이해해 주어야 하고, 어느 정도는 허용하지 말아야 할까?

22 생각을 조종당해 저지른 범죄는 어떻게 처벌하나?

생각과 의지를 조종하는 기술과 범죄 문제

#심신미약 #가스라이팅 #세뇌 #생각조종

목성의 공중 정원에서 광선총을 들고 뛰어다니는 것은 쉬운 일이 아니었다. 그렇지만 이번 의뢰에서는 이 일이 핵심이었기 때문에 이미영과 김양식은 멈출 수가 없었다.

"사장님, 이렇게까지 해야 하는 일이에요? 이게 정말 가능한 일이냐고요."

"목성 머리달라붙기낙지의 표본이 여럿 필요하다잖아. 예전에는 이런 식으로 많이들 잡았대."

목성의 이상한 생명체를 찾기는 어렵지 않았다. 등에는 여섯 개에서 여덟 개 정도로 보이는 잠자리 날개 같은 것이 달려 있으면서 다리는 문어나 낙지 다리 비슷한 것이 여럿 달린 망아지만 한 동물이었다. 그게 바로 목성 머리달라붙기낙지였다.

그 동물은 이리저리 날아다녔다. 그러다가 사람이 다가가면 머리 뒤쪽에 달라붙는 습성이 있었다. 아무리 헬멧을 쓰고 있다고 해도 그런 형체와 크기의 외계 동물이 머리 뒤에 붙는 게 별로 편안한 느낌은 아니었다. 그래서 두 사람은 뒤통수를 사수하면서 그 동물을 잡기 위해 애썼다.

대략 5시간이 흐른 후, 이미영과 김양식은 우주선에 네 마리의 목성 머리달라붙기낙지를 싣고 지구로 향했다. 지구에 도착하니 일을 맡긴 우주 법곤충학자가 두 사람을 환영해주었다. 그는 재빨리 전자 검사 장치로 목성 머리달라붙기낙지를 검사했다.

그런데 검사를 마치고 나더니 갑자기 이미영과 김양식에게도 한번 검사해보자고 권했다.

"혹시 목성 머리달라붙기낙지를 붙잡으려고 하시다가 어딘가 다쳤을지도 모르니까요."

두 사람은 얼떨결에 학자의 손에 이끌려 검사 장비에 들어갔다. 학자는 검사 장비의 화면을 보면서 뭔가 만족스러운지, "그렇지… 옳거니… 그래그래" 하고 중얼거렸다. 그러더니 학자는 두 사람에게 갑자기 한 가지 다른 일을 더 제안했다.

"여기까지 잘해 주신 거, 마지막으로 조금만 더 도와주시겠습니까? 지금 곧 진행될 재판이 있는데 저하고 같이 가시죠. 중요한 재판이 될 겁니다."

그러면서 학자는 수고비를 더 올려주겠다는 이야기를 덧붙였다. 이미영은 김양식을 향해 긍정적인 눈빛을 보였다. 김양식도 무슨 일인지 모르겠지만 고객을 도울 수 있다면 재판 정도는 충분히 따라갈 수 있다고 말했다.

재판은 폭력 사건이었다.

소행성 개발 사업의 신고가 잘 접수되지 않아 우주 개발국에 문의하러 온 개발회사 직원이 있었다. 그런데 우주 개발국의 담당자가 직원과 대화하던 중 갑자기 흥분하더니 주먹질을 한 사건이었다. 당연히 폭력 범죄자로 우주 개발국 담당자는 감옥에 갇히는 처벌을 받을 것으로 보였다.

그런데, 개발국 담당자는 자기 손으로 사람을 때리고도 무죄를 주장하고 있었다. 그리고 이미영의 고객이었던 학자도 그 사람의 편이었다.

재판에 나온 검사가 말했다.

"지금까지 피고인은 자신이 주먹질을 해놓고도 죄가 없다는 황당한 주장을 하고 있습니다. 그리고 그 이유로 제시한 것이 출장을 갔다가 우주 뇌 기생충에 감염된 것 같다는 핑계였습니다. 우주 뇌 기생충 중에는 사람의 뇌에 파고들어서 뇌 신경을 자기 멋대로 조종하는 놈들이 있습니다. 그런 놈들은 사람의 팔다리를 조종해서 남을 공격하게 하지요. 피고인이 바로 그런 사례라고 주장하는 것입니다. 뇌로

파고들어서 신경을 조종했기 때문에 눈에 안 보여서 그렇지, 사실 그날 피고인의 주먹을 조종한 것은 피고인이 아니라 뇌에 들어온 우주 기생충이라고 주장하는 거지요."

사건 과정은 영상으로 함께 설명되고 있었다. 이미영과 김양식은 사건 내용을 이해할 수 있었다. 그렇지만 자신들이 왜 여기에 왔는지는 여전히 알 수가 없었다.

검사가 이어서 말했다.

"그런데 지금 피고인의 뇌를 샅샅이 살펴본 결과 우주 뇌 기생충이 발견되지 않았습니다. 그러니 우주 뇌 기생충이 피고인의 뇌를 조종했고 그 때문에 주먹이 움직였을 뿐이라는 주장은 거짓입니다. 피고인이 자신의 의지로 주먹질을 했으니, 폭력 범죄의 처벌을 받아야 합니다."

그때 학자가 나섰다.

"저희가 연구한 바로는 우주 뇌 기생충은 뇌에 항상 들어와 살면서 문제를 일으키는 것이 아닙니다. 우주 뇌 기생충 중에는 잠깐 1, 2초 정도 머리 주변에 붙어서 기생하다가 그대로 떠나지만, 머릿속에 계속 영향을 남기는 것이 있습니다. 대표적으로 지금 저희가 보여 드리는 목성 머리달라붙기낙지가 있습니다."

학자는 이미영과 김양식이 잡아 온 외계생물을 사람들 앞에 내보였다. 그러더니 두 사람을 증인석 앞으로 오도록 했다.

"목성 머리달라붙기낙지는 사람의 머리에 잠깐 달라붙어도 강력한 자기장과 전기장으로 사람의 뇌 신경을 파괴합니다. 지금 이 두 사람의 뇌신경 검사 결과를 보십시오. 뇌가 조금 망가진 것이 보이지요? 두 사람은 목성 머리달라붙기낙지를 잡으려고 뛰어다니다가 이런 부상을 입은 것입니다. 목성 머리달라붙기낙지는 뇌 신경 중에서도 폭력에 대한 자제력을 담당하는 부위를 파괴하는 것으로 악명 높습니다. 뇌가 이렇게 망가지면 보통 사람과는 달리 폭력 충동을 견딜 수 없게 됩니다. 그리고, 지금 여기 두 사람처럼, 피고인도 그런 피해를 당했던 것입니다. 외부 생물에 의한 피해로 폭력을 저지를 수밖에 없는 상태에 이른 것입니다."

그 말을 듣자 갑자기 이미영은 울컥하는 느낌이 들었다.

"뭐라고요? 지금 목성에서 우리 보고 저 동물 잡아 오라고 하면서 사실은 뇌가 망가지는지 안 망가지는지 실험 대상으로 활용한 거예요? 이거 몹쓸 사람이네! 이 자식이 사람을 갖고 놀아? 너 죽고 나 죽자. 어디 그래 잘난 척 좀 더 해봐라!"

이미영이 분노를 이기지 못해 학자를 때리려고 했다. 재판정에 있는 안전 로봇이 바로 출동해 이미영을 말렸고, 김양식도 단단히 붙들었다.

학자가 이어서 말했다.

"자 보셨지요? 우주 뇌 기생충이 사람의 폭력 충동을 자제하지 못하게 만든 바람에 그 피해로 폭력 사건이 발생한 것입니다. 피고인의 자유 의지가 아니지요. 피고인도 기생충의 피해자입니다."

검사는 즉각 반발했다.

"지금 우주 법곤충학자가 말한 것은 대단히 위험한 판단입니다. 뇌가 어떻게 변했다고 한들, 판단하고 행동할 수 있는 이상은 그 사람의 의지라고 봐야 하는 겁니다."

검사는 말을 이어갔다.

"죄는 죄입니다. 처벌해야지요! 다른 사례와 비교해보시죠. 어린 시절에 알파 감마 영양소가 풍부한 식사를 못 하고 자라난 사람들은 뇌에 폭력성이 강해지는 호르몬이 많이 나온다는 연구 결과가 나왔습니다. 그래서 그런 사람들은 폭력 범죄를 저질러도 자신의 책임이 아니라고 주장합니다. 대신 그들이 어릴 때 알파 감마 영양소가 풍부한 식사를 챙겨주지 않았던 부모나 학교 급식의 책임이라고 주장합니다. 이런 것은 책임을 떠넘기는 일입니다. 그런 사람들까지 처벌 대상에서 제외해야 합니까? 그렇게 치면 세상 모든 죄를 저지르게 만든 뇌 구조를 형성시킨 부모와 사회 문제의 결과로 떠넘길 수 있습니다."

판사는 흥미를 보이는 눈치였다. 검사는 더욱 목소리를 높였다.

"심지어 최근 FF426이라는 유전자를 물려받은 사람

들은 금전에 대한 죄의식이 약해지도록 뇌 구조가 형성된다는 사실이 밝혀졌습니다. 그런 사람들은 죄의식이 약하기 때문에 회삿돈을 횡령하거나 사기를 치게 되곤 합니다. 그래서 그들은 '내 뇌 구조가 태어날 때부터 이렇게 된 것은 내 책임이 아니다'라고 말합니다. 그것은 무책임한 것 아닙니까?"

이야기를 듣고 있던 이미영은 누구 하나는 때리고 싶었지만, 검사를 공격해야 할지 학자를 공격해야 할지 혼란스러웠다. 검사가 말을 이어갔다.

"자기 뇌 구조도 자기 책임이 아니라면 도대체 무엇이 자기 책임이란 말입니까? FF426 유전자를 타고난 사람들은 자신은 그 유전자를 물려받은 희생자일 뿐이므로 수술을 통해 뇌 구조를 바꾸어달라고 요청하고 있으며, 자신들이 사기를 친 것은 어쩔 수 없는 일이었다고 주장합니다. 그것까지 용서해줘야 합니까? 그렇게 치면 범죄자들마다 그 죄를 저지르게 만든 원인이 되는 온갖 유전자들이 다 있을 겁니다."

검사는 학자를 노려보았다.

"이런 식이라면, 뇌가 내리는 모든 판단도 그 사람이 물려받은 유전자와 외부에서 받은 영향의 결과로 이루어진 것이라고 할 수 있습니다. 거기에만 집중하면 도대체 사람의 자유 의지는 어디에 있단 말입니까? '이것은 내가 정말로 내 의지로 한 일이니 내 책임이다'라고 할 수 있는 범위가 너무나 줄어들지 않습니까? 그 결과 어떤 일의 책임을 묻고 처벌하는 일이 힘들어질 겁니다."

학자는 거기에 대해 말로 대응하지 않았다. 그 대신 주먹질을 하겠다고 날뛰고 있는 이미영과 김양식에게 뇌 신경 치료제를 주사했다. 잠깐의 시간이 지나자, 두 사람은 조용하게 가라앉았다. 그리고 대뇌 신경이 머리달라붙기낙지에 의해 망가지기 이전 상태로 돌아가서 이렇게 말했다.

"저희에게 이런 식의 부대적인 위험 요소가 있었다니, 추가 비용을 지불하셔야 합니다. 청구서는 오늘 중으로 발행하도록 하겠습니다."

목소리가 대단히 차분하게 들렸다.

○

듀나의 걸작 SF 단편 〈꼭두각시들〉에는 사람의 뇌를 원격으로 조종해 그 사람의 말과 행동은 물론 생각까지 다른 사람에 의해 바뀔 수 있는 기술이 소재로 나온다. 누군가에게 조종당하고 있는 것 같다는 의심까지 뇌를 조종해서 지울 수 있으므로, 이 이야기 속에서 남에게 조종받는 사람들은 그 모든 행동이 자신이 직접 자기 의사로, 자기가 원해서 하는 행동이라고 착각하는 가운데 남의 조종에 따라 움직인다.

많은 SF 물에서 외계인의 최면 기술에 걸려 그들이 의도

하는 대로 움직이는 사람이나 외계인에게 세뇌되어 주인공을 공격하는 사람은 나쁜 사람으로 취급하지 않는다. 그 사람을 세뇌한 외계인이 나쁘다고 말할 뿐이다. 그런데 그렇게 생각하면 사람의 죄와 책임에 관해서도 비슷한 논리를 펼 수 있지 않을까? 어떤 사람이 주먹을 휘둘러도 상관없다는 환경에서 자라났고 험악한 동네 환경 속에서 폭력이 최고의 방법이라는 생각을 계속 주입받으며 어른이 되었다고 해보자. 이런 사람은 악당에게 두뇌를 세뇌당한 것과 다를 바 없지 않을까? 그렇다면 이 사람이 폭력 범죄를 저질렀을 때, 이 사람의 책임이라기보다는 이 사람의 뇌에 그런 생각을 심어준 그 환경에도 어느 정도 책임이 있는 것 아닐까?

이런 논리에 공감하는 사람이 없지는 않지만 널리 인정받지는 못한다. 다만 뇌에 관한 연구가 발달하면 발달할수록 사람의 성격, 사람의 판단이 어떤 유전자나 외부 요인이 원인인지 알려지는 일들은 점점 많아질 것이다. 특정 외부 요인 때문에 어떤 사람의 뇌는 죄를 저지르기 더 쉽게 변화하고, 어떤 사람의 뇌는 죄를 저지르기 어렵게 변화하는 사례가 계속해서 발견될 것이다. 그런 상황에서 과연 죄의 책임을 물을 수 있을까? 실제로 송과선이라는 장기에서 세로토닌이라는 호르몬이 제때 충분히 나올 때 사람은 편안하게 휴식을 취하며 행복을 느낄 확률이 높아진다는 이야기는 최근 자주 나오고 있다. 그렇다면 어떤 사람이 송과선을 다치는 바람에 세로토닌이 부족해졌고 그 때문에 성격이 날카로워져서 본래라면 저지르지 않을 폭력을 저질렀다면, 송과선을 다치게 한 사람의 책임이라고 풀이해볼 수도 있지 않을까?

반대 관점에서 보면 "내 책임이 아니라 내 뇌가 잘못된 탓이다"라고 주장하는 말은 우스꽝스러워 보일 수도 있다. 내 뇌의 활동을 내 의지라고 하지 못한다면 도대체 무엇이 내 의지라고 할 수 있는 영역이란 말인가? 사람의 자유로운 결정과 책임의 영역은 어디에 있다고 보는 것이 옳을까?

23 사이버 세상의 '나'는 어떻게 보호해야 하나?

딥페이크 시대
인격권 보호의 문제

#딥페이크 #초상권 #목소리권 #저작권 #미키마우스법

김양식은 퓨처팀이 주인공으로 등장하는 새 영화를 보았다. 케이팝의 인기 그룹인 퓨처팀이 예전에 유행시킨 명곡이 배경으로 나왔고, 퓨처팀의 모든 사람들이 각자의 인상에 잘 어울리는 역할을 맡고 있었다. 영화 내용에 황당한 부분이 조금 있기는 했지만 퓨처팀 팬인 김양식으로서는 오래간만에 참 즐겁게 본 영화였다.

김양식은 영화를 보고 들떠서 퓨처팀 상품도 하나 샀고, 그들의 음악을 들으며 돌아왔다.

"우리가 미래, 미래가 우리!"

다음 날, 퓨처팀 노래 가사를 흥얼거리고 있으니 이미영이 무슨 일이냐고 물었다. 김양식이 신이 나서 한참 퓨처팀의 새 영화 이야기를 했다. 이미영도 처음에는 반가워했지만, 이야기를 듣는 얼굴이 점차 어두워졌다. 이미영이 물었다.

"그거 이번에 나온 CG 영화지?"

"요즘 영화가 다 CG 영화잖아요. 사람이 직접 출연하면 위험하거나 복잡한 장면을 촬영하기가 워낙 어려우니까요. 또 퓨처팀처럼 바쁜 가수들은 시간을 내기도 어렵고요. 그럴 때 연예인들은 자기들의 얼굴을 사용할 수 있다는 권리만 영화사에 넘기면 CG로 화면을 꾸며서 실제 배우가 한 명도 출연하지 않으면서 영화를 만들 수 있거든요."

"그래 맞아. 그게 괜찮다고 생각해?"

"그게 효율적인 것 아닌가요? 이미 21세기 초에 인터넷 동영상 공유 사이트에서 자기 얼굴 대신에 CG로 만든 얼굴이나 애니메이션 캐릭터 얼굴을 붙여서 영상을 찍어 올리는 사람, 브이로그라면서 뭘 찍어 올리는 사람들이 꽤 유행했잖아요. 배우가 직접 위험한 장면을 촬영하는 대신에 CG로 그려서 표현하는 장면은 1990년대에도 있었고요. 영화 전체 내용을 전부 CG로 해서 안 될 것도 없죠. 그렇게 하면 얼굴도 잡티 같은 게 없어서 더 보기 좋고, 연기도 더 그럴듯하게 잘하잖아요. 더군다나 결정적인 장점이 하나 더 있죠."

"결정적인 장점?"

"그렇게 하면 영화 촬영 기간 내내 사람이 실제 촬영 장소에 있을 필요가 없으니까, 영화를 빨리 여러 개 찍을 수 있어요. 동시에 세 편, 네 편을 제작하는 것도 가능하고. 세상 수많은 사람들의 취향과 유행에 맞는 영화를 빨리, 또 많이 만들어낼 수 있어요. 그러니까 어제 본 영화같이 독특하고 신기한 것도 나온 것이고요."

김양식이 한창 말하고 있는데 이미영이 새로 나온 뉴스 기사를 보여주었다.

"그러면 이걸 한번 보라고. 이번 영화는 퓨처팀 사람들에게는 도움이 안 되어서 문제라고 하는데?."

"퓨처팀이 출연한 영화를 제가 봤는데, 왜 도움이 안 되죠?"

"기사를 보면 퓨처팀이 예전 소속사랑 계약 파기하고 안 좋게 끝났는데, 퓨처팀의 사용 권리는 예전 소속사가 계속 갖고 있다네. 퓨처팀이 활동하면서 남긴 영상, 목소리, 거기서 나오는 파생 상품을 계속 만들어서 판매할 권리가 있다고. 그래서 예전 소속사에서 퓨처팀이 남긴 영상의 얼굴 권리를 영화사에 팔아서 퓨처팀 출연작 영화를 만들어낸 거야. 퓨처팀은 지금 계약이 끝났기 때문에 그 소속사와는 상관도 없어. 그런데 그 소속사는 퓨처팀의 얼굴과 목소리 권리를 이용해서 계속해서 영화도 만들고 노래도 만들고 공연 뮤직비디오나 광고도 만들어서 계속 판매하고 있거든."

김양식은 이미영의 말을 믿을 수 없었다.

그래서 그는 퓨처팀 팬 모임이나 옛 소속사, 퓨처팀 사람들이 지금 따로 공연하고 있는 곳 등등을 찾아다니며 상황을 살펴보았다. 퓨처팀 옛 소속사의 안내 로봇은 확신에 찬 목소리로 말했다.

"저희는 퓨처팀을 구성하던 사람들이 진짜 사람임을 인정하고, 그분들이 잘 활동하길 응원하고 있습니다. 그걸 부정하는 것은 아닙니다."

"나쁘게 갈라선 소속사가 퓨처팀을 지금도 응원한다고? 입에 침이나 바르고 거짓말을 해요."

"저는 로봇이기 때문에 입에 침을 바르지는 못합니다. 그렇지만 이것만은 정확히 알아두십시오. 퓨처팀이라는 케이팝 팀이 결성된 것은 저희 회사의 기획이고 가수들을 모아서 퓨처팀이라는 틀에 맞춰 연습시켰고 팀에 맞는 노래와 춤을 만들어주었습니다. 그 사람들이 자신의 얼굴, 목소리, 몸동작을 우리 회사에 준 것은 큰 공이지만, 회사에서도 그 팀이 결성되어 성장하고 성공하는 데 분명 큰 역할을 했습니다. 그렇기 때문에 계약을 종료하면서 저희는 일정한 금액을 퓨처팀이 사람들에게 주고 팀에 대한 권리를 산 겁니다."

"그래도 퓨처팀 사람들의 의사와는 별도로 퓨처팀 노래

와 영화를 계속 만들어서 판매한다는 게 좀 심하잖아요."

"저희는 퓨처팀에서 노래했던 사람들이 앞으로 무슨 활동을 하든지 전혀 관여하지 않습니다. 그들 나름대로 새로운 노래를 하든 춤을 추든 마음대로 하셔도 됩니다. 다만 퓨처팀이라는 이름을 사용할 권리가 회사에 있는 것뿐입니다. 그리고 저희는 회사가 보유한 권리로 작품을 계속 만들 뿐입니다."

김양식은 퓨처팀에서 노래했던 가수들이 소속사에서 나와서 새로 발표한 노래와 영화를 찾아보았다. 옛 퓨처팀 열성 팬들 사이에는 그렇게 개별 가수들이 만든 새로운 노래나 영화를 열심히 듣고 봐야 진짜 퓨처팀 사람들을 응원하는 것이라는 주장도 어느 정도 퍼져 있었다.

"그런데 소속사에서 나온 뒤에 발표한 노래는 퓨처팀의 느낌이 없네. 차라리 옛날 소속사에서 권리만 갖고 만든 노래와 영상이 훨씬 진짜 같잖아."

이런 혼잣말이 저절로 나왔다. 김양식은 이상한 기분이 들었다. 그런데 그 모습을 보고 있던 다른 케이팝 팬 한 사람이 한탄했다.

"그래도 퓨처팀이 겪는 문제 정도면 양반이죠. 저는 라일라커스라는 밴드 팬인데, 다들 나이가 들어 최근에 세상을 떠났어요. 그 뒤에 라일라커스의 권리를 가진 유가족들이 젊은 시절 라일라커스의 얼굴과 목소리를 가지고 신곡이나 뮤직비디오를 만들어서 돈을 엄청나게 벌거든요."

"유가족들이라면 그런 일을 할 수도 있지 않을까요?"

"그런데 그 유가족들이 라일라커스 음악을 전혀 이해하지 못해요. 그냥 돈만 되면 아무 데나 권리를 빌려주고 있어요. 라일라커스 노래 같지도 않은 노래를 만들어 팔도록 허가해준다니까요. 얼마 전에는 라일라커스 버전 강남스타일 패러디 영상까지 나왔어요. 라일라커스와 강남스타일이 어울리나요? 돈 준다니까 그냥 아무거나 막 찍은 거죠. 이게 뭡니까? 아무리 유가족이라지만 라일라커스의 이름에 먹칠을 하는 거예요. 그렇다고 라일라커스 팬인데 그걸 또 안 볼 수도 없고."

김양식은 문득 궁금해졌다.

"아무리 유가족이라고 하더라도 세상을 떠난 사람의 얼굴이나 목소리를 마음대로 활용할 권리를 가질 수 있을까요? 자기 의사와는 상관도 없이 자기 얼굴과 목소리로 별별 말을 하고 온갖 엉뚱한 모습을 보여주는 영상이 사후에 계속 생겨난다면 안 될 것 같은데."

"그렇죠? 그런데 라일라커스 같은 경우에는 유언을 남겼대요. 유가족에게 라일라커스의 얼굴과 목소리를 사용할 권리를 허용한다고요."

한바탕 혼란 속에서 이곳저곳을 돌아다니다가 다시 우주선에 돌아와 보니 이미영이 영화를 보고 있었다. 얼핏 보니 얼마 전에 본 퓨처팀 영화보다 더 재미있어 보였다. 무슨 영화냐고 묻자, 이미영은 이렇게 대답했다.

"이미 세상을 떠난 뒤에 세월이 흘러서 얼굴과 목소리에 대한 권리가 소멸된 배우들을 등장시켜 새로 만든 영화야. 죽은 사람의 권리를 그를 알지도 못하는 후손들에게 끝없이 물려준다는 것도 이상하잖아. 그래서 몇십 년인가 세월이 흐르면 권리가 없어지고 누구나 쓸 수 있게 되거든. 요즘에는 이런 영화가 정말 최고야. 한 시대를 쥐고 흔들었던 독특한 연기를 이렇게 잘 살려서 CG로 영화를 만드니, 얼마나 보기 좋아."

SF 영화 〈백 투 더 퓨처 2〉에는 미래 세계에서 마이클 잭슨과 로널드 레이건의 얼굴을 CG로 되살려서 재미난 영상을 만들고 그것을 1980년대라는 시대의 취향을 좋아하는 사람들에게 보여주는 장면이 나온다. 이 비슷한 일은 실제 영화 세계에서는 진작에 활성화되었다. 1990년대의 〈포레스트 검프〉에서 존 F. 케네디 대통령이 등장하는 영상을 조작해 영화에 활용한 것이 전통적인 예시다. 〈로그 원: 스타워즈 스토리〉처럼 이미 세상을 떠난 배우를 영화 속에 CG로 등장시키는 장면도 오래전부터 자주 사용되고 있다. 인공지능 합성을 이용해서 세상을 떠난 가수의 창법으로 새로운 노래를 부르게 하는 기술도 상당히 성숙했다. 그러므로 실제 사람의 활동과 그 사람을 이용해 CG로 만들어낸 결과물의 활동을 어떻게 다르게 평가해야 할지는 복잡한 문제가 된다. 여기에 만화나 애니메이션의 등장인물을 이용하는 캐릭터 산업의 발전 양상이 결합해 산업화된다고 생각하면, 자신의 얼굴이나 목소리를 활용할 권리조차도 회사와 계약해서 판매하는 상품으로 설정할 수 있다.

이런 식의 상품은 어디까지 확장될 수 있을까? 만약 어떤 인공지능 회사가 특정인의 얼굴과 상당히 닮았지만 약간 다른 얼굴을 만들어 영화나 TV 드라마에 쓴다면 어느 정도 수준일 때, 누구의 판단에 따라 그러한 작업을 제재할 수 있을까? 사람의 얼굴과 목소리를 활용해 다양한 컴퓨터 합성 영상, 음악을 대량으로 만드는 세상이 왔을 때 어떤 사람이 세상을 떠난 다음에 그 사람의 얼굴과 목소리에 대한 권리를 언제까지 보호해주는 것이 옳을까?

24 기술이 사람을 판단하는 데 사용돼도 될까?

인공지능과 유전자기술로
사람의 가능성을 평가하는 문제

#MBTI #범죄유전자 #인공지능 #빅데이터 #취업

이미영은 일을 도와줄 신입 직원을 한 명 뽑아야겠다고 생각했다. 채용공고를 인터넷에 올리자 이곳저곳에서 이력서가 들어왔다. 이미영이 이력서를 살펴보고 있으니, 김양식이 말했다.

"사람을 채용할 때는 인공지능 인성 검토 한번 하시는 게 좋지 않을까요?"

"그게 뭔데?"

"인공지능이 그 사람에 대한 자료를 종합적으로 분석해서 일을 잘할 수 있는 사람인지 아닌지 파악해주는 거예요. 그 사람의 경력, 전공, 자기소개서에 쓴 내용 등등을 컴퓨터가 분석하는 거죠. 요즘 최신 인공지능 인성 검토 프로그램은 20억 명의 사람에 대한 정보를 모두 갖고 있고 그걸 분석한 결과를 활용한대요. 그래서 어떤 사람은 결국 견디지 못하고 회사를 빨리 그만둘 사람이라든가, 어떤 사람은 회사에서 중요한 일에 실수를 저지를 확률이 높은 사람이라든가, 어떤 사람은 거짓말을 잘하기 때문에 범죄를 저지를지도 모른다든가 하는 경향을 귀신같이 알아낸다고 하더라고요."

"인공지능 프로그램을 보고 귀신 같다는 것은 좀 이상한데."

"귀신은 아니지만, 뭐 귀신 같기는 하잖아요. 사람이 아닌데 꼭 생각은 있는 것처럼 보이니까."

이미영은 김양식의 말을 듣고 그럴듯하다고 생각해서 인공지능 인성 프로그램에 접속해보려고 했다. 그러자 곧 인공지능 인성 프로그램을 개발한 회사의 상담 로봇이 연락을 해왔다.

"고객님, 기왕에 저희 프로그램을 사용하실 거면 아예 로봇 면접관까지 도입하시면 어떠실까요?"

"로봇 면접관이요? 로봇이 신입 직원을 직접 만나서 우리 회사에 맞는지 아닌지 판단한다는 겁니까?"

"네, 고객님. 물론 로봇이 면접관으로 나와 있으면 사람 지원자분들이 기분 나빠하시는 때도 있기 때문에, 로봇이 직접 면접하는 자리에 나갈 필요는 없고요. 카메라와 마이

크만 적절하게 설치해주시면 그 카메라로 지원자들의 태도를 보고 마이크로 지원자들이 어떻게 말하는지 들어서 저희 컴퓨터 프로그램이 분석하고 평가하는 겁니다."

"어떤 것을 평가하죠?"

"이력서 평가하는 것과 비슷해요. 저희가 가진 20억 명의 자료를 근거로 해서 그 사람이 얼마나 적합한지 보는 거죠. 예를 들어서 말은 얼마나 자신감 있게 하는지, 얼마나 밝은 태도로 사람을 대하는지 등등을 평가합니다. 영업사원이라면 자신감 있게 남을 설득할 수 있는 직원을 뽑아야 하고, 팀을 이끄는 팀장이라면 팀원들의 기운을 북돋워 줘야 하니까 밝고 긍정적인 태도를 가진 사람을 뽑아야 한다는 그런 거예요. 실제로는 그렇게 단순하지는 않고, 저희 인공지능 프로그램이 정말 복합적으로 분석해서 426가지 유형으로 사람을 분류하고 거기에서 또다시 세부 특성 수치를 뽑아서 얼마나 적합한 인재인지를 선별합니다."

이미영은 그 말이 믿음직하다고 생각했다. 그래서 로봇 면접관도 부르려고 했다. 하지만 막상 대답하려는 순간 좀 이상한 느낌이 들었다.

"그런데 사람 지원자가 취직하기 위해서 컴퓨터 프로그램에 잘 보이기 위해 노력한다는 것은 좀 꺼림칙하네요."

"컴퓨터 프로그램은 그냥 우리가 개발한 수단일 뿐이에요. 달리기가 빠른 사람을 선발하는 국가대표 선발 시험이 있다고 합시다. 누가 얼마나 빨리 뛰는지는 초시계로 측정하겠죠. 그렇지만 그게 사람이 초시계에 잘 보이기 위해 노력하는 것은 아니잖아요."

"초시계는 내가 가진 어떤 특징을 측정하는지 뻔히 알고 있으니까 그런 느낌이 덜하죠. 그렇지만 로봇 면접관이 내가 자신감이 없어 보인다고 평가한다면 어떤 점이 문제였기에 그렇게 평가한 것인지 알 수가 없잖아요. 아무래도 기분이 다를 것 같은데요."

상담 로봇은 이미영의 걱정스러운 목소리에도 친절하게 반응했다.

"이해합니다, 고객님. 그렇게 이상한 느낌을 받으실 수 있지요. 그러면 다른 대안과 비교해보시면 어떨까요? 사실 사람이 면접관으로 참여해서 지원자를 평가한다고 해도 '그냥 그런 느낌을 받았다는 것' 말고 다른 상세한 설명을 더 해줄 수 있는 것이 아닙니다. 그리고 사람 면접관은 아무래도 편견도 있고 고정관념도 있고 개인 취향에 따라 좋아하는 사람과 싫어하는 사람을 고르기도 하겠지요. 그렇지만 저희 로봇 면접관은 그런 편견이나 고정관념을 최대한 극복하도록 노력한 결과물입니다. 20억 명의 자료를 끝도 없이 분석해 활용하고 있어요. 당연히 개인 취향으로 남을 좋아하고 싫어하는 문제도 없지요. 로봇 면접관의 프로그램은 개인이 아니니까요. 개인 취향 같은 게 없어요. 훨씬 공정하고 또 정확한 것입니다."

"그래도 지원자들이 싫어할 것 같아서요."

"요즘 젊은 지원자들은 오히려 좋아합니다. 면접에서 떨어졌을 경우에 프로그램이 왜, 어떻게, 얼마 차이로 떨어졌는지를 기준에 비추어 보여주거든요. 예를 들어서, 로봇 면접관이 판단한 RPA 수치가 12점 이하면 광고 업계에서는 절대 취직할 수가 없다는 판정을 내립니다. RPA 수치는 쉽게 올릴 수 있는 것도 아니라고 알려져 있고요. 그러니까 내가 면접을 봤는데, RPA 수치가 8로 나왔다면 깨끗하게 포기할 수 있죠. 괜히 옛날처럼 미련을 갖고 온갖 광고 회사에 지원하고 떨어지는 부질없는 행동을 하면서 젊음을 몇 년씩 낭비할 필요가 없잖아요."

이미영은 의아해져서 질문을 했다.

"RPA 수치라는 게 뭔데요?"

"아무도 모르죠. 그냥 인공지능 프로그램이 복합적인 계산을 하기 위해서 잠깐 중간에 써두는 수치인데. 그 수치가 너무 낮으면 광고 업계에서 일하는 데 부적합 판정을 내립니다."

"너무 이상한데요. 뜻도 알 수 없는 이상한 계산 결과를 컴퓨터 프로그램이 만들어냈다고 해서, 어떤 사람이 광고계에서 일을 잘할지 못할지가 결정된다니, 꼭 내 운명을 누가 마음대로 정해버리는 것 같잖아요."

"마음대로 정하는 게 아닙니다. 정말로 RPA 수치가 너무 낮은 사람들은 광고업계에서 일하면 회사에도 손해고 자신도 크게 불행해진다는 분석 결과가 있기 때문입니다. RPA 수치가 낮은 사람을 억지로 고용한 광고 회사들의 98퍼센트가 그 사람 때문에 큰 문제에 시달렸습니다. 요즘 큰 회사에 취직하는 일은 전부 다 이런 식입니다. 인공지능 프로그램에 검사를 한번 받고 나면, 내가 어디에 취직해서 어느 정도의 일을 하게 될지 거의 90퍼센트의 정확도로 결과가 나오지요."

로봇이 막힘 없이 설명했지만, 이미영은 여전히 마음에 들지 않았다. 이미영이 침묵을 지키자 상담 로봇이 다시 말을 이어갔다.

"그러면 이렇게 생각해보시면 어떨까요? 요즘 많은 회사에서 채용 전에 유전자 분석을 하는 것 아시지요? 그래서 확률상 그 직업에 너무 어울리지 않는 유전자가 있으면 그 사람은 채용하지 않는 겁니다. 도둑질이나 사기를 저지를 확률이 높은 유전자로 판단되는 사람도 채용되지 않고요."

"잠깐만요. 유전자는 타고나는 거잖아요. 내가 어떤 유전자를 타고났는지를 가지고, 내가 어떤 일을 할 자격이 있는지를 따지고, 죄를 지을 사람인지 아닐지를 속단해도 되는 거예요? 이건 가문과 혈통을 중시하는 조선 시대 풍습이 부활했다는 느낌인데요."

"그렇게 생각하실 일은 아니죠. 키나 몸무게가 평균보다 지나치게 낮으면 경찰이나 군인이 될 수 없고, 시력이 너무 나쁘면 비행기 조종사가 될 수 없지요. 키, 몸무게, 시력은 대체로 그 사람이 태어나면서 물려받은 체질에 의해 좌우되는 문제이지요. 그것처럼 두드러지지 않을 뿐이지, 그 사람이 일을 잘 못하고 괜히 직원들 사이에 분란만 일으킬 유전자를 갖고 있을 가능성이 큰 확률로 예측된다면 그런 체질을 가진 사람은 회사 생활에는 자격 미달로 판정해야 하는 겁니다."

"그게 옳을까요?"

상담 로봇의 설명이 길어질수록, 이미영은 신입 직원을 어떻게 뽑아야 하는지 점점 더 모르겠다는 기분이 되었다.

사람의 미래를 예측할 수 있는 기술이 상당히 발달한 시대의 문제를 다룬 유명한 SF 단편으로는 역시 필립 K. 딕의 소설 〈마이너리티 리포트〉를 대표로 꼽을 만하다. 이 소설에는 특수한 방법을 이용해서 범죄를 저지를 사람을 예측해 미연에 방지하는 이야기가 나온다.

그런데 여기서 사람의 미래를 어떻게 예언하는가에 관해서는 애매하게 넘어가고 있기 때문에 문제의 절박함이 조금 덜 느껴지는 점이 있다. 현실에서 인공지능이나 유전자의 미래 예측 능력은 아주 가까이에 다가와 있는 문제다. OTT over the top: 영화나 TV 프로그램 등을 인터넷을 통해 제공하는 서비스나 SNS에서 인공지능을 이용해 내가 좋아할 만한 영상이나 제품을 추천하는 기술은 굉장히 큰 효과를 거두고 있다. 채용 절차에서 인공지능으로 자료를 분석하거나 인공지능을 동원한 시험을 치르는 업체가 이미 실재하는 만큼, 인공지능을 이용해 그 사람이 미래에 회사에서 일을 잘할지 못할지 알아보는 일은 어느 정도는 이루어지고 있다. 의료 현장에서 유전자를 분석해서 누군가가 특정한 암에 걸릴 확률을 예상하는 것이 잘 들어맞는다는 말도 자주 언급되고 있으므로, 유전자 분석으로 건강에 대한 미래 예측을 하는 일도 현실이 되었다.

이런 기술이 앞으로 더 발전해서 더 정확해지면, 과연 사람의 미래를 예측하는 데 제한 없이 널리 도입하더라도 별문제가 없을까? 혹시 특정 분야에서는 사람의 미래를 예측하는 데 인공지능이나 유전자 검사를 활용할 수 없도록 얼마 정도 제약을 두는 것이 바람직할까?

25 위기에 빠진 사람을 외면하는 것은 죄가 될까?

착한 일을 하지 않는 것이
나쁜 일이 되는 문제

#착한사마리아인의법 #자선사업 #선행

이미영은 우주선을 타고 은하수 중심 근처에서 사마리아 소행성 지대를 지나가고 있었다. 그러다 은하수 표준 형식 긴급 통신을 듣게 되었다.

"물 한 병만 갖다주십시오. 제발!"

그 이상의 말은 없었다.

이 넓디넓은 우주에서 갑자기 물 한 병이 그렇게 급할 상황이 뭐가 있을까? 상황을 가늠하기 힘들었지만 긴급 통신 장치를 정식으로 사용했다는 것은 확실히 급박하다는 의미로 보였다. 어떤 속임수나 범죄와 연결되어 있다는 분석 결과나 사전 경보도 없었다. 그렇다면 정말 물 한 병이 아주 급한 사람이 있는데, 너무 급해서 길이가 긴 통신을 보낼 여유도 없다는 뜻 아닌가 싶었다. 이미영은 김양식에게 긴급 통신이 온 쪽으로 가보자고 제안했다.

김양식이 살펴보니 통신이 날아온 곳은 어느 우주정거장이었다. 우주정거장에는 소행성 탐사 회사 직원 한 명이 있었는데, 정거장 내부의 온갖 기계들이 연기를 내뿜으며 전기 불꽃을 튀기고 있었다. 한눈에도 위험해 보였다. 내부에서 일어난 사고 때문에 다쳤는지 직원은 몸 곳곳에 반창고를 붙이고 붕대를 감고 있었다.

이미영이 물었다.

"물 한 병 갖고 왔습니다. 무슨 일입니까? 무슨 사고라도 났습니까?"

"우주정거장의 핵융합 한랭 노심이 고장을 일으켰습니다. 물 한 병만 집어넣으면 거기에 있는 수소와 산소가 자동으로 반응하면서 고장을 멈출 수 있는데, 마침 우주정거장에 물이 다 떨어졌습니다. 그래서 고장이 점점 심각해져서 지금 폭발을 일으키기 직전입니다."

"그러면, 당장 어서 이 물을 사용하시죠!"

이미영은 집어던지듯이 물병을 직원에게 건넸다. 직원은 물을 받아 핵융합 한랭 노심의 재료 투입구에 집어넣었다. 그러자 핵융합 한랭 노심은 갑자기 까마귀들이 구구단을 외는 것 같은 이상한 소리를 내기 시작했다. 그러고 얼마 지나지 않아 모든 자동 장비가 정상 작동한다는 소리가 들려왔다.

그러더니 연기가 나는 것도 전기 불꽃이 튀는 것도 멈추었다. 전기도 들어오고, 일반 통신 장비도 다 쓸 수 있다는 소식도 들려왔다.

직원이 말했다.

"정말 감사합니다. 물 한 병이 없어서 목숨을 잃을 뻔했네요. 그런데 세상인심 참 각박하죠? 선생님이 지나가시기 전에도 먼저 옆을 지나간 우주선이 있었는데, 고작 물 한 병을 건네주기가 아까운지 저를 도와주지 않더라고요."

"그래도 마침 저희가 나타나서 살아남으신 게 다행이죠."

직원은 그 말에 고개를 끄덕이며 동의했다.

그리고 얼마 후, 이미영과 김양식에게 검찰청에서 연락이 왔다. 재판에 증인으로 나오라는 이야기였다.

재판에 가보니, 우주정거장이 고장 난 사건을 두고 재판이 벌어지고 있었다. 검찰에 기소당해서 재판에 나와 있는 인물은 바로 이미영과 김양식이 지나가기 전에 우주정거장 옆을 먼저 지나갔다는 다른 우주선의 선장이었다.

검사가 말했다.

"선장은 우주정거장이 폭파되고 그 안에 머물던 사람이 목숨을 잃은 치명적인 위기가 있었는데도 구조하지 않고 그냥 지나쳤습니다. 어떻게 인간이 그럴 수가 있습니까? 심지어 구조가 그렇게 어려운 것도 아니었습니다. 멀리서 물

한 병만 던져주면 되는 것이었습니다. 물 한 병이 그렇게 아까웠습니까? 사람 목숨이 달려 있는데?"

그러나 선장은 오히려 억울해했다.

"물론 사람을 구해주는 것은 좋은 일이죠. 저도 우주정거장에 물 한 병을 전해준 이미영 사장이 좋은 일을 했고 칭찬할 만하다고 생각합니다. 그렇지만 반대로 그런 착한 일을 하지 않았다고 해서 비난을 듣거나 처벌을 받아야 한다는 것은 받아들일 수 없습니다. 착한 일을 하는 것은 제가 하고 싶을 때 하는 것이지, 의무일 수는 없으니까요."

"그러면 선장은 사람이 뻔히 죽을지도 모른다는 사실을 알고 있는데 그냥 지나친 게 잘했다는 겁니까? 사실은 얼른 지구에 가서 제시간에 축구 중계방송을 보려고 그냥 지나친 것 아닙니까?"

"착한 일을 안 한 것이 잘한 일은 아니지만, 그렇다고 착한 일을 안 했다고 자동으로 나쁜 짓이 되는 것도 아닙니다."

"사람의 목숨이 걸려 있었는데도요?"

검사가 목소리를 높였다. 그러자 선장은 자신이 준비해 온 자료를 재판정의 화면에 보여주었다.

"검사님은 지구의 가난한 나라를 위해서 얼마나 기부를 하십니까? 검사님이 지금 커피값 정도만 기부해도 불운한 재난으로 가난을 겪으며 굶주리고 있는 나라의 어린이들 목숨 10명은 구할 수 있을 겁니다. 그렇지 않습니까? 그

야말로 사람 생명이 걸린 일이지 않습니까?"

"그것과 이 일이 같지는 않죠."

"오히려 더 급박한 일이죠. 우주정거장에 머무는 사람은 위험한 일을 각오하고 위험수당도 받으며 일합니다. 근무자도 한 명뿐이었고요. 그렇지만 지구의 어느 한쪽 가난한 나라에 사는 굶주리는 어린이는 정말로 죄 없이 굶주림을 만난 사람이지 않습니까?"

선장은 기부 절차에 대한 자료를 화면에 보여주었다. 그리고 이어서 말했다.

"과거에는 기부하는 절차가 힘들고 기부한 돈이 제대로 쓰이는지 알기도 어려웠죠. 그리고 그런 가난한 나라의 일은 아무래도 거리가 먼 곳의 일이니까 와닿지도 않고요. 그렇지만 이제는 시대가 바뀌었습니다. 전화기를 꺼내서 몇 번 건드리기만 하면 간단히 기부할 수 있죠. 그리고 기부된 돈도 정말로 사람을 구하는 곳에 보람차게 쓰이고 있습니다."

"둘은 같지 않다니까요."

"그냥 거리만 따져봐도 그렇습니다. 저는 우주정거장의 20만 킬로미터 주변을 지나갔는데 지구상의 그 어느 나라도 그보다는 더 가까운 거리에 있습니다. 그런데도 굶주리는 가난한 나라 어린이를 위해서 기부하지 않는다면, 그것도 착한 일을 하지 않아서 죄 없는 사람의 목숨을 잃게 한 일이죠. 그러면 검사님부터 처벌해야 합니다!"

"그것은 지나친 비약입니다."

"그걸로도 부족하죠. 검사님은 분명히 꽤 넓은 아파트에 사실 텐데, 조금 더 좁은 아파트로 이사를 하고 거기서 생기는 차액을 굶주리는 사람을 구하는 데 사용해야 죄를 짓지 않는 것 아니겠습니까? 내가 조금 더 넓은 아파트에 살려고 돈을 붙들고 있어서 그 돈으로 가난한 어린이들의 목숨을 구하지 못하다니, 그것은 비난받아야 할 일 아닙니까? 이런 식이라면 검사님은 생존에 필요한 최소한의 돈 말고는 모든 것을 포기하고 세상에 굶주리는 어린이들이 아무도 없을 때까지 기부해야 할 겁니다. 그렇게 하지 않으면, 남이 목숨을 잃는 것을 뻔히 보고 있으면서 자기가 조금 더 잘 살겠다고 귀찮아서 그냥 지나치는 나쁜 사람이니까요."

선장이 거기까지 말하자 검사는 잠시 머뭇거렸다. 뭔가 다른 방식으로 선장을 공격해야겠다고 생각했는지 검사가 이미영을 증인석으로 불렀다.

이미영은 재판이 쉽지 않을 것 같다는 생각이 들었다.

〈슈퍼맨〉과 〈스파이더맨〉 같은 만화와 영화에서는 놀라운 힘을 가진 채 지구에서 자란 외계인이나 과학기술의 힘으로 초능력과 비슷한 힘을 갖게 된 인물이 주인공으로 나온다. 그리고 이런 주인공들이 자주 부딪히는 문제가 자신이 가진 힘으로 어떤 사람을 얼마나 도와야 하는가 하는 문제다. 슈퍼맨이나 스파이더맨의 힘이라면 세상에서 목숨을 잃을 위기에 놓인 수많은 사람들의 목숨을 구할 수 있다. 그렇다면 슈퍼맨과 스파이더맨은 일상생활을 포기하고 24시간 전 세계를 돌아다니며 사람 목숨을 구하는 일만 해야 할까? 그러면 개인의 삶은 사라진다. 그렇다고 누구는 도와주고 누구는 도와주지 않는다면, 목숨을 잃은 사람이 "슈퍼맨이라면 간단히 내 목숨을 구해줄 수 있었는데, 뭐 때문에 나는 포기했냐?"고 원망하지는 않을까?

영화나 만화에서 이 문제에 관해 시원스러운 답을 찾기는 쉽지 않다. 그렇지만 의외로 이런 문제를 단순하게 생각하는 사람들이 많다. 인터넷을 살펴보면 자신에게는 관대하면서 남에게는 대단히 엄격한 잣대를 적용해서 비도덕적이라고 공격하는 일은 비일비재하다.

위기에 빠진 사람을 도와주지 않으면 그것도 죄로 보고 처벌해야 한다는 규정을 흔히 '착한 사마리아인 법'이라고 부른다. 성경에서 목숨을 위기에 놓인 나를 어느 착한 사마리아인이 지나가다 구해주었다고 상상해보라는 구절이 나오기 때문에, 자선을 베푸는 착한 사람의 예시로 사마리아인이 등장한 것이다.

착한 일이 의무가 되거나 착한 일을 하지 않으면 처벌하겠다고 하는 것이 바람직할까? 그러나 현실에서는 착한 사마리아인 법과 비슷한 규정이 반드시 지정되어야 한다고 열렬히 목소리를 높이는 사람들도 아주 쉽게 찾아볼 수 있다. 사건·사고가 발생한 상황에서 누군가가 목숨을 잃을 위기에 놓였는데, 그때 옆에 있던 사람이 자기 이익을 위해서 그 사람을 구조하지 않았다는 보도가 나오면 그 사람을 대단히 사악하다고 격렬히 비난하는 여론이 생기는 것은 흔한 일이다. 어떤 경우일 때 착한 일을 하지 않는 것이 처벌 대상이 된다고 평가할 수 있을까? 지구의 먼 곳에서 벌어지는 여러 가지 비극과 수많은 도움이 필요한 사람들에 관한 소식, 그들을 도울 방법이 점점 더 많아지는 세계화 시대에 명확한 답을 만들기 위해서는 좀 더 고민이 필요할 것이다.

26 현실과 진짜 같은 가상현실을 구분할 수 있을까?

가상현실이 일반화되면 벌어질 현실도피와 혼란의 문제

#가상현실 #현실도피 #진짜같은가짜 #유아론

이미영과 김양식은 해바라기 은하의 외곽을 지나고 있을 때 미약하지만 이상한 전파 신호를 감지했다. 너무 미약한 신호라서 무시하고 지나갈 수도 있었지만, 김양식은 이상한 예감이 들어서 그 전파를 정밀 분석해보기로 했다.

"은하수 표준 비상 조난 신호인데요?"

두 사람은 깜짝 놀랐다. 사람이 거의 찾아오지 않는 구역에서 이런 신호가 감지되는 것이 의심스러웠다. 이미영은 전파가 생기는 곳을 역으로 추적해서 찾아가 보기로 했다.

두 사람이 찾아간 곳에는 환경이 혹독한 행성이 하나 있었다. 그 행성에 추락해서 반쯤 부서진 우주선과 로봇 한 대를 발견했다.

이미영과 김양식은 우주선을 향해 다가갔다. 우주선 내부를 살펴보니, 커다란 강철 공이 있고 그 안에 사람이 들어 있었다.

"뭐야? 여기가 어디예요?"

강철 공 안에 있던 사람을 깨우자 그는 대단히 당황하는 것 같았다.

"다들 어디 간 거야? 상무님은? 부장님은? 우리 회사 직원들은 다 어디 있어? 우리 회사는 어디 있고요? 여기는 어디야? 당신들은 누구야?"

무슨 말은 하는지 알 수가 없었다. 그리고 갑자기 상무님과 부장님을 찾는 사람에게 어떤 질문부터 대답해주어야 할지도 알 수 없었다. 그때 오랫동안 그의 곁을 지켜온 듯한 로봇이 그에게 다가갔다.

"이건 뭐야?"

그는 그 로봇조차 굉장히 낯설어했다. 로봇이 말했다.

"지금부터 잘 들으십시오. 주인님은 해바라기 은하 변두리의 이 행성 근처를 지나던 중 우주선의 기계 오류로 추락했습니다. 이곳은 환경이 혹독하고 아무도 살지 않는 행성이었습니다. 그래도 물과 공기를 구하기는 어렵지 않고, 저희 로봇과 컴퓨터들이 노력하면 사람에게 필요한 영양분을 만들어내는 것도 가능했습니다. 그래서 주인님은 이곳에서 버티면서 살아남기로 하셨습니다."

"그게 무슨 말이야? 주인님이라니? 나는 2020년대 지구 아시아에서 사는 사람이라고. 그리고 대기업 회사 직원이고. 방금 전까지 회의에서 선배에게 욕을 먹어서 그걸 고민하고 있었어. 그런데 갑자기 해바라기 은하라고? 그게 무슨 소리야?"

"지금부터 그것을 설명해드리겠습니다. 주인님이 생존할 수 있는 최소한의 조건은 갖춰졌지만, 그게 전부였습니다. 이곳에서는 아무도 만나지 못하고 아무와도 연락도 닿지 못하기에 그저 누군가 우연히 지나가다가 구조해주기만을 기다리는 수밖에 없었습니다. 그런데 언제 구조될지도 모른 채 막연히 기다리기만 한다면 주인님의 정신 건강상 도저히 견딜 수 없었던 것으로 판정되었습니다."

"뭐?"

"그래서 주인님은 그런 상황을 모두 잊는 기억 조작 약을 드셨습니다. 그리고 저희가 만든 가상현실 장치에 들어간 것입니다. 저희 프로그램의 손상되지 않은 부분은 2020년대의 아시아 지역 모습을 보여주는 기능을 갖추고 있었습니다. 그래서 하는 수 없이 주인님께서 2020년대의 아시아 지역 가상 체험을 하도록 해드렸습니다."

"그게 무슨 말이야? 그러면 내가 만난 사람들, 부모님, 사랑하는 사람들, 친구들, 그런 것들은 다 뭔데?"

"그 사람들은 모두 인공지능 프로그램이 만들어낸 것으

로 주인님과 그럴듯하게 대화를 주고받으며, 친하게 지내거나 다투거나 할 수 있도록 꾸며낸 것일 뿐입니다."

로봇은 잠시 말을 멈추었다. 조난당한 사람이 마음을 추스를 여유를 주려는 것 같았다. 그리고 다시 말을 이었다.

"그런 생태로 주인님께서는 29년 동안 기계 속에서 생활하셨습니다. 그리고 오늘 마침내 29년 만에 구조해줄 우주선이 지나가게 되었기에 주인님께서는 깨어난 것입니다."

"말도 안 돼. 29년이라고? 내가 평생 보고 듣고 느낀 것과 만난 사람들, 경험했던 세상이 모두 다 가짜라고?"

"완전히 무의미한 가짜는 아닙니다. 가상현실 기계 속에 기록으로 남아 있으니 한 인간의 생생한 인생 경험으로 나름대로 예술성을 가진 기록으로 남을 것입니다."

"믿을 수 없어. 내가 살았던 삶이 가상현실이라면 왜 그렇게 구질구질하고 불행했던 거야?"

"그 정도면 진짜처럼 느껴질 만큼 현실감 있는 수준에서 행복을 느끼게 해드린 체험이었습니다. 주인님은 엄청난 전쟁의 혹독한 피해, 광기 어린 테러 집단의 대학살, 지구가 단숨에 반으로 쪼개지는 멸망 사건 등등을 겪지 않으셨습니다. 평화로운 시대에 태어나 큰 굶주림 없이 살았죠. 그 정도면 그럴듯하게 느껴지면서도 나쁘지 않은 체험입니다. 오히려 주인님께서 터무니없이 고귀한 사람으로 태어나 온갖 예술에 능해서 모든 사람의 사랑을 받는 천재였다면 현실감이 떨어지죠. 그러면 곤란하지요. 그래서 저희는 주인님의 가상 인생이 어느 정도 극적이면서도 평범한 느낌이 들도록 꾸며드렸습니다."

조난당한 사람은 로봇의 설명을 다 듣고도 받아들이지 못하는 것 같았다. 그는 자기 앞에 서 있는 로봇과 우주에서 내려온 이미영, 김양식 그리고 최신형 우주선의 모습을 두리번거리며 살펴보았다.

"회사 다니며 지하철 타고 출퇴근하는 삶이 가짜였고, 대신에 이런 엄청난 기계들이 있는 외계 행성이 진짜 세계라고? 그걸 어떻게 믿어."

조난당한 사람은 잠시 머뭇거리더니 갑자기 이미영과 김양식을 향해서 말했다.

"내가 지금까지 경험했던 것이 모두 가짜였다면, 지금 경험하는 것도 진짜인지 가짜인지 어떻게 장담할 수 있지? 확실한 근거가 없잖아요. 그리고 지금 우주선을 타고 왔다는 당신들도 진짜 사람인지 아니면 컴퓨터 프로그램이 만들어낸 것인지 어떻게 알 수 있어요? 알 수가 없잖아요?"

이미영은 조난자가 갑자기 자신에게 말하자 당황했다.

"당연히 저희는 진짜 사람이죠. 저희가 진짜 사람이 아니라 형체만 꾸며져 있는 인형이나 로봇이라고 생각하는 건가요? 머릿속에는 뇌가 있고 측정 장치로 살펴보면 그 뇌가 활발히 활동하고 있다는 표시가 나오는데요."

"그래서 뭐요? 뇌의 활동을 측정하는 뇌파 측정 장치나 혈류 측정 장치로 당신 머리를 측정해보면 뭐가 보이는데요? 그냥 기계 장치에 나타나는 숫자잖아요. 그런 건 얼마든지 조작할 수 있지. 아니, 머리를 열어서 피가 도는 뇌를 보여준다고 해도 마찬가지죠. 그냥 내 눈앞에 뇌의 모양이 보였다는 것 말고 뭘 더 믿을 수 있죠? 그것조차 컴퓨터가 비춰준 것일 수도 있는 것 아닌가요?"

조난당한 사람은 고개를 저었다. 그리고 말을 이어갔다.

"아니, 이게 속임수인지 아닌지가 중요한 것도 아니라고요. 어차피 내가 세상에 태어나서 떠날 때까지 보고 듣고 느끼고 생각하면서 이해하는 것은 나밖에 없어요. 나 말고 나머지 모든 것은 실제로 있는지 없는지 알 수도 없는 거예요. 어쩌면 세상이란 내가 태어나면서 생겨나서 내가 죽으면 이런 식으로 사라지는 것인지도 모르죠. 그냥 나 혼자 생겨나서 지구가 있고 나라가 있고, 사회가 있고 회사가 있고 그 회사에서 개고생하는 내가 있고, 세상이 이런 거라고 나 혼자 신나게 착각하다가 내가 사라지면 모든 게 끝나는 게 원래 세상의 참모습일 수도 있다고요."

"그건 말도 안 돼요. 온 세상이 당신 하나를 위해 있다는 게 어떻게 말이 되나요?"

"다른 증거가 있나요? 이렇게 넓디넓은 우주에 온갖 은하와 별과 행성과 블랙홀과 정신 나간 행동을 하는 별별 양자 물질들이 엄청난 규모로 펼쳐져 있는데, 그 구석의 어느 작은 행성 귀퉁이에서 사람이 태어나서 아등바등하면서 살다가 인생이 끝나면 사라진다는 것은 뭐 말이 되는 느낌인가요? 어차피 이상하고 이해할 수 없기는 매한가지라고요."

이미영과 김양식은 그 말을 들으며 주변을 둘러보니 왠지 낯설다는 느낌이 들었다. 지금 두 사람이 있는 곳은 현실일까? 누군가가 꾸며낸 이야기 속 상황은 아닐까?

두 사람은 일단 조난당한 사람을 절차에 따라 은하수 조난자 병원으로 이송하기로 했다. 로봇이 두 사람을 거들었다. 그런데 로봇은 감사를 전하면서 이렇게 말했다.

"예로부터 완벽한 유아론은 논파하기 어려운 생각으로 악명 높았죠. 그런데 요즘 들어서 가상현실 체험이 점점 더 많아지고, 실제 세계 이상으로 인터넷 공간과 가상세계를 중요하게 여기는 풍조가 생기면서 나를 제외한 세상이 있느냐는 의심은 커지고 유아론은 더 인기가 많아지고 있어요. 세월이 많이 흘렀는데 지금은 거기에 대해 어떤 대책이 마련되어 있나요?"

프레드릭 브라운의 단편 〈유아론자〉는 유아론이 황당하기는 하지만 대단히 논파하기 어려운 논리를 갖고 있다는 점을 소재로 삼고 있다. 실제로 예로부터 유아론을 주장한 학자들의 논변과 유아론에 관한 일화들은 여럿 있었다. 이런 일화들을 통해서 살펴봐도 유아론이 사람의 호기심을 자극하면서도 간단히 부정하기도 어렵다는 점을 알 수 있다.

이 세상이 이 책을 읽는 당신을 위해서 생겨났고, 당신이 세상을 떠나면 그대로 모조리 사라지지 않는다는 사실을 어떻게 확신할 수 있는가? 당신이 보는 모든 다른 사람들은 로봇이거나 가상현실 속의 인공지능 등장인물일 가능성을 어떻게 하면 조금의 의심도 없이 부정할 수 있을까? 어차피 내가 알 수 있는 것은 내 느낌, 내 생각뿐이지 않은가? 잠깐 책 읽기를 멈추고 눈을 감고 생각해보자. 좋은 해답이 있을까?

여러 사람이 어울려 살아가는 세상에서 유아론은 대체로 그저 망상으로 취급되곤 했다. 그런 생각이 다른 사람을 이해하고 공감해야만 하는 사회에서 별 도움이 되지 못하기 때문이다. 그렇다면 유아론은, 설령 진실일 가능성을 완전히 부정하지 못했다고 하더라도, 나쁜 생각으로 부정해야 할까?

가상현실 체험이 늘어나고, 컴퓨터 게임이나 가상 공간 속의 또 다른 세상을 느끼는 일이 많아질수록 유아론이 더 그럴듯하게 느껴질 수 있다. 실제로 그런 이유 때문에 앞으로 무심코 유아론에 매혹되는 사람은 얼마나 더 많아질까? 그 숫자가 꽤 클까? 그에 대한 위협을 경계할 필요도 있을까?

27 기억 조작기술은 허용되어야 할까?

치료를 위한 기억 조작과 삭제의 허용 범위 문제

#기억삭제 #기억조작 #지식업로드 #치매치료 #정체성범죄

이미영은 칼리스토의 법조인 거리에서 자신이 얼마나 많은 소송에 휘말려 있는지 확인해보았다. 법조계에 있는 사람을 제외하면 법조인들에게 들을 수 있는 말 중에 사람을 행복하게 해주는 말은 거의 없다. 이미영은 엄청나게 많은 숫자의 소송에 휘말려 있었다.

힘이 쭉 빠졌다. 마음을 진정시키기 위해 뭐라도 해야겠다고 생각하고 거리로 나왔다. 그런데 약식 재판 부스가 늘어선 곳 근처를 서성이는 김양식을 보았다. 이미영은 알은척하려다가 문득 김양식이 왜 이런 곳에 와 있는지 궁금해서 그를 슬쩍 따라가 보기로 했다.

김양식은 법원 기억 명령이라는 것을 받으려고 신청서

를 쓰는 것 같았다.

"법원 기억 명령?"

혼잣말로 중얼거려 보았지만, 무슨 뜻인지 정확히 알 수가 없었다. 이미영은 근처에서 열심히 변호사 사무소 영업을 하며 전단을 나눠주고 있는 변호사 대리 로봇을 한 대 붙잡고 물었다.

"법원 기억 명령이라는 게 뭔지 알아요?"

"법원 기억 명령은 기억을 조작하는 시술을 받아도 좋다고 법원에서 허가를 받는 것을 말합니다."

"기억을 조작한다고요? 그런 게 가능한가요?"

"사람의 뇌 구조가 환하게 밝혀진 세상이잖아요. 사람의 뇌 신경이라는 게 어디와 어떻게 전기를 주고받느냐에 따라 생각을 하게 되거든요. 전기 연결 구조만 잘 바뀌도록 조작하면 자신의 것이 아닌 기억이라도 생생한 자기 기억처럼 조작하는 것은 어렵지 않죠."

"그런 것을 어디에 사용하는데요?"

"대형 우주선의 선장인데 새로운 우주선을 조종해야 한다고 하면 그 우주선의 조종법을 일일이 다 익혀야 할 것 아닙니까? 그런 일은 너무 어렵고 시간도 오래 걸리죠. 그리고 열심히 연습해서 기억했다고 해도 갑자기 위급한 상황에 우주선을 어떻게 조종해야 하는지 생각이 안 나면 큰일이잖아요. 그래서 연습은 연습대로 열심히 하지만, 우주선 비상 조종법 같은 중요한 내용은 기억 조작을 통해서 머릿속에 선명하게 새기는 거예요. 어릴 때 구구단 외우듯이 아주 깊이 박히고 많이 돌이켜 본 기억으로요."

이미영은 고개를 끄덕였다. 요즘 우주선 조종사들 사이에 법원 기억 명령을 받으라는 광고가 많이 돌고 있는 것이 생각났다. 이미영은 다시 로봇에게 물었다.

"그렇군요. 좋은데요. 그런데 왜 기억 조작에 허가를 받아야 하는 거죠? 기억 조작을 아무나 할 수 있다면 누구라도 조종사의 기억을 심으면 조종할 수 있게 되고 의사의 기억을 심으면 의사 역할도 할 수 있게 되니까, 조종사 단체나 의사 단체에서 자기들 일자리를 지키기 위해서 반대하는 법을 만들었기 때문인가요?"

로봇이 대답했다.

"그런 것도 있어요. 그런데 더 중요한 이유는 기억 조작이 정체성 범죄하고 연결될 수 있기 때문이에요."

"정체성 범죄요? 그게 뭐죠?"

"예를 들면 이런 거죠. 사람이 살아오면서 겪은 여러 경험으로 지금의 성격이 만들어지고 또 잘하는 일, 못 하는 일이 생겨서 나라는 사람의 특징을 갖게 된 거잖아요? 기억 조작으로 그걸 바꾸면 혼란을 줄 수 있다는 거예요."

이미영은 무슨 말인지 얼른 이해할 수가 없었다. 로봇이 이미영의 표정을 읽고 더 자세히 설명하기 시작했다.

"예를 들어서, 나는 원래 자식을 낳은 적이 없어요. 그런데 기억 조작으로 삼돌이라는 자식이 한 명 있다는 가짜 기억을 심는 거예요. 그러고 나서 삼돌이라는 이름을 가진 사람을 보내서 '내가 당신 자식이니까 돈 좀 줘요'라고 돈을 뜯어내는 범죄를 저지를 수 있는 거예요. 그런 짓을 함부로 하지 못하도록 기억 조작은 통제해야 하는 겁니다."

"알겠어요. 그런데 그런 정도 범죄의 가능성 때문에 모든 기억 조작을 일일이 허가제로 운영하도록 강력하게 통제하는 건가요?"

"기억 조작에는 별별 해괴한 방법이 많거든요. 예를 들어서 자기 자신이 완전히 다른 사람이라고 생각하도록 조작할 수도 있습니다. 사실 나는 화성에서 사는 건설 회사 직원인데 기억을 조작해서, 자신이 지구 어느 왕국의 왕자인데 왕위 계승 다툼에서 쫓겨났다고 믿게 할 수 있죠. 왕국의 궁전에서 태어난 어린 시절 기억과 왕위 계승 다툼을 하면서 싸웠던 기억, 쫓겨나서 화성에 숨어서 살게 된 것 등등 가짜 기억을 다 심을 수도 있겠죠. 그렇게 되면 기억이 완전히 뒤집혀서 자신이 정말로 왕자라고 진심으로 믿게 되거든요. 거짓말탐지기로 조사해도 구분할 수 없죠. 그러면 지구의 왕국에 가서 자기도 재산을 상속받을 자격이 있다고 주장하는 거죠. 그런 사람이 자꾸 나타나면 골치 아프잖아요."

"반대로 생각하면 화성에서 성실하게 건설 회사 직원으로 일하던 사람의 인생은 그 순간 사라지는 거네요. 기억을 없애는 순간, 그 사람의 혼도 사라지는 것 같은 거예요. 일종의 부분적인 살인 비슷한 것처럼."

"뭐, 그런 문제도 있고요."

대화를 나누는 중에 김양식이 이미영을 알아보았다. 놀라는 김양식에게 이미영이 물었다.

"도대체 무슨 기억을 어떻게 하려고 명령을 받으려는 거야?"

김양식은 당황해서 머뭇거렸다. 그러다 한참 만에 이렇게 말했다.

"결국은 누구에겐가 털어놓아야 할 이야기인 것 같네요."

그러더니 짧게 할 수 있는 이야기는 아니라면서 장소를 옮겨서 이야기하자고 했다.

자리를 옮겨 한참 이야기하고 나서 이미영은 이렇게 말했다.

"정리하자면, 예전에 사랑했고 좋은 시간을 보냈던 애인이 헤어진 뒤에도 계속 생각나서 너무 그립고 슬프다는 거 아냐? 다른 사람을 만나서 즐겁게 지내지도 못하겠고. 그래서 그 애인을 만나서 보냈던 기억을 아예 지워버리고 싶다는 거야?"

"짧게 줄이면 그렇게 말할 수도 있겠네요."

"그럴 만도 한 이유인 것 같은데? 그래서 오늘 기억 조작을 받기로 했어?"

"아니요. 이번에도 허가만 받고 시술받는 것은 결국 포기했어요."

"왜? 법원 명령까지 받아놓고, 왜 시술을 안 받는 거야? 예전 일을 훌훌 털어버리고 행복하게 살기는 포기하겠다는 거야?"

김양식은 이상한 표정을 지었다. 이미영이 한 번도 본 적이 없는 표정이었다.

"그게 또, 기억을 지우자니, 인생에서 그렇게 행복했던 시절이 없는 것 같고, 너무 사랑했던 기억인데 지우는 것도 아깝더라고요."

이미영은 이 정도면 치료가 필요한 수준 아닌가 생각했다. 김양식은 이어서 말했다.

"그리고 생각해보면 헤어지고 나서 흐른 시간도 벌써 몇 년이니까요. 그 기억을 갖고 그리워하고 안타까워하고 답답해하면서 사는 동안 점점 굳어져 간 것이 제 성격이고, 제 삶의 모습이거든요. 그걸 싹 지워버리면 제가 아닌 다른 사람이 돼버리는 것 아닐까요? 일종의 부분적인 살인 비슷한 것처럼."

"그래도 부작용이 너무 크잖아?"

"그렇긴 해요. 그런데 요즘 연애하는 사람들을 보면, 새로 사귀게 되었는데 예전 애인 기억이 머릿속에 남아 있으면 그것과 비교도 되고 질투도 난다고 기억 삭제를 받고 사귀자고 하는 연인들이 가끔 있다고 하거든요."

"왜, 그러면 깔끔하고 좋을 것 같은데, 괜히 옛 기억 때문에 질척대는 것도 없고."

"저는 그게 잘못된 것 같단 말이죠. 너무한 것 같고 그래서요."

김양식은 이어서 말했다.

"법원에 명령을 받으러 온 사람 중에는 전쟁터에서 너무 끔찍한 광경을 보거나 테러리스트에게 납치되어서 고문을 당했는데 그게 너무 큰 충격이어서 그 기억을 지우러 오는 사람도 있어요. 그런 사람들 중에서도 그런 기억을 극복하면서 버텨온 것이 자기 인생의 중요한 부분이고, 그런 일을 당했다는 사실도 어쩔 수 없는 자기 인생의 일부였으니 부정할 수 없다고 생각해서 결국은 남겨두는 경우도 있다고 하더라고요."

"그런 끔찍한 기억을 지울 수 있는 기술이 있는데도 괴로워하면서 버티는 것이 좋을까?"

"그런 선택도 자신을 위한 선택일 거잖아요."

김양식은 거기서 잠시 말을 멈추었다. 이미영은 김양식이 못 잊었다는 사람은 어떤 사람일지 궁금해졌다.

김양식이 말했다.

"그런 선택을 하는 사람들도 있는데, 그에 비하면 저는 아무래도 기억을 안고 가야 하지 않을까요."

듀나의 SF 단편 〈팔림세스트〉는 이 문제를 정확히 지적한다. 사람의 외모를 바꾸는 시술이 보편화된 미래, 주인공은 완전하고도 깔끔하게 자신의 모습을 바꾸고 싶어서 자신의 과거에 대한 기억조차 바꾸려고 한다. 그렇지만 이런 선택에 꺼림칙함을 느끼는 사람들도 있다는 이야기다.

어떤 일을 겪었다는 기억이 너무 깊게 남아서 그것 때문에 인생이 망가졌다는 사연은 사소한 문제에서부터 심각한 사건까지 자주 찾아볼 수 있다. 만약 기억 치료로 그런 내용을 삭제할 수 있다면 그것이 사람의 인격과 삶이라는 측면에서 과연 얼마나 바람직한지, 삭제하도록 허용하는 기억에 대한 기준이나 원칙을 마련할 수 있을지는 고민해볼 문제다. 한편 실제로 경험하지 않은 일인데도 마치 경험해서 얻은 것 같은 기억을 뇌에 넣을 수 있다면 이것이 어느 정도로 허용해야 하는가에 대해서도 세부 사항을 고민해볼 수 있다.

좀 더 나아간 고민거리도 있다. 걸작 SF 영화 〈토털 리콜〉에서는 기억 조작이 자주, 심하게 이루어져서 상당히 혼란스러운 상황이 벌어지는 내용을 다룬다. 이 영화의 흐름을 따라가다 보면 기억은 곧 그 사람의 성격과 자아에 대한 많은 부분을 차지하므로 기억이야말로 사람의 혼과 비슷한 것이라는 느낌을 받는다. 보통 사람의 마음, 정신, 혼이라는 것은 현재 두뇌 속에서 어떤 활동을 하고 있는 것이라고 여기기 마련인데, 혼의 본질이 과거로부터 이어온 기억이 남아 있는 상태라는 설명은 또 다른 혼란을 가져온다. 주체와 객체, 과거와 현재의 의미와도 연결해볼 수 있는 문제다.

28 미래에 되살아날 가능성에 투자할 것인가?

냉동보존 기술이 가져올 사회적 파장의 문제

#냉동보존 #미래의학 #기사회생 #생명투자

이미영과 김양식은 타이탄에 있는 정비소로 서둘러 가야만 했다. 우주 해적과의 전투 때문에 부서진 우주선을 고쳐야 했기 때문이다.

정비소에 도착해보니, 부서진 정도가 대단히 심각한지, 정비소 직원이 기가 차다는 웃음을 보였다. 그런 것치고는 정비 로봇들이 계산해준 수리비 견적은 생각보다 많이 나오지 않았다. 이미영은 조금이나마 안도했다.

우주선이 수리되는 동안 무엇을 할까 고민하며 정비소에서 걸어 나오는데, 두 사람 앞에 로봇 한 대가 나타났다.

"안녕하십니까? 저는 주식회사 온기사냥의 변호사 대리 로봇입니다."

"변호사 대리 로봇이 우리에게 왜 온 건데요? 우주 해적하고 싸운 것은 경찰에서 알아서 잘 처리하겠다고 하던데요."

이미영은 변호사라는 말에 순간 불길함을 느껴 그렇게 말했다. 그렇지만 변호사 대리 로봇은 친절한 말투로 이미영의 짐작을 부정했다.

"그게 아니라, 저희 회사에 새로 출시한 상품을 소개해드리려고 합니다."

"무슨 상품이요?"

"저희 회사에서는 바로 사장님같이 우주에서 험한 일하시는 분들을 위해서 특별한 상품을 개발했습니다. 이 상품은 당장 가입 안 하면 손해입니다. 반드시 가입하셔야 하지요."

"도대체 뭐길래 그러는데요?"

이미영이 관심을 보이자 변호사 대리 로봇은 그 위치에 그대로 자리 잡고 바로 변신을 시작했다. 변호사 대리 로봇은 이미영과 김양식이 앉아서 이야기를 들을 의자로 변신하는 한편, 몸속에서 영상 출력 장치를 꺼내서 두 사람에게 홍보 영상과 자료를 보여주었다.

"사장님께서는 우주 곳곳의 험한 지역을 돌아다니는 일을 하고 계시면서 대단히 위험한 곳에 가실 때가 많습니다. 게다가 이번처럼 무시무시한 우주 해적들과 서로 무기를 발사하며 겨룰 때도 있지요. 이런 일을 하다 보면 가장 크게 입을 수 있는 손해가 무엇일까요?"

"우주 교통 법규 위반인가요?"

"물론 그것도 손해의 가능성에 포함됩니다. 그렇지만 사장님 같은 사업가에게 가장 큰 손해는 바로 목숨을 잃을 가능성이 크다는 것입니다. 하나밖에 없고 누구나 소중하게 여기며, 인간 사회의 모든 문화권에서 항상 가장 귀하게 치는 사람의 목숨을 우주에서 단지 길을 잘못 들어서서 블랙홀과 마주치면 허무하게 날릴 위험이 있다는 겁니다."

이미영과 김양식은 자신들이 항상 하고 있는 일을 그런 식으로 이야기하는 것을 들으니 새삼 기분이 이상했다. 두 사람이 이야기에 빨려들고 있다는 것을 감지했는지, 로봇은 더욱 흥에 겨운 목소리가 되어 말을 이어나갔다.

"자, 그러면 갑자기 우주를 헤매다가 사고를 당해서 목숨을 잃으면 어떻게 해야 할까요? 이번에 저희 회사에서 나온 최신 특약 상품에 가입하시면 비상용 허리띠를 드립니다. 그리고 그 허리띠는 목숨을 잃는 상황을 감지하면 신속하게 작동해서 사장님의 몸을 급속 냉동보존해드릴 겁니다!"

"냉동이요?"

"그렇습니다. 냉동보존입니다."

로봇은 이미영의 반응을 반갑게 여기는 태도였다. 로봇

이 이어서 말했다.

"그리고 블랙박스 방어막 속의 방호 설비로 차근차근 냉동된 여러분의 몸을 감싸도록 처리해드리지요. 그렇게 몸이 더 이상 손상되는 것을 방지한 채 저희 회사의 보관실로 옮겨 드리지요. 그리고 나중에 사장님의 몸을 회복시킬 만한 기술이 확보되면 사장님을 다시 깨워서 살게 해드리는 겁니다. 예를 들어, 우주 해적이 사장님을 공격하는 바람에 심장에 레이저 대포를 맞았다고 해봅시다. 그러면 그 상태 그대로 냉동보존되며, 선생님 몸에 맞는 튼튼하고 좋은 인공 심장이 개발되면 그 심장을 선생님 몸에 집어넣어서 되살려 드린다는 것입니다."

김양식은 설명을 들으면서 검색을 시작했다. 그리고 검색 결과를 보더니 로봇에게 이렇게 물었다.

"잠깐만요. 이것은 20세기 중반부터 유행했던 냉동인간 기술과 같은 것 아닌가요? 그런데 사람 몸을 그대로 완벽하게 냉동보존을 할 수 없다던데요. 냉동보존을 하는 과정에서 사람이 죽을 수도 있다고요. 그러면 그것은 살인 아닌가요?"

"마구잡이로 냉동한다면 그렇게 될 위험이 있죠. 그래서 예로부터 냉동인간 회사에서는 살아 있는 사람을 얼리는 것이 아니라 이미 목숨을 잃은 상태가 된 후에, 죽음이 확실해지고 나면 그 직후에 냉동을 시작하도록 했습니다.

그러면 살인은 아니죠. 어떻게 보면 시신을 처리하는 독특한 장례식이라고도 볼 수 있는 것입니다."

"그러면 그것도 이상하네요. 이미 목숨을 잃은 시신을 보관하는 것이 무슨 의미가 있나요? 아무리 냉동해도 죽은 사람을 되살릴 수 있는 것은 아니잖아요? 더군다나 냉동 과정에서 세포가 얼어붙고 얼음으로 몸이 가득 차면서 몸의 구석구석이 많이 손상된다던데요. 그러면 냉동하기 전과 같은 몸이 완벽하게 유지되지도 않을 텐데요."

"물론 냉동 전의 몸을 그대로 깨끗하게 되살릴 수 있는 기술이 현재 시대에는 없습니다. 그렇지만 미래에는 항상 답이 있는 것 아니겠습니까? 한번 냉동하면 미래에 기술이 발전할 때까지 오래오래 기다릴 수가 있는 겁니다. 그게 냉동인간의 핵심입니다."

"미래를 믿으면서요?"

어쩐지 이미영은 많이 쌓인 숙제를 내일 몰아서 하자고 미루었던 일이 생각났다. 그러나 로봇은 밝은 어조가 조금도 흔들리지 않은 채로 말을 이어갔다.

"예를 들어 과거에는 심장이 멎으면 바로 죽음이라고 생각했지만, 20세기만 하더라도 심폐소생술과 심장 전기 충격 기술이 개발되어서 심장이 멎은 환자라도 잘만 하면 심장을 다시 뛰게 해서 되살리는 경우가 생겼습니다. 그리고 기술이 발달하면서 그렇게 심장을 다시 뛰게 만들 가

-196°C

능성이 점점 더 커졌습니다. 그러면 앞으로는 어떻게 될까요? 앞으로는 완전히 생명을 잃은 것으로 보이는 사람이라도 혈액과 체액을 새것으로 교체하고 망가진 세포를 발달한 기술로 수리한 뒤에 온몸의 신경에 적절한 전기를 정확히 잘 흘려서 사람을 되살릴 수 있게 되지 않을까요? 그리고 미래에는 심장이 망가진 사람은 인공 심장으로, 간이 망가진 사람은 인공 간으로 교체하는 기술이 언제인가는 나올 테니, 그 사람을 사망에 이르게 한 원인도 고칠 수 있는 날이 올 것입니다. 바로 그런 미래의 어느 날까지 기다리고 기다려서 사람을 해동시키면 다시 새 삶을 얻게 되는 것입니다."

"시간이 흐르면 모든 것이 좋아질 것이고 분명히 모든 문제를 해결하는 기술이 생길 거라고 믿는 거네요. 미래에 도박을 거는 거군요."

"그렇습니다."

이미영은 고민에 빠졌다. 그러더니 잠시 후 따지기 시작했다.

"설령 미래에 그런 기술이 개발된다고 해도 너무 비싸다면 어떻게 할 건가요? 예를 들어서 제가 우주 해적에게 당해서 심장을 잃고, 급속히 냉동되었다고 쳐요. 그리고 10년 동안 제 시체를 보관하다가 인공 심장을 달아서 되살릴 기술이 마침 개발되었다고 치자고요. 그런데 만약 인공 심장 가격이 너무 비싸면 어떻게 해요? 그런 비용을 회사에서 다 내줄 수는 없을 거 아니에요?"

"물론 그렇습니다. 그렇지만 냉동보존하면서 기다릴 수 있는 시간은 얼마든지 있지 않습니까. 저희는 기다리고 또 기다립니다. 50년도 기다리고 100년도 기다립니다. 그러다 보면 기술이 발전하면서 인공 심장 가격이 점점 싸져서 언젠가는 부담 없이 사용할 수 있을 정도로 싸지겠지요. 그렇게 해서 계약상 저희가 그 정도 돈은 사용해도 손해가 안 될 정도가 되었을 때, 선생님을 깨워드리는 겁니다."

"가격이 내려갈 때까지 버티고 또 버틴다고요?"

"혹시 모를 일 아닙니까? 1,000년, 2,000년이 지나면 모든 것이 너무나 풍요로워져서 심장 하나 정도 사람에게 주는 것은 나라에서 공짜로 해줄 수 있는 날도 오지 않을까요? 조선 시대 사람들이 지금 세상에 오면 세상이 얼마나 달라졌는지 보고 깜짝 놀랄 것을 상상해보십시오. 하늘을 나는 기계라는 마법 같은 비행기를 표만 사면 아무나 탈 수 있는 세상이 얼마나 이상하고 신비해 보이겠습니까? 마찬가지로 미래를 기다리고 또 기다리면, 분명히 목숨을 잃고 꽁꽁 얼어 보관되고 있는 시신이라도 다시 생명을 되찾을 수 있는 기술이 언젠가는 나올 것이고 그 기술을 쉽게 사용할 여건이 충족될 날도 분명 올 것입니다."

"그렇지만 생각해보면 아무래도 좀 꺼림칙해요. 목숨을

잃을 상황에서 무슨 일이라도 해보고 싶은 사람, 지푸라기라도 잡으려는 사람 앞에서, 먼 미래를 노리고 이런 방법을 한번 써보겠느냐고 하면서 괜히 돈을 울아내려는 수법이라고 생각할 수도 있잖아요."

"물론 그렇게 생각할 수도 있습니다. 이렇게 한번 생각을 바꿔보시죠. 재산이 수천억 원 있는 갑부라면, 저희 서비스를 계약하는 것은 그냥 버리는 셈 치고 한번 써볼 수도 있는 돈 아니겠습니까? 만약에 성공하면 무엇보다도 소중한 자신의 생명을 다시 한번 얻는 기회가 됩니다. 실패해도 어차피 목숨을 잃을 텐데 수천억 원에 재산을 고스란히 갖고 있다 한들 뭐하겠습니까? 저승에서 쓰겠습니까? 옛날 사람들은 무덤에 쓸데없이 값비싼 물건은 같이 묻고 성대하게 장례식을 치렀지요? 그에 비하면 목숨을 잃는 마당에 돈을 좀 써서 시신을 냉동보존하는 정도의 노력을 기울이는 것이 뭐 그렇게 큰 낭비겠습니까? 바로 그 때문에 20세기 중반부터 수많은 세상의 부유한 사람들이 냉동인간 회사와 계약을 맺고 자기 시신을 냉동시키고 매년 비용을 내면서 보관하도록 한 것입니다."

이미영은 고민에 빠졌다. 마음이 약간은 흔들리는 것 같기도 했다. 그러나 여전히 로봇의 말에 완전히 찬성할 수는 없었다.

"그래도 뭔가 분명히 비도덕적이라는 느낌은 있다고요.

가난한 사람들은 평생 아등바등하며 힘들게 살다가 천수를 누리지도 못하고 세상을 떠나잖아요. 그런데 부유한 사람들은 편안하게 살면서 병원에도 자주 가니 더 장수하는데 그래 놓고도 세상을 떠날 때가 되면 가난한 사람들은 평생 모으지도 쓰지도 못할 엄청난 돈을 자기 시신을 냉동하는 일에 투자해서 막연한 미래를 위해 다 써 없앤다고요? 사회적으로 좀 문제가 있지 않나요?"

"그래서 정확히 어떤 점이 문제이고 비도덕적인지 짚어 보시겠습니까?"

이미영이 대답을 망설이자, 로봇은 이렇게 덧붙였다.

"더 중요한 문제는 저희 회사가 새로운 기술로 비용을 낮췄다는 겁니다. 이제는 여름 휴가 몇 번 덜 가면서 돈을 아끼면 누구나 냉동인간이 될 수 있을 정도로 저렴해졌습니다. 이런 시대가 되었으니, 이제 모두가 세상을 떠나고 나면 생명을 다시 회복할 수 있는 기술이 개발될 미래를 기대하며 냉동인간이 되어야 하지 않겠습니까?"

◘

냉동인간을 소재로 한 SF는 여럿 있다. 좀 과격한 사례로는 단편집 《지상 최대의 내기》에 실린 〈백세 시대 대응을 위한 8차 산업혁명 기술 기반 컷 앤 세이브 시스템 개발 제안서〉라는 소설을 들 수 있다. 이 소설에서는 지나치게 저렴한 일종의 싸구려 냉동인간 기술을 대량으로 시행하면서, 수명, 생명, 죄에 대한 사회의 인식을 바꾸어 갈 것을 제안하는 기괴한 내용이 등장한다.

냉동인간은 20세기에 이미 사업이 시작되어 실제로 이루어지고 있는 일이다. 이야기 속에 언급한 것처럼 지금의 기술은 세포의 손상 없는 냉동보존이 어렵기 때문에 시신을 어느 정도 수준으로 오래 그 모습을 유지하도록 한다는 정도의 기술이다.

미래의 발전을 근거로 생명에 투자하는 일은 무엇 때문에 부정적인 느낌, 으스스한 느낌을 줄까? 누가 냉동인간이 되는 것을 받아들일 의향이 있을까? 가격이 얼마까지 낮아지면 더 많은 사람이 받아들이게 될까? 이러한 제품에 거부감이나 반발이 느껴진다면 그 이유는 무엇일까? 만약 냉동보존 기술이 더욱 발달해서 손상 없는 보존이 가능해진다거나, 살아있는 사람을 그대로 보존하고 해동하는 것도 어려움 없이 가능해진다면 문제는 어떻게 달라질까?

29 외계인이 존재한다면 만나고 싶은가?

외계인을 찾고 소통하는 일의 의의와 위험성 문제

#외계인탐사 #SETI #아레시보메시지 #외계인침공

이미영은 대충 살펴본 풍경에도 기가 질렸다. 그래서 무심코 이렇게 중얼거렸다.

"참 별이 많기도 정말 많네."

김양식이 거기에 맞장구쳤다.

"그래서 여기를 홍금 성단이라고 한다잖아요."

"홍금?"

"홍대입구역, 금요일 저녁의 사람 숫자만큼 별이 많은 느낌이라는 뜻이래요. 그만큼 엄청나게 많은 별이 모여 있는 구역이니까."

"그래, 홍대입구역 사람 숫자라면 이 정도는 되겠지. 은하의 이쪽 지역은 아직 탐사가 안 된 곳이 많다더니 이런 이상한 지역이 정말로 있었네."

마침 두 사람이 의뢰받은 탐사, 측정 작업은 모두 완료되었다는 말이 컴퓨터에서 들려왔다. 이미영은 이제 이곳을 떠나 리겔 행성으로 가자고 했다. 그곳에 탐사 결과를 제출할 대우주 광자 연구소가 있기 때문이었다.

대우주 광자 연구소에는 여러 사람과 로봇들이 모여서 두 사람을 기다리고 있었다. 무슨 거창한 회의라도 하는 것 같았다.

회의의 의장 자리에 앉아 있는 아름답고 친절하게 생긴 로봇이 단아하면서도 또렷한 목소리로 말했다.

"소중한 탐사 결과를 갖고 돌아와주셔서 감사합니다. 저희는 이 탐사 결과를 바탕으로 중대한 결정을 내리기 전에 직접 탐사하신 여러분의 의견도 들어보고자 이렇게 모여 있습니다."

"중대한 결정이라고요? 무슨 중대한 결정이요?"

이미영이 물었다. 그러자 로봇이 대답했다.

"저희는 외계인을 찾아 우주의 수많은 행성을 분석하는 일을 하고 있습니다. 그런데 결과는 그렇게 신통치 않았지요. 찾아낸 외계인의 흔적이라고는 아주 예외적인 사례 몇 건뿐입니다."

"외계인을 찾기 위해 어떤 연구를 하셨는지 조금 더 말씀해주실 수 있을까요?"

"직접 우주선을 보내서 탐사하기도 하고요. 이 넓은 우주의 수많은 행성에 일일이 우주선을 다 보낼 수는 없으니까, 우주에서 들리는 여러 가지 전파 신호 같은 것들을 분석하는 일을 주로 하고 있습니다. 이 전파들을 관찰하다 보면 그중에 외계인들이 통신하기 위해 사용하는 전파가 잡힐지도 모르니까요. 어쩌면, 외계인들이 우리를 향해 '거기에 혹시 지능을 가지고 문명을 이룬 종족이 있습니까? 있으면 응답해주십시오'라고 통신 전파를 보내고 있는지도 모를 일 아닙니까? 혹시 그런 전파가 있는지 분석해보고 해독하려고 시도도 해보고 그런 거지요."

"좋은 연구인 것 같은데요. 그게 저희 탐사와 어떻게 연결되어 있지요?"

"좋은 연구가 아니라는 게 문제였습니다. 저희가 외계인을 찾기 위해 사용한 방법들은 극히 예외적인 사례를 제외하고는 대부분 실패했습니다. 그래서 이런 방법에 머물면 안 된다고 생각하게 되었지요. 결국 다른 방법을 쓰기로 했습니다."

"어떤 방법이지요?"

"외계인의 전파를 찾을 게 아니라 우리가 먼저 외계인들이 있을 만한 곳을 향해 통신을 보내자는 생각입니다. 우리가 세상을 향해 '거기 누구 없소'라고 소리치자는 겁니다. 그래서 저희 연구소에서는 강력한 전파 방송 장치를 만들고 발전한 외계 문명이 있을 것 같은 방향으로 강력한 통신 전파를 내뿜어서 은하수의 지구에는 수많은 사람들이 살고 있다는 신호를 보내려고 합니다. 그 방향으로 염두에 둔 곳이 바로 홍금 성단입니다."

"왜 홍금 성단이지요?"

"일단 별이 많지 않습니까? 별이 많으면 확률도 높아질 테니까요."

붉은 머리를 한 연구원은 이미영과 김양식이 가져온 탐사 자료를 살펴보고 있었다. 그는 자료 중간을 보다가 이렇게 말했다.

"탐사 자료를 보니 실제로 홍금 성단의 별들 중에는 외계인이 살 만한 환경을 가진 곳들도 풍부해 보이네요. 이쪽으로 지구인이 있다는 소식을 전파에 담아서 보내는 계획이 좋을 것 같은데요."

그런데 그 말을 마치자마자 곱슬머리를 한 연구원이 따졌다.

"좋은 계획이 아니라 엄청나게 위험한 계획이죠. 생각해보세요. 우리가 보내는 전파 신호를 해독할 정도의 기술을 가진 외계인이라면 대충 생각해봐도 우리가 보유한 수준의 과학기술을 갖고 있겠죠. 그런데 혹시 그 녀석들이 나쁜 놈들이라서 우리를 공격하려고 쳐들어오면 어떡합니까? 혹시라도 우리보다 기술이 훨씬 더 뛰어난 외계인이 그 소식을 듣고 침공해온다면요? 그러면 끝장이죠. 하잘것없는 지구인의 과학기술로는 변변히 싸워보지도 못하고 망할 겁니다."

"왜 하필 기술이 그렇게 발달한 외계인이 우리의 통신을 감지할 거라고 생각하는 거죠?"

"당연하죠. 어차피 기술이 떨어지는 외계인은 우리 통신을 감지하지도 못할 것이고, 설령 감지한다고 해도 우리에게 답변을 보낼 방법을 찾지도 못할 거라고요. 우리의 신호에 반응할 수 있는 외계인이 있다면 그들은 기술이 우리와 대등하거나 높을 거고, 그중에 난폭하고 싸우기 좋아하는 외계 종족이 하나라도 있으면 괜히 우리 위치를 알려준 셈밖에 안 되잖아요. 그런 위험한 짓을 왜 일부러 합니까?"

붉은 머리 연구원은 고개를 저었다.

"다른 외계 종족을 발견해서 의사소통을 하는 것은 우리가 새로운 세상을 탐사하면서 꿈꿀 수 있는 정말 멋진 일이에요. 그걸 포기할 수는 없죠. 우리와는 다른 문화와 기술을 가진 외계인과 의사소통하면 지구인이 얼마나 큰 발전을 할 수 있겠어요? 더군다나 우주에 지구와 다르게 생명이 발생하는 방법이 있고, 지성을 가진 종족이 더 등장할 수 있다는 가능성은 생명의 탄생과 인류의 탄생에 관해서도 중요한 지식이 될 거라고요. 이렇게 감동적인 도전을 어떻게 포기하나요? 우리의 전파 통신을 이해하고 답변할 수 있을 정도의 외계인이라면 문명이 발전했을 테니까, 그에 걸맞은 윤리 의식도 갖고 있어서 함부로 전쟁을 일으키지 않을 거라고요."

"터무니없는 낙관론이네요. 기술은 뛰어나지만 난폭한 종족은 얼마든지 있을 수 있어요. 토끼보다 호랑이가 지능이 더 높지만 호랑이가 더 무서운 동물이잖아요? 그리고 평화로운 사상을 완성한 종족이라고 해도 자기들끼리는 평화롭게 지내지만 다른 행성에 사는 낯선 종족에게는 사나울 수도 있다고요. 정글을 생각해봐요. 컴컴한 정글에 어떤 맹수가 있을지 모르면 조용히 숨어 있는 게 상책이죠. 괜히 '나 여기 있소' 하고 소리 지를 필요는 없다고요."

"그렇게 겁을 먹고 외계 종족과 의사소통할 기회를 포기하는 것은 너무 한심한 생각입니다. 산 너머에는 용이나 거인이 살 거라고 믿고 동네에서만 평생 살아가는 원시인이나 다름없잖아요."

"산 너머 마을에 나쁜 게 있어봐야 도둑 떼나 늪지대 정도겠죠. 어차피 지구는 산 너머도 우리가 상상할 수 있는 범위니까요. 그렇지만 우주는 지구인의 상상을 초월하는 곳이라고요. 위험도가 너무 크잖아요. 지구인들을 한번에 멸망시킬 수 있는 엄청난 기술을 가진 외계인을 괜히 건드리는 일이 될 수가 있다고요. 그런 엄청난 외계인이라고 해도 우주가 워낙 넓은 덕분에 지금까지 우리를 발견하지 못한 건데 우리가 나서서 일부러 알려줄 필요가 있나요?"

두 패로 나뉜 연구원들은 격렬히 다투었다. 대립은 지나치게 격렬해 보여서 사이에 낀 이미영과 김양식은 몸을 피하고 싶을 정도였다. 붉은 머리 연구원이 소리쳤다.

"그렇게 치면, 외계인의 통신 전파를 잡아보자는 과거의 연구도 부질없는 짓 아닌가요? 외계인의 통신을 발견했다고 했을 때, 그 외계인에게 우리가 연락을 취하려고 시도하지 않는다면 그게 진정한 외계인 탐사라고 할 수 있을까요?"

그러자 곱슬머리 연구원은 비웃었다.

"말씀 한번 잘하셨습니다. 그래서 저는 외계인의 통신 전파를 우주에서 잡아내서 외계인이 있다는 사실을 알아냈다고 하더라도 절대 거기에 답하면 안 된다고 주장하려고 했어요. 우리가 어떻게 알겠어요? 누가 답해오기만을 기대하면서 전쟁 준비를 하고 있는 외계인이 우주 사방에 통신 전파를 날리고 있는지? 미끼일 수도 있다는 이야기예요. 물고기에게 냄새 좋은 떡밥이 미끼가 되듯이, 과학기술에 대한 호기심이 우주 저편에서 날아온 신비의 전파 신호라는 미끼를 무는 거라고요."

○

1990년대 SF 영화 〈스피시즈〉를 비롯한 여러 SF물에서 바로 이 이야기를 다루었다. 정부에서는 외계인을 발견하기 위해 혹시 외계인이 있다면 응답해달라는 내용을 담아 우주 곳곳을 향해서 전파를 보낸다. 그런데 그 전파를 잡아낸 외계인들은 지구인들과 평화로운 소통을 하려는 것이 아니라 지구라는 행성이 있다는 것을 알아낸 뒤 지구를 침공하는 것이다. 〈스피시즈〉의 내용은 조금 더 교묘해서, 따지고 보면 외계인들이 지구를 공격하고 파괴하는 것이 아니라 평소에 하던 대로 행동하는 것이 지구인에게 엄청난 위협이 된다는 내용도 은근히 품고 있다.

외계인을 발견하기 위해 우주에서 들려오는 전파를 수신하는 작업은 이미 여러 나라에서 적지 않은 예산을 들여 긴 세월 진행하고 있는 일이다. 유명한 실제 사례로는 미국의 SETI Search for Extra-Terrestrial Intelligence, 외계지적생명체 탐사 사업이 있다. 거대한 전파 수신 장치를 사막 같은 곳에 여러 대 세워놓고 우주에서 들려오는 전파를 잡기 위해 과학자들이 컴퓨터 화면을 보고 있는 장면은 많은 SF 영화의 소재가 되었다. 〈스피시즈〉의 도입부에 언급된 것처럼, 지구에서 외계인을 향해 전파 통신을 보내는 사업도 진행된 적이 있다. 가장 유명한 것은 아마도 아레시보 전파 천문대의 장비를 이용해서 1974년 11월 16일에 전파 통신을 보낸 '아레시보 메시지'일 것이다. 아레시보 메시지 연구팀은 숫자와 지구 생명체의 구성 성분, DNA라는 물질의 특징, 사람의 키, 지구의 인구 등의 자료를 전파 무선 통신 형태로 M13 구상성단이라는 많은 별이 모여 있는 방향으로 보냈다.

이런 방법에 대해 몇몇 과학자들과 SF 팬들이 반대 의견을 내거나 우려를 표한 적이 있다. 지구인보다 훨씬 뛰어난 기술을 가진 외계인과 통신이 닿았는데 외계인이 지구를 찾아오거나 지구에 영향을 미치려고 할 때, 지구인에게 큰 피해를 줄 수 있다는 것이다. 그렇기 때문에 일부러 우주를 들쑤셔 외계인을 자극하기보다는 조용히 숨어 있는 편이 더 안전하다는 이야기다. 이런 생각은 얼마나 설득력이 있는가?

한편으로는 도대체 왜 큰 비용을 들여서 외계인을 찾으려고 하는가에 관해서도 한번 정리해볼 필요가 있다. 외계인, 외계생명체를 찾아낸다면 일단 신기하기는 할 것이다. 그 외에 외계인을 찾는 일에 어떤 의미가 있을까? 어떤 사람들은 그런 연구가 생명에 관한 연구, 생명의 진화에 관한 연구에 큰 의미가 있다고 말하기도 하고, 어떤 사람들은 그것이 사람이 세상에 태어난 이유나 우주의 목적과 같은 철학적, 종교적 문제와 연결되어 있기 때문에 중요한 문제라고 말하기도 한다. 직접 생각해볼 때 외계생명체를 찾아야 하는 이유들 중에 어떤 것이 가장 중요해 보이는가?

30 인공육이 일반화되면 축산농가는 어떻게 될까?

농축산업에 생명공학의 발달이 가져올 문제

#배양육 #생명공학 #농축산업 #일자리 #스마트팜

이미영과 김양식의 우주선이 알골 행성에 도착하자마자, 축산업 협동조합의 로봇들이 우주선 안으로 쳐들어왔다.

"지금 뭐 하는 거예요?"

로봇들은 바로 대답하지 않고 바삐 움직이기만 했다. 김양식이 이미영에게 말했다.

"조심하세요. 알골 행성에서 가장 무섭다는 축협 로봇이에요."

"왜 축협에서 보낸 로봇을 겁내야 하는 건데?"

한참 소란스러운 시간이 흐른 뒤에, 로봇이 우주선 화물칸에 있던 생화학 보관 상자를 발견했다. 로봇들이 찾던 물건이 바로 그것인 듯했다. 로봇들이 수색을 멈추고 다시 한군데로 모여들었다.

로봇 한 대가 이미영을 보면서 말했다.

"우리를 이 행성에서 가장 무서운 로봇이라고 평가하는 이유는 우리가 죽기 살기로 덤벼들기 때문입니다."

"우리는 그 안에 있는 물건을 이 행성의 품질 검증 연구소에 갖다주는 일만 맡았을 뿐이에요. 그 안에 뭐가 들어 있는지는 모르지만, 은하수 특별 관리 품목은 아니라고요. 그 말은 무기라든가 다른 대단히 위험한 물건이 절대 아니라는 뜻이죠. 그게 무슨 대단한 물건이라고 그렇게 다들 무서운 모습으로 몰려드는 건가요?"

"대단히 위험한 물건입니다. 이 행성 주민 대부분의 운명을 뒤바꿀 무시무시한 물건이 그 안에 들어 있단 말입니다."

로봇이 생화학 보관 상자를 열었다. 이미영과 김양식은 혹시 폭탄이라도 터지나 싶어 움찔했다. 그러나 움찔했던 것이 부끄럽게도 그 안에 들어 있는 것은 닭강정 몇 개였다. 1인분 정도의 분량으로 보였는데, 냄새로 보아 대단히 맛있을 것 같았다.

"닭강정이 도대체 왜 위험하다는 건가요?"

"이 닭강정은 보통 닭강정이 아닙니다. 실제 닭을 키우고 그 닭을 잡아서 만든 닭강정이 진짜 닭강정 아니겠습니까? 이 닭강정은 가짜 닭강정입니다. 단백질 합성 공장에서 만든 단백질에 지방과 탄수화물 성분을 섞고 거기에 적당한 조미료를 넣어서 닭고기와 비슷한 맛과 비슷한 성분을 갖도록 만든 인공육 닭강정입니다."

"다른 행성에서 흔하게 유통되는 제품이잖아요. 뭐가 문제란 말이에요?"

"우리 행성에 들어와서는 안 됩니다. 절대 안 된단 말입니다."

"왜 인공 닭고기를 그렇게 싫어하죠?"

"그것은 인공 닭고기, 인공 돼지고기, 인공 쇠고기를 만드는 이유를 살펴보면 알 수 있지 않겠습니까?"

"그 이유가 뭔데요?"

이미영이 따지자 로봇은 이미영과 김양식을 건물 바깥쪽으로 데리고 나갔다. 높다란 위치에 전망대가 자리하고 있었다.

전망대에서 살펴보니 우주선 착륙장 근처의 넓은 지역에는 여러 가축이 뛰노는 목장이 펼쳐져 있었다. 로봇은 그 풍경을 함께 보면서 두 사람에게 말했다.

"인공육, 그러니까 동물을 직접 키우지 않고 공장에서 단백질 성분을 주재료로 고기 맛이 나는 재료를 만들어 식용 제품으로 판매하는 사업을 하는 사람들은 동물의 목숨을 빼앗지 않고도 고기를 만들 수 있다는 점을 내세우고 있습니다. 그놈들은 이렇게 말합니다. '조금 맛있는 음식을 먹자고 동물의 자유를 빼앗아 우리 속에 가두어서 기르다가 동물들이 한창 전성기일 때 목숨을 빼앗고 칼로 그 살을 잘라내는 것은 사람으로서 최대한 피해야 할 잔혹한 일이다.'"

"그 말에 공감하는 사람들이 많은가요?"

"많습니다. 인공육 기술이 없을 때는 동물 고기를 먹지 않으면 영양 섭취가 부족한 사람이 많을 테니 살기 위해서 어쩔 수 없이 동물을 희생시킨다고 말할 수 있었습니다. 그렇지만 이제 인공육 공장에서 실제 동물은 사용하지 않고 콩가루, 밀가루, 해초 따위를 재료로 고기와 똑같은 맛과 영양분을 포함하게 만들 수 있는 시대 아닙니까? 그래서 인공육 공장 주인들은 죄 없는 소와 양을 희생시키는 진짜 고기는 먹지 말라고 주장하고 있습니다."

이번에는 김양식이 물었다.

"그렇지만 아무래도 인공육이 진짜 고기보다는 맛이 없을 텐데요. 게다가 정밀 기계 장치로 단백질과 지방을 조합해서 고기를 만들려면 비용도 많이 들어 값도 비쌀 것이고요. 목장에서 진짜로 닭과 소를 기르는 사람들이 더 맛있고 싼 고기를 판다면 잘 팔릴 테니 걱정할 것 없지 않나요?"

"2020년대, 2030년대까지만 해도 그 말이 맞았습니다. 인공육은 진짜 고기 맛을 따라올 수 없었고, 첨단 장비를 사용해야 만들 수 있었으니 가격도 비쌌습니다. 그렇지만 기술은 계속 발전하지 않겠습니까? 지금은 아닙니다."

"그럼 공장에서 만든 인공 고기가 진짜 고기보다 더 싼 가요?"

"그렇습니다. 정밀 로봇이 가득한 초대형 공장에서 24시간 대량 생산하면 진짜 고기보다 훨씬 싼 값에 고기를 막 찍어낼 수 있습니다. 기계를 이용해 고기를 만드는 작업은 동물들이 자라는 것을 기다릴 필요도 없고 동물이 아프거나 병드는 문제도 없으니 고기를 훨씬 쉽게 원하는 만큼 마음대로 만들 수 있습니다. 더군다나 요즘 기계는 지방 함량이나 질긴 정도를 마음대로 조절할 수 있습니다. 현실의 고기로는 도저히 맞출 수 없는 소비자 개개인의 요구도 맞출 수 있는 거죠. 비린내가 전혀 없는 고기나 비계가 전혀 없는 고기 같은 것도 필요하면 얼마든지 만들어내는 것이 인공육 공장입니다."

"그런 고기가 나온다면 좋은 것 아닙니까?"

김양식이 그렇게 말하자, 이미영은 손짓하며 말렸다. 아무리 로봇이라고 해도 화를 벌컥 낼 것 같은 느낌이 들었기 때문이다. 로봇의 대답이 이어졌다. 로봇이라 딱히 화난 목소리는 아니었지만 그래도 화가 났다는 느낌은 전달되는 내용이었다.

"뭐가 좋습니까? 우리 행성 사람들은 대부분 가축을 기르고 목장을 운영해서 먹고삽니다. 대대로 그렇게 살면서 평생 그 일을 해왔습니다. 그런데 그 농민들의 사업이 인공육 공장 때문에 다 망할 겁니다. 그러면 그 수많은 농민들은 어떻게 먹고살아야 합니까?"

"어차피 대규모 인공육 공장에서도 일할 사람은 필요하잖아요. 목장 사업을 못 하게 된 대신에 인공육 공장에 취직해서 일할 기회를 달라고 정부에 요청이라도 하면 되지 않을까요?"

"말도 안 됩니다. 우리 행성 주민들은 소 먹이고 양을 치면서 살아왔습니다. 어떻게 갑자기 복잡한 생명공학 기계를 조작하고 단백질 성분을 조절하는 약품을 다루는 일을 할 수 있겠습니까? 만약 할 수 있다고 해도 그것이 적성에 맞는 일이겠습니까? 게다가 인공육 공장은 대부분 자동 설비로 동작하기에 사람이 별로 필요하지도 않습니다. 모든 목장 사람들을 다 고용할 수가 없단 말입니다. 무엇보다도…."

로봇은 행성의 아름다운 초원을 가리켰다.

"저 초원을 자유롭게 돌아다니며 자기 목장을 운영하던 사람들이 이제는 틀에 박힌 대기업의 직원이 되는 수밖에 없다는 그 자체가 싫은 겁니다. 이 수많은 농민들이 모두 자기 사업을 잃고, 전부 대기업의 직원이 되어야만 살 수 있다니…. 대기업이 세상의 모든 사업을 차지하는 일이 아무리 심하다지만, 농민들까지 이렇게 무너뜨려야 되겠습니까?"

"그래도 동물의 목숨을 구할 수 있다는 뜻은 좋잖아요."

"그게 문제입니다. 정부는 그 점 때문에 인공육을 자꾸 허용하려고 합니다. 그래서 우리 축산업 협동조합에서는 모든 수단을 동원해서 격렬하게 저항하고 있습니다. 우리는 실험용 표본이건, 품질 검사용이건, 견본이건 뭐건 간에 지금까지 단 한 톨의 인공육도 알골 행성으로는 절대 들어오지 못하게 막고 있는 것도 저항의 일환입니다."

로봇은 왼손에 붙어 있는 화염방사기를 작동시키기 시작했다.

"저 닭강정도 예외가 될 수는 없습니다."

영화 〈소일렌트 그린〉에서는 환경오염이 심해진 시대에 제대로 된 식재료를 구하기가 힘들어지자 해조류 등을 재료로 공장에서 인공 식재료를 만들어 피는 이야기를 다루고 있다. 이 영화에서 '소일렌트'라는 이름으로 시작되는 제품들은 가짜 식재료로, 영화 속에서 진짜 고기 같은 식재료에 비해서 질이 낮은 싸구려 제품으로 묘사된다.

그러나 실제로 현실에서 벌어지고 있는 이야기는 영화 〈소일렌트 그린〉과 정반대다. 21세기 초에는 많은 회사들이 실제 동물을 길러서 만든 고기와 맛이 비슷한 공장에서 만든 고기들을 판매하고 있다. 이 중에는 식물성 재료를 섞어 고기처럼 느껴지게 만든 식물육이라든가, 실제 동물을 기르지 않고 동물 세포만을 따로 기계 속에서 길러 고기를 만든 배양육 같은 이름으로 판매되는 제품도 있다. 그리고 이런 인공 고기들은 싸구려 제품은커녕 오히려 비싼 값에 팔리고 있다. 동물의 목숨을 빼앗지 않고 고기 맛이 나는 제품을 만들었다는 이유로 동물을 아끼는 사람들에게 인기를 끄는 것이다. 그러고 보면 〈소일렌트 그린〉은 재미있게 볼 만하기는 하지만, 미래를 예측하는 관점에서는 어긋나는 점이 몇 가지 눈에 띈다. 이 영화에서는 2020년대가 되면 인구가 너무 많아져서 다들 괴롭게 살게 된다는 내용이 배경에 깔려 있는데 세계 선진국들의 대부분이 반대로 인구가 줄어드는 문제에 시달리는 것이 현실이다.

기술 산업이 발전하면서 과거의 기술을 사용하던 사람들이 일자리를 잃는 현상은 흔히 벌어진다. 그렇지만 농업이나 축산업같이 수천 년 동안 대단히 많은 사람들이 일해오던 분야의 산업에서 그런 변화가 벌어진다면 그 충격을 감당할 수 있을까? 충격을 감당할 수 있더라도 그냥 내버려 두는 것이 맞을까? 기술 발전에 따라 쇠퇴할 수 있는 산업을 어떻게 다루어야 할지는 항상 고민해볼 만한 문제다. 축산업이나 농업 분야에는 특별히 어떤 부분을 더 생각해야 할까? 인공육 문제를 다룬 걸작 SF 단편 심너울 작가의 〈한 터럭만이라도〉 역시 꼭 읽기를 추천하는 재미난 이야기다.

그런데 이런 문제는 비단 인공육이 아니더라도 농업 전

분야를 범위로 고민해볼 만하다. 예를 들어, 미래의 농업 활성화를 위해서는 로봇, 자동 기계, 컴퓨터, 인공지능 프로그램을 농사짓는 데 동원해서 더 싼 값에 더 질 좋은 농산물을 많이 만들어내는 일이 필요하다고 한다. 한국에서는 이런 기술을 스마트팜이라고 부르며 활발히 지원하고 있기도 하다. 그런데 스마트팜 시대에는 아무래도 기술이 밝고 로봇 개발에 능숙한 과학기술인들, 기술 기업들이 일을 잘할 수밖에 없다. 이런 사람들, 이런 회사들이 농민들보다 농사에 더 앞서나가며 농업 분야를 점차 주도하게 될지도 모른다. 전통 방식으로 농사짓던 사람들에게 이런 시대에 적응하고 대비하라고 할 수 있을까? 그렇다면 어떻게 적응하고 대비하라고 해야 할까?

31 지능 높은 동물을 식량으로 삼을 수 있을까?

식량과 생명체로서의 동물에 관한 오래된 문제

#동물보호 #가축 #반려동물 #육식주의자

황금색 로봇이 이미영에게 연락해 이렇게 말했다.

"수성의 지하 기지까지 최대한 빨리 가주실 수 있겠습니까?"

이미영은 잘할 수 있는 일이라고 생각하고 로봇을 우주선에 태웠다. 하지만 막상 로봇의 일련번호를 조회해보니 마음 불안해졌다. 로봇은 이미영의 그런 마음을 눈치챈 것 같았다. 묻지도 않았는데 로봇이 자신에 관해 이렇게 설명했기 때문이다.

"제가 태양계 특수 보안 수사대에 검거되어서 처벌받은 적이 있는 로봇이라는 것을 자료 목록에서 보셨을 겁니다. 그래서 제가 무시무시한 범죄를 저지르는 로봇일까 걱정하시는 것이라고 짐작합니다. 그렇지만 걱정하지 않으셔도 좋습니다. 저는 누군가를 해치지 않습니다. 누가 다치는 것을 제가 좋아하겠습니까? 오히려 그 반대입니다."

"그 반대라고요? 다치는 것을 좋아하는 것의 반대라는 것은 무슨 뜻일까요?"

이미영은 속으로 다치게만 하는 것이 아니라 반드시 목숨을 빼앗는다는 뜻인가 싶어 잠깐 두려워졌다. 그러나 로봇은 친절함이 넘치는 목소리로 설명을 시작했다.

"제가 저지른 범죄라는 것은 지구상의 생명을 보호하기 위한 일이었을 뿐입니다. 그것을 태양계 특수 보안 수사대에서 매우 나쁜 일이라고 지목해서 저를 막은 것입니다."

"지구상의 생명을 보호한다고요?"

"그렇습니다. 누가 이유 없이 개나 고양이를 공격한다면 당연히 나쁜 일이라고 생각할 것입니다. 그런 일은 사악하지요. 만약에 사격장에서 살아서 돌아다니는 동물을 직접 사냥하는 재미를 느껴보라고 개나 고양이를 풀어놓고 총으로 쏘는 놀이를 돈 받고 한다면 어떨까요? 재미나 스트레스 해소를 위해서 함부로 동물을 살해하는 것은 무척 잔인한 일이라고 할 것입니다."

"그렇죠. 그런 일을 막으러 다니셨나요?"

"물론입니다. 게다가 저는 그 이상을 하러 다녔습니다. 생각해보면 고기를 먹기 위해서 동물을 해치는 것도 참 잔인한 일이지요. 소나 돼지는 자기 밥을 주는 주인을 믿고 따릅니다. 그 사실을 동물 곁에 있으면 느낄 수 있습니다. 그렇지만 사람은 고기를 먹기 위해서 그런 동물을 잔혹하게 살해합니다. 이런 것은 생명을 해친다는 점에서 나쁠 뿐만 아니라 믿음을 배신한다는 점에서 인간성 측면에서도 나쁜 일입니다, 가축 살해는 인간 감정의 건강한 성장이라는 점에서도 나쁜 일입니다."

"그래서 소, 돼지, 닭을 기르지 말자고 주장하면서 남의 농장에 있는 가축을 막 풀어 주는 일을 했나요?"

"그 이상을 준비했습니다. 소, 돼지, 닭뿐만이 아닙니다. 물고기를 잡는 것도 마찬가지죠. 물고기도 살아남기 위해서 몸부림치는 모습, 어떻게든 생명을 영위하기 위해 애쓰는 모습을 본 사람이라면 누구나 그 생존 의지에 공감할 수 있습니다. 고기 좀 먹자고 물고기라는 대단히 우아한 생명체를 해치는 것은 잔인한 일입니다."

이미영은 로봇의 말에 공감할 수 없었다.

"잠깐만요. 아무리 그래도 사람의 생명과 잘 보이지도 않는 크기의 조그마한 멸치의 생명을 같은 동물이라고 비슷하게 생각할 수는 없는 것 아닌가요?"

"작다고 해서 멸치가 고통을 느끼지 않는 것은 아니지 않습니까? 멸치 수만 마리가 한 그물에 붙잡혀서 서로 떡이 되도록 엉겨 붙어 있다가 서서히 태양 볕에서 말라갈 때, 멸치는 분명히 괴로워합니다. 그리고 거기서 탈출해서 더 살고 싶다는 느낌을 가질 것입니다."

"그렇지만 차이는 있어요. 사람은 희로애락을 깊게 느끼고 고통과 절망에 관해 심각하게 생각하죠. 그렇지만 멸치는 그런 정도의 지능을 갖고 있지 않잖아요. 개나 고양이가 나름의 기분과 상당한 지능을 가진 것과 멸치는 구분해야죠."

"그렇다면 지능이 높은 생물은 살 가치가 있고, 지능이 낮은 생물은 살 가치가 없습니까? 사람이 태어난 직후 갓난아기 때는 말하지 못하고 알아듣지도 못하며 아무런 깊은 생각을 하지 못합니다. 그렇다고 해서 갓난아기의 생명을 지켜주지 말아야 합니까?"

"그렇지만 갓난아기는 지능이 향상할 기회가 있잖아요. 그런 미래가 있는 동물이라고요."

"생각해보십시오. 지능이 부족하다고 보호할 가치가 없고 죽여도 되는 생물이라고 보는 것은 사람에게도 해가 되는 생각입니다. 지능의 부족과 충분함의 경계는 뭡니까? 사람보다 1만 배쯤 뛰어난 외계인이나 인공지능 컴퓨터가 나타났다고 해보시죠. 그 외계인이나 인공지능이 사람의 지능을 보면, 사람이 개미를 보는 것과 비슷한 느낌일 것입니다. 그렇다고 해서 외계인이나 인공지능이 사람을 보고 '저런 하잘것없는 지능을 가진 생명체는 양심의 가책 없이 처치해도 된다'고 말하면, 뭐라고 항변할 것입니까?"

"그건 너무 앞서간 논리인데요."

"그렇지만 생각해볼 만한 논리죠. 그래서 제가 그때 그 일을 저지른 겁니다."

"무슨 일이요?"

이미영의 목소리는 두려움이 배어 있었다. 김양식은 컴퓨터로 사건 기록을 검색해보고 황금색 로봇을 대신해 대답했다.

"뇌세포 급성장 알약이 개발되었을 때, 그걸 들고 나가서 동물들에게 막 뿌리고 다녔대요. 그 약을 먹으면 뇌가 성장하면서 두뇌가 점점 좋아지거든요. 그러니까 그 약을 먹으면 개가 수학 문제를 풀 수 있게 되고, 말할 수도 있게 된다네요. 저 로봇은 소와 돼지 같은 가축뿐만 아니라, 하늘을 날아다니는 까치나 바다의 물고기들에게도 그 약을 막 뿌려댔어요. 심지어 잠자리나 풍뎅이 같은 작은 벌레들까지 약을 먹고 머리가 좋아져서 인생의 의미를 생각하고, 행복하게 살 권리가 있다고 시위하도록 만들었다네요."

"자신의 정당한 권리를 주장하는 연설을 할 수 있는 돼지라면 아무도 함부로 잡아먹지는 못할 것 아닙니까? 그리고 이런 약이 있기에 세상의 그 어떤 동물이라도 지능이 높아질 가능성은 있는 겁니다."

"그건 자연적인 가능성이 아니잖아요."

"그렇다고 부자연스러울 것도 없죠. 어차피 이런저런 식물에서 추출한 성분을 섞어서 만든 약인데."

로봇은 왜인지 흐뭇한 웃음을 지었다.

"오히려 부자연스러운 것은 지능이 있는 동물을 함부로 해치면 안 된다고 하니까, 지능을 떨어뜨리는 약을 개발해서 소와 돼지들에게 먹이는 축산회사들입니다. 그런 회사들은 일부러 소와 돼지의 지능을 떨어트려 공감하지 못하고 고통과 감정을 느끼는 기능도 뇌에서 퇴화하도록 만듭니다. 그런 품종을 개발해서 대량으로 사육하자고 하는 겁니다. 그렇게 멸치만도 못한 지능을 가진 소를 만들어내서 기르는 것이 더 인간적이라고 주장합니다!"

"그래서 어떻게 하실 건데요? 모든 사람은 채소만 먹고 살아야 한다?"

"아니요."

이어지는 로봇의 설명은 예상외였다.

"식물이라고 해서 삶에 대한 의지와 살고자 하는 본능이 없는 것은 아닙니다. 하다못해 동식물과 전혀 다른 세포 구조를 가진 하잘것없는 세균조차도 현미경으로 관찰해보면 살아남겠다고 온 힘을 다해 꿈틀거리는 모습을 볼 수 있지요. 사람은 자신이 맛있는 음식을 먹겠다고 그 모든 다른 생명을 해치는 잔인한 일을 끝도 없이 저지릅니다."

"그렇지만 원래 자연이 그런 것 아닌가요? 사람도 자연의 일부인데요."

"그러나 그냥 야생에서 뛰어놀면서 먹고살기 위해서 사냥하는 것하고 논밭이나 농장과 목장 같은 것을 인위적으로 만들고 거기서 온갖 기계 장치와 약품으로 수많은 생명을 조직적으로 늘리고 죽이면서 풍요를 즐기는 것은 다릅니다. 지금 사람의 삶은 야생에서 먹고살기 위해 사냥하는 삶이 아닙니다."

"그렇지만 사람은 원래 옛날부터 농사짓고, 소나 양을 기르면서 사는 동물 아닌가요?"

"구석기 시대에는 사람들이 농사짓는 방법을 몰랐습니다. 사람들이 세상에서 많이 퍼져서 풍요롭게 사는 만큼, 동물들이 그만큼 잘살고 복지를 누릴 수 있도록 지원해주는 것도 양심이 있으면 해야 할 일입니다."

"주인을 잃은 개라도 밥은 먹여줘야 한다는 건가요?"

"그뿐만 아니라 야생의 모든 생물이 사람 못지않게 잘 먹고 잘살게 해줘야 합니다. 파리와 지렁이에서부터 산새나 들꽃까지도 마찬가지입니다."

이미영은 로봇이라서 생명이 없다 보니 생명에 대해서 지나치게 집착하는 판단을 하게 된 것인가 의심하기 시작했다. 김양식이 물었다.

"지금 수성에는 왜 가려고 하는 겁니까?"

그러자 로봇이 이렇게 대답했다.

"생명체가 살지 않는 수성에서 저는 새로운 가능성을 보았습니다. 수성에서는 사람이 동물이나 식물을 기른 뒤에 그 생명을 빼앗는 방법으로 살아가지 않습니다. 수성에는 이산화탄소 성분을 흡수해 그것을 태양광 에너지로 수소와 반응시키는 거대한 기계 장치가 있습니다. 그 기계 장치를 당분 생성 공장이라고 부릅니다. 수성의 당분 생성 공장에서는 순수하게 기계의 힘만을 이용해서 당분을 만들어냅니다. 그 당분을 다른 기계에서 가공하고 여러 가지 약품과 함께 반응시켜서 더 많은 다양한 다른 재료들도 만듭니다. 수많은 기계들이 그 재료로 단백질도 만들고 지방도 만들어냅니다. 그렇게 기계에서 나온 재료만을 이용해서 수성에 사는 사람들이 먹고살 수 있는 식량을 생산합니다."

"우주에는 생물이 살기가 워낙 어려우니까 농사를 짓거나 가축을 기르는 대신에 모든 걸 기계로 인공으로 만들어보려고 했던 거죠."

로봇은 태양 가까이에서 빛나는 행성을 바라보았다. 그리고 이렇게 말했다. 로봇이라 감정을 드러내지는 않았지만, 이미영은 상당히 결의에 찬 목소리라고 생각했다.

"바로 그렇게 모든 식량을 무생물 재료와 전기만을 이용해서 만들고 사람은 그것만 먹고사는 세상이 자연을 가장 사랑하는 세상이 되는 겁니다. 저는 수성에서 그 기술을 배워와서 결국은 지구 전체를 그런 곳으로 만들 겁니다."

SF 단편집 《ㅁㅇㅇㅅ》에 실린 〈인간적으로 따져 보기〉에서는 지구 사람들이 지능이 없다고 판단하는 외계 동물이지만, 중에서 가끔 똑똑한 외계 동물이 탄생했을 때는 또 지구 사람들이 보기에 상당한 지능을 가진 것처럼 보이기도 하는 등, 다양한 형태의 지능을 가진 동물을 만나는 내용이 나온다. 그러면서 과연 어떤 동물을 얼마나 심각하게 보호해야 하는가에 관해 여러 가지 질문을 한다.

2021년에 제안된 대한민국 민법 개정안 중에는 '동물은 물건이 아니다'라는 구절을 법조문에 수록하자는 내용이 있었다. 나는 우연히 그 조문에 대한 의견 수렴 절차에 참여하게 되었다. 그때 나는 동물이라는 말의 범위는 우리가 일상적으로 생각하는 가축이나 개, 고양이뿐만 아니라, 온갖 곤충, 벌레, 산호, 동물성 플랑크톤과 기생충까지 모두 포함하고 있기 때문에 이런 말을 법조문에 집어넣는 것은 현실적이지 않고 법령의 뜻도 왜곡될 수 있다고 이야기했다. 그 대신 보호할 필요가 있는 동물에 대한 구체적인 조치들을 법령에 좀 더 포함시킬 수 있도록 해야 한다는 의견을 냈다. 그런 토론이 이미 한국에서도 벌어졌을 정도로 동물 보호 문제는 여러 영역에 영향을 끼칠 수 있는 실질적인 문제가 되었다.

복제된 자아에게 진짜 자아의 권리를 허용하는 문제

#마인드업로드 #자아복제 #정체성 #영생 #인격권 #재산권

김양식은 우주선 사고로 큰 부상을 당했다. 직원인 김양식이 사고를 당하자 사장인 이미영이 급히 달려왔다. 김양식의 몸은 한눈에 보기에도 크게 망가져 있었다. 말도 할 수 없는 상태였고 의식도 점점 희미해지고 있었다.

로봇 의사가 말했다.

"의식이 점점 희미해지고 있기는 하지만, 뇌의 전기를 읽는 기계를 이용하면 무슨 생각을 하고 있는지 알 수 있습니다. 특히 무슨 말을 하고 싶어하는지는 컴퓨터 화면에 거의 정확하게 출력될 것입니다."

이미영은 누워서 정신을 잃은 김양식에게 말을 걸었다.

"너무 걱정할 필요 없어. 내가 어떻게 해서든 반드시 회복하게 해줄게.”

컴퓨터는 김양식이 지금 뭐라고 대답하고 싶어 하는지, 그의 뇌 활동에서 신경이 움직이는 신호를 감지했다. 곧 그 신경 신호를 판독한 결과가 화면에 표시되었다.

‘사장님, 이번 사고는 정말 너무 심각했어요. 회복하기 어려울지도 몰라요.’

“단정하지 말라고. 다행히 여기는 태양계에서 가장 좋은 의사 로봇이 있다는 우주정거장이잖아. 의사 로봇들에게 회복될 방법을 내가 정말 철저하게 물어볼게.”

그러나 로봇은 이미영에게 이렇게 대답했다.

“지금으로서는 적당한 회복 방법이 없습니다. 이런 경우에 저희 병원에서 추천해드리는 마지막 방법이 하나 있기는 한데, 그것은 평범한 회복 방법과는 다른 것입니다.”

“그게 무슨 방법인데요? 뭐든 시도해보려고요.”

“그것은 마인드 업로드, 즉 의식 디지털화입니다.”

“그게 무슨 말이지요?”

로봇은 우선 이미영을 두뇌 해석 장치가 설치되어 있는 방으로 안내했다. 그러더니 대답을 이어갔다.

“사람의 두뇌는 수천억 개의 뇌세포가 연결되어 있고, 그 뇌세포들이 신경으로 전기를 이리저리 보내면서 움직입니다. 사람이 온갖 복잡한 생각을 하고 감정을 느끼는 것은 사실 그 많은 뇌세포가 어떻게 연결되어서 어디로 전기를 보내는가 하는 일의 결과입니다."

"학교에서 과학 시간에 배운 것 같아요. 그게 어쨌다는 거지요?"

"만약 뇌세포처럼 전기를 받아들이고 보내줄 수 있는 전자회로가 있다면 그 전자회로는 뇌세포 같은 기능을 할 수 있을 겁니다. 그런 전자회로를 수천억 개 연결해놓으면, 사람의 뇌와 비슷하게 활동하겠지요. 최신 반도체 기술과 컴퓨터 기술을 이용하면 실제로 그렇게 수천억 개의 뇌세포처럼 동작하는 전자회로 복합체를 만드는 것이 불가능하지 않습니다."

"사람의 뇌와 거의 똑같이 동작하는 전자 장치를 만들겠다는 거네요. 그런 장치로 환자를 살릴 수 있나요?"

로봇 의사는 고개를 저었다. 그러나 웃으며 말을 이어 나갔다.

"그렇지만 이런 일은 할 수 있습니다. 만약 지금 김양식 환자의 뇌세포 하나하나를 똑같이 읽어들여서 그것과 똑같이 전자 장치를 연결시킨다면, 김양식 환자의 두뇌와 똑같이 생각하는 전자 장치를 만들 수 있을 것입니다. 저희 병원의 초고속 두뇌 해석 장치를 사용하면 30분 만에 그 작업을 마칠 수 있습니다. 그러면 김양식 환자의 두뇌 상태와 똑같은 전자 장치가 생깁니다."

"김양식의 뇌와 똑같은 형태로 움직이는 인공 뇌가 생

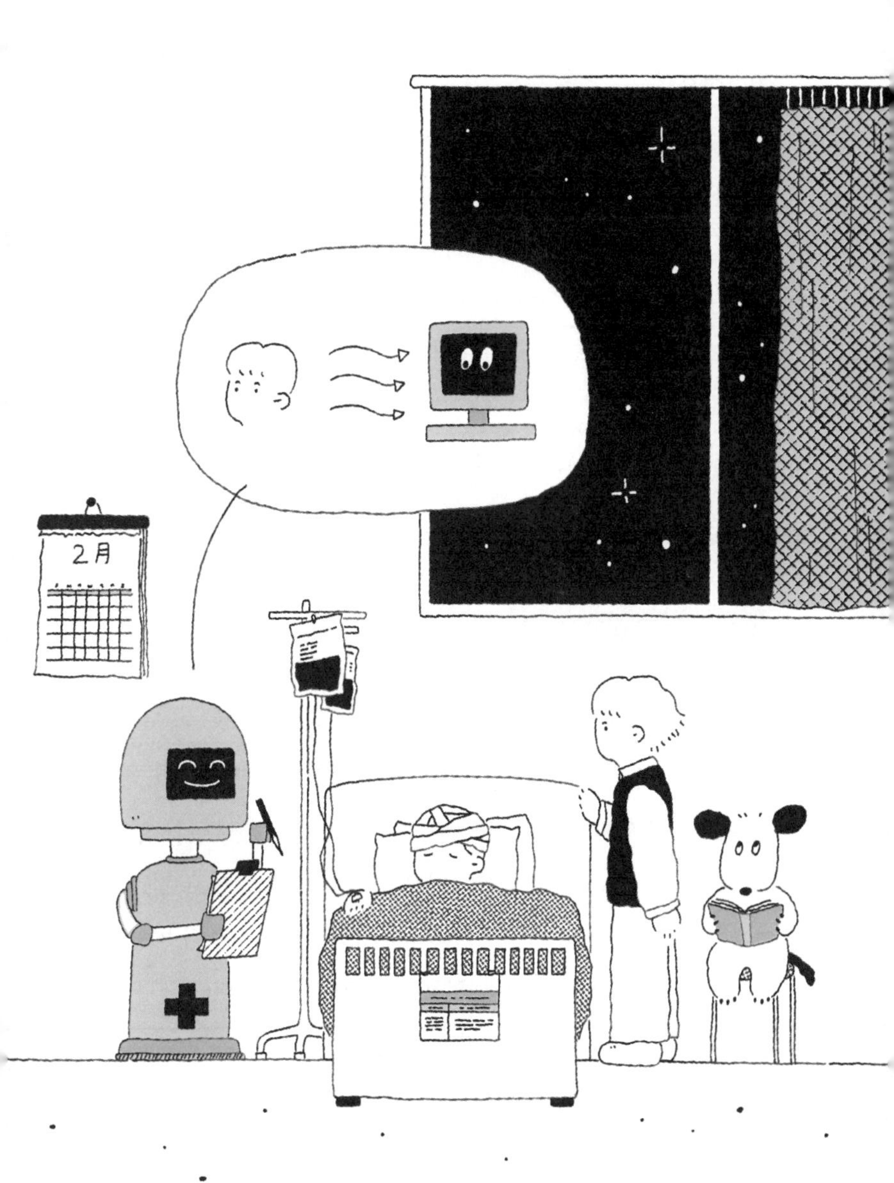
2月

긴다고요?"

"그렇습니다. 이런 작업을 두뇌의 내용을 모두 컴퓨터에 업로드한다고 해서 마인드 업로드라고 부르지요. 마인드 업로드를 마치면 그때부터 전자 장치는 김양식 환자와 똑같이 생각하고 느낍니다. 성격도, 버릇도 똑같지요. 자신이 김양식이라고 믿을 겁니다. 사실상 김양식 환자의 마음을 컴퓨터에 그대로 재현하는 것이지요. 그렇게 하면, 컴퓨터 속에서 김양식 환자의 기억, 성격, 개성, 즉 마음만은 계속 보존할 수 있습니다."

이미영은 말없이 생각에 빠졌다. 그러다가 로봇 의사에게 다시 질문했다.

"그건 좀 무섭네요. 그런 컴퓨터를 만든다고 해서, 김양식이 정말로 살아 있는 것은 아니잖아요. 김양식이라는 사람은 지금 죽을 수도 있는데 컴퓨터가 자신이 김양식이라고 착각할 뿐인 것 아닌가요?"

"어차피 사람의 두뇌 활동이라는 것은 신경을 타고 전기 신호가 오가는 일의 결과일 뿐이지 않습니까? 컴퓨터 속에서도 전기 신호가 오가는 현상은 똑같이 일어납니다. 꼭 사람의 두뇌처럼 단백질 재질로 되어 있는 물건을 타고 전기 신호가 오가야만 진짜라고 할 수 있을까요? 굳이 원하신다면 단백질 칩으로 이루어진 컴퓨터에 김양식 환자의 두뇌 정보를 넣어드릴 수도 있습니다. 가격은 일반 컴퓨터보다 좀 더 비싸지만요."

"아니요. 설령 단백질 칩이라고 해도 그게 김양식 본인의 두뇌인 것은 아니잖아요. 비슷한 성분의 재료로 된 복제본일 뿐이라고요."

"어차피 사람이 살아가는 동안 몸을 이루고 있는 물질은 조금씩 바뀝니다. 태어났을 때 몸을 이루고 있던 물질과 수십 년이 지난 지금 몸을 이루고 있는 물질이 똑같을 리가 없지 않습니까? 항상 새로운 음식을 먹고 물을 마시고 숨을 쉬는 사이에 몸을 이루는 성분은 계속 바뀌고 있습니다. 그렇다고 해서 어릴 때 김양식과 지금 김양식이 다른 사람인 것은 아니지 않습니까? 똑같은 물질을 그대로 사용해야만 같은 두뇌라는 것은 좀 낡은 생각 아닐까요? 정 꺼림칙하다면, 김양식의 몸 성분을 뽑아내서 그것을 재료로 단백질 칩을 만들어드릴 수도 있습니다. 비용만 좀 추가될 뿐이지요. 그렇게 하면 정말로 김양식의 몸 일부가 변해서 컴퓨터가 되는 겁니다."

"그래도 그게 김양식 본인은 아닌 것 같은데요."

"그러면 이렇게 생각해보십시오. 이런 방법이라도 쓰지 않으면, 앞으로 김양식과 같은 생각을 하고 같은 성격을 가진 사람과 대화하거나 의견을 나눌 기회가 영영 사라질 것입니다. 그나마 저희 기계를 이용하시면 그런 기회는 남지요. 적지 않은 저희 고객들이 시술을 받아 컴퓨터 세상 속에 자기 정신을 입력합니다. 그렇게 하면 적어도 컴퓨터 속에서 영생할 수 있지요. 컴퓨터 프로그램이기 때문에 인터넷 회선을 타고 눈 깜짝할 사이에 우주 곳곳을 돌아다닐 수도 있고, 사람이라면 도저히 해볼 수 없는 체험도 하게 되지요. 그런 기회를 그냥 버릴 수 있을까요?"

이미영은 결국 로봇 의사의 제안에 설득되었다. 생명이 꺼져가는 김양식은 초고속 두뇌 해석 장치로 실려 갔고, 얼마 후 자신이 김양식이라고 생각하는 컴퓨터 프로그램이 만들어졌다. 이미영은 그 컴퓨터 프로그램을 향해 자유롭게 활동할 수 있도록 마음대로 조종할 수 있는 로봇 몸체를 하나 마련해주겠다고 말했다. 프로그램은 고맙다고 생각했다.

문제는 다음 날 벌어졌다. 김양식이 놀라운 행운으로 회복하는 데 성공한 것이다. 심장이 정상으로 뛰기 시작하자, 만신창이였던 몸은 곧 인공 피부와 인공 근육 제조 장치를 이용해서 건강한 몸이 되었다.

"뭐라고요? 제 두뇌와 똑같은 생각을 하는 프로그램을 만들었다고요? 그리고 그 프로그램은 자기가 김양식이라고 믿는다고요?"

"그렇게 됐어. 그때는 이게 최선이라고 생각했어."

이미영은 난처한 표정을 지었다. 김양식이 따졌다.

"그런 프로그램이 있다니, 엄청 기분 나쁜데요. 진짜 저는 지금 여기 살아 있잖아요. 그 프로그램은 당장 삭제해버려요."

김양식이 컴퓨터를 향해 걸어갔다. 그러자 이미영이 김양식을 막아섰다.

"잠깐만! 그 프로그램은 사람의 두뇌가 할 수 있는 모든 활동을 그대로 다 하고 있다고. 자기가 김양식이라고 믿어 의심치 않고. 그런 프로그램이라면 좀 사람처럼 따뜻하게 대해줘야 하지 않을까? 당장 삭제해버린다면, 그건 목숨을 빼앗는 것 같은 일 아닐까? 어느 정도의 권리는 보장해줘야 하잖아. 요즘 세상에는 마인드 업로드 방법으로 세상을 떠나기 전에 자신의 뇌를 컴퓨터에 남겨두는 사람이 무척 많다더라고. 그런데 그 프로그램들은 자기 같은 프로그램을 함부로 삭제하면 안 된다고 열렬히 주장하고 있대. 이런 문제로 재판을 받으면 판사가 아마 프로그램 편을 들어줄 것 같은데?"

그 말을 듣자 이번에는 김양식이 난처한 표정이 되었다. 이미영은 이어서 말했다.

"살펴보니까 이게 상당히 현실적인 문제야. 어떤 부자가 세상을 떠나면서 재산을 재단에 기부하고 유언으로 그 재산을 어떤 용도로, 어떤 규칙에 따라서만 사용하라고 유언을 남길 수 있잖아."

"유산은 항상 가난한 사람의 교육을 돕는 데만 사용해야 하는데, 여기서 가난의 기준은 1년에 한 사람이 먹고살

때 드는 쌀값의 20배만큼 연봉을 벌지 못하는 사람을 말한다, 뭐 그런 식으로 유언을 남기는 사람들 말이죠?"

"그렇지. 그런데 어떤 사람은 그런 규칙을 굉장히 복잡하게 정해서 컴퓨터 프로그램의 형태로 남겨놓기도 해. 그러면 항상 재단의 유산을 사용하기 전에는 컴퓨터 프로그램에 입력해서 확인해봐야 해. 그게 그렇게 이상한 것은 아니잖아?"

"아니죠."

"그러면 그 부자는 세상을 떠난 뒤에도 자신의 유지대로 회사나 단체가 운영되도록 할 수도 있겠지. 사실 투자회사들이 운영하는 프로그램 매매라는 것도 결국은 컴퓨터에 입력해둔 복잡한 규칙에 따라서 막대한 양의 돈을 어디에 넣고 어디에서 뺄지 정하는 거잖아. 별로 다를 건 없지."

이미영은 김양식을 쳐다보았다.

"거기에서 한발 더 나아가서 어제 만든 마인드 업로드 프로그램처럼 자기 분신을 만들어두고 그 프로그램에 회사를 운영하도록 할 수도 있겠지. 세상을 떠난 부자의 인격을 심어놓은 인공지능 프로그램에 의해 지배되는 회사가 실제로 요즘 많아. 물론 직원들 입장에서는 사람이 인공지능 프로그램의 명령대로 회사를 운영해야 한다는 게 좀 기분 나쁘긴 하지. 그렇지만 세상을 떠난 회사 창립자의 정신을 그대로 옮겨놓은 컴퓨터가 조종하는 회사로 꾸려갈 수 있다면, 그 회사 창립자 입장에서는 자기 뜻이 그런 식으로 이어지는 게 좋다고 생각할 만하잖아. 그걸 어떻게 하겠어. 함부로 다룰 수 없는 복잡한 문제가 되었다고."

◘

필립 K. 딕의 장편 《유빅》에서는 세상을 떠난 뒤에도 특별한 방식으로 보존 처리를 받으면 가끔 살아 있는 사람들과 대화를 나눌 수 있는 기술이 소재로 등장한다. 그래서 거대한 회사의 주인이었던 갑부들은 세상을 떠나면 이 기술로 보존 처리를 받는다. 그리고 그가 소유했던 회사에서 중요한 결정을 할 때는 직원들이 항상 그 보존 처리 기계에 가서 대화를 나눈 뒤에 결론을 내린다.

《유빅》에서는 실제 사람의 육체를 계속 보존하는 내용이 강조되고 있으므로, 사람의 정신과 마음을 그대로 따라 하는 컴퓨터 프로그램을 만드는 내용과는 차이가 있다. 그렇지만 살아 있는 사람의 두뇌 활동과 조금 다른 형태로 뜻을 표현해주는 장치를 사람과 얼마나 비슷하게 여길 것인가 하는 문제는 남아 있다. 만약 인공지능에도 사람과 같은 권리를 주어야 한다고 쉽게 말하는 사람이라면, 죽은 사람의 뇌를 그대로 따라 하는 컴퓨터 프로그램에도 사람과 비슷한 권리를 주어야 한다고 쉽게 이야기할 수 있을 것이다. 그렇다면 산 사람의 뇌를 얼마나 정확히 흉내 내야 하는가? 사람 뇌 속에 있는 수백억 개의 뇌세포를 모두 다 정확하게 있는 그대로 흉내 내야 하는가? 아니면 그 사람의 말투나 성격을 적당히 겉보기에 닮을 만큼 흉내 내는 정도도 충분한가?

좀 더 나아가 사람의 정신이라는 것이 이렇게 컴퓨터라는 기계 속에서 전기의 연결로만 표현되고 있는 것만으로도 충분히 이어지고 있다고 생각할 수 있을까? 사람의 뇌 반응을 충분히 잘 따라 하는 프로그램이라면 적어도 그 프로그램이 보여주는 반응은 "내 정신이 컴퓨터 속으로 들어왔고 내가 살아 있던 느낌 그대로 컴퓨터 속 세상에서 살아 있는 것 같다"고 느끼고 말할 것은 분명하다. 그렇지만 그런 말조차 컴퓨터 프로그램이 나의 뇌를 그대로 따라 하는 것일 뿐임을 알고 있는 컴퓨터 바깥의 진짜 나의 입장에서는 그 프로그램과 내가 다를 바 없이 하나라는 생각은 하기 어렵지 않을까? 하지만 그렇다고 그게 아무 의미가 없는 프로그램이라고 할 수도 없을 것이다.

예를 들어 뇌를 다친 사람이 사람의 뇌세포 기능을 그대로 따라 하는 반도체 칩을 뇌 대신에 끼워 넣어서 원래 뇌와 반도체 칩을 함께 사용하며 생각하고 살아간다고 하자. 그렇다면 반도체 칩을 넘나드는 전기 신호와 원래의 내 뇌세포를 넘나드는 전기는 모두 한데 어울려 나라는 사람의 마음을 만들어낼 것이다. 그렇다면 내 정신을 이루는 전기가 반도체 칩에 들어 있다는 것이 큰 문제가 되지는 않는 느낌이다. 과연 마인드 업로딩으로 탄생한 사람의 마음에 관한 정보를 모두 가진 프로그램을 어떻게 취급해야 하는지에 대해 명쾌한 결론을 낼 수 있을까?

33 미래에 가족 제도가 남아서 유지될까?

가족이 해체되는 미래의 인구 문제

#가족제도 #출생률감소 #공동육아 #가족해체

이미영은 알파센타우리계의 행성에서 승객을 태우는 일이 굉장히 짭짤한 수익을 올릴 수 있다는 소식을 들었다. 김양식은 별로 달가워하지 않았다.

"사장님, 또 화성 인터넷에서 본 이야기 아니에요? 화성에는 인터넷에서 이상하게 이야기하는 사람 되게 많아요. 또 닉네임이 '우주부자너도할수있어'라는 그 사용자가 쓴 글 보고 그러는 거 아니에요?"

이미영은 그 말에 대답하지 않았다. 일거리가 궁한 상황이었기에 김양식은 그 이상의 강한 반대 의견을 낼 수 없었다.

아닌 게 아니라 알파센타우리계의 행성들에 가보니, 망

명을 떠나려는 사람들이 꽤 많았다. 망명이란 급하게 도망치듯 떠나기 마련이라, 그들은 돈을 얼마든지 줄 테니 빨리 다른 행성으로 데려가 달라고 하고 있었다. 확실히 짭짤해 보이는 일거리였다.

"손님, 말씀하신 금액이면 저희가 지구까지 모시는 데 충분합니다. 그런데 알파센타우리계 행성들에서 도대체 무슨 일이 있었나요? 도망치려는 사람들이 왜 이렇게 많아요?"

"많은 것은 아니에요. 우리가 이 행성에서는 별난 사람들이지요."

우주선에 탄 두 명의 손님 중에 나이가 더 많아 보이는 사람이 먼저 대답했다.

"알파센타우리계에서는 사람들이 정착해서 살기 시작할 때, 어쩐지 어린이를 굉장히 싫어하는 문화가 있었어요. 왜, 그런 거 아시잖아요. 요즘 어린이들은 영악해 빠졌고, 멍청해서 지식과 상식이 없고, 자기 생각이 없이 유행만 따르는 좀비 같은 면이 있으면서도 동시에 고집 세고, 폭력을 좋아하면서도 나약하고, 자기밖에 모르는데, 그러면서도 끔찍하게 집단을 이뤄 남을 따돌리기 좋아하고…. 그래서 어린이는 상대하지 말아야 한다, 어린이를 상대하다가는 인생 망한다는 생각이 굉장히 널리 퍼졌죠."

"그래서 어린이들이 탈출하는 행성이 된 건가요? 그런데 두 분은 어린이로 보이지는 않는데요."

"물론 저희가 어린이는 아니죠. 사연이 좀 더 있어요."

김양식은 두 사람의 이야기에 호기심이 생겼다. 무슨 사연이냐고 물어보자, 이번에는 상대적으로 젊어 보이는 사람이 대답했다.

"그런데 정착한 사람들이 다들 어린이를 싫어하고 아이를 기르기도 싫어해서 자손을 낳지 않으면 어떻게 하겠습니까? 결국은 인구가 줄어들 것이고, 사람들이 노인으로 변해서 하나둘 세상을 떠나면 행성이 텅 비지 않겠습니까? 그래서 알파 정부라고도 부르는 알파센타우리계 연합 정부에서는 대책을 세운 거예요. 아기가 태어나면 정부에서 다 키워준다는 거죠."

"그러니까 아기를 양육하는 사람들에게 복지 혜택을 준다는 건가요?"

"아니요."

승객은 둘이 같이 세차게 고개를 저었다.

"말 그대로 정부에서 아기를 전부 키우겠다는 거예요. 아기가 태어나면 정부에서 데려가는 거죠. 그리고 정부의 아기 보육 시설에서 전문 육아 담당관들과 육아 로봇들이 함께 아기를 기르죠. 그리고 아기가 자라나서 어린이가 되면 공동 어린이집에서 아이들이 일어나서 잠들 때까지 모두 함께 살아요. 아기를 낳은 사람이 아기를 전혀 신경 쓰지 않아도 될 정도로 정부에서 책임지고 돌보는 겁니다. 어른이 될 때까지요."

"자기가 낳은 자식인데 그렇게 정부의 보육원 같은 곳에서 완전히 맡아 길러도 괜찮나요?"

"정부의 보육원은 시설이 훌륭했거든요. 경험이 많은 육아 담당관들과 최신형 육아 로봇들이 아기의 영양 상태와 건강 상태를 점검하면서 기르니 신뢰가 가죠. 모르기는 해도 21세기 중반의 선진국 아기들이 자라나는 평균보다는 훨씬 더 좋은 환경일 겁니다. 더군다나 새로운 기술이 도입되면서는 인구도 빠르게 증가시킬 수 있었고요."

"어떤 새로운 기술이지요?"

"기계식 인간 발생기입니다. 사람이 임신과 출산을 할 필요 없이 기계에 사람 세포만 넣으면 아기로 자라게 만드는 기계가 도입된 거죠. 기계식 인간 발생기를 도입하면서부터는 누가 누구의 부모인지 따지지도 않게 되었어요. 모든 사람은 알파 정부의 인구 계획에 따라 필요한 만큼 기계 속에서 태어나죠. 태어나면 알파 정부에서 운영하는 보육 시설에서 자라고, 학창 시절은 알파 정부의 기숙사에서 보내고, 어른이 되면 시설을 나와서 자유롭게 살아가는 거죠."

"그러면 부모 자식이라는 관계없이 사는 사람이 대부분인가요?"

"그렇죠. 그리고 이제는 그렇게 사는 삶이 기준이 되었어요."

승객은 말을 멈추고 다른 승객을 잠시 바라보았다. 그리고 말을 이어갔다.

"그런데 저희는 그런 삶이 안 좋은 것 같아서 부부가 되어 자식을 낳아 기르는 가족을 이루고 살려고 하거든요. 그런데 얼마 전부터 그렇게 사는 것은 권장하지 않는다는 경고가 나왔어요. 최근에는 아예 불법으로 처벌하려고 한다는 소문도 있고요. 그래서 도망치려고 하는 겁니다."

"네? 가족을 이루고 살면 안 좋다고 한다고요? 가족을 이루고 아기를 낳아 기른다는데 안 좋을 것은 또 뭔데요?"

"아직까지 불법으로 처벌하는 것은 아니에요. 그렇게 될지도 모른다는 소문일 뿐이죠. 다만 그런 흐름이 분명히 있기는 해요. 가족을 이루고 사는 것을 정부가 나쁜 일이라고 지적하는 것이요 사람들 사이에도 가족이라는 제도에는 단점이 많다는 생각이 많이 퍼져 있고요."

"어떤 단점이죠?"

"일단 정부에서 모든 아기를 만들어서 시설에서 기르면 불평등이 없잖아요. 부유한 가문에서 태어나서 자식도 부유하게 산다거나, 가난한 집 또는 사악한 부모에게 태어나서 자식이 고생할 일도 없죠. 모든 어린이는 평등한 대우를 받으면서 최소한 정부의 표준, 평균 정도에 해당하는 보살핌을 받으면서 자라날 수 있어요. 어린이를 학대하는 범죄나, 부모의 힘든 상황이 아이에게까지 영향을 미치는 일이 없어요. 양육 환경의 차이로 인해 생기는 사회적 갈등도 막을 수 있죠."

그 말을 듣고 이미영은 잠시 생각해보았다. 그리고 말했다.

"과연 그런 공동 육아가 아무 문제가 없을까요? 모든 어린이를 똑같은 방법으로 양육한다면 개성이 사라지는 문제가 있지 않을까요? 집집마다 다양한 방식으로 교육받고 경험하면서 다양한 사회 구성원이 생기는 거잖아요."

"그런 문제가 없지는 않죠. 그렇지만 알파 정부에서는 그에 대한 대책도 있어요. 육아 담당관들의 성향 차이도 있고 육아 로봇들의 설정을 조금씩 달리해서 다양한 경험을 하도록 조절하고 있어요. 그리고 설령 그런 부분이 좀 부족하다고 하더라도 아동 학대와 아동 대상 범죄를 완전히 없앨 정도로 줄이면서 인구도 잘 조절할 수 있는데, 그 정도 단점은 감수할 수가 있다고 하는 거죠."

이미영은 다시 생각에 빠졌다.

"확실히 말이 되네요."

"저희도 거기에 적극적으로 반대할 생각까지는 없어요. 그런데 저희는 저희대로 부모와 자식의 가족을 이루고 사는 꿈이 있거든요. 거기에도 분명히 다른 장점이 있다고 생각해요. 적어도 자식을 기르면서 부모가 기쁨을 얻기도 하고요. 부모는 자식을 기르는 과정에서 다른 사람을 책임지면서 인간적으로 성숙해지는 일도 있다고 보거든요. 그런 경험이 많이 퍼질수록 사회에 도움이 되는 사람들도 많아지는 것 아닐까요."

"그런 덕목도 사회에서 교육으로 전해줄 수 있겠죠."

"뭐, 그렇긴 하지만요. 하여튼."

"하여튼, 자식과 함께 가족을 이루고 사는 게 사람에게 꼭 필요한 일이라는 건가요?"

이번에는 승객이 생각에 빠지는 것 같았다. 한참 동안 입을 다물더니 우주선이 알파 정부의 영역을 멀리 벗어났을 때 이렇게 이어서 대답했다.

"그런 것까지는 모르겠지만, 어느 정도는 필요하지 않나 싶어요. 그래서 어느 날 갑자기 금지당해서 가족이 흩어지면 그것도 걱정이니까 이렇게 떠나는 거죠."

◘

가족 제도가 필요 없어져서 정부나 사회 기관에서 사람이 태어나고 자라나는 것을 관리하는 세상에 관한 이야기는 자주 만들어지는 편이다. 영화 〈도망자 로건〉도 이와 같은 사례를 다루고 있다. 이 영화에서는 숨겨진 무서운 진실을 드러내는 이야기가 지나치게 강조되어서 티가 나지는 않지만, 살펴보면 가족 제도 없이 사실상 정부가 사람의 출생과 육아를 거의 책임지는 제도가 어느 정도 배경으로 깔려 있다.

현대 사회에는 임의로 아기를 만드는 기술이 없는 데다가, 육아를 정부에서 모두 맡을 수 있을 만한 경제력을 갖춘 나라도 거의 없다. 즉, 대안이 없기 때문에 가족이라는, 사람을 낳고 기르는 제도가 세계 어느 나라에서나 당연하게 간주된다. 그런데 기술이 발전하고 경제가 더욱 성장하면서 육아를 정부에서 전담할 수 있다면, 그때는 가족 제도 없이 정부가 그 역할을 할 수 있는 세상이 올 수도 있을 것이다. 그런 세상은 편하고 평등한 세상일까?

〈도망자 로건〉 같은 몇몇 SF물에서 그리는 이런 사회는 아예 사람을 기르는 일부터 정부에서 장악하고 있으므로 정부에 반항하거나 정부의 말을 의심하기 어려워진다는 점을 문제로 지적하고 있다. 그것 말고도, 정부에서 좋은 육아 서비스를 공짜로 제공해줄 수 있다고 가정하는 상황에서도 가족 제도가 가지는 장점이 무엇일지 생각해봄으로써 가족과 육아라는 활동의 가치를 좀 더 깊이 따져볼 수 있을 것이다.

그 가족이 꼭 소위 말하는 정상 가족일 필요는 없으며, 정부가 육아 서비스를 통해 출산과 육아를 충분히 지원해주면서도 가족 제도와 조화를 이루는 형태도 가정해볼 수 있을 것이다. 그리고 그런 문제를 따져보는 것은 새로운 형태의 가족이나 정부의 육아 서비스가 더욱 바람직하게 나아갈 길을 찾아보는 데도 도움이 될 것이다.

34 과학예산 vs. 복지예산, 선택은 어느 쪽인가?

현재와 미래에

한정된 예산의 적절한 배분 문제

#기초과학예산 #복지예산 #아폴로계획 #과학기술투자

머나먼 솜브레로 은하까지 다녀오는 길도 무사히 끝나가고 있었다. 이번은 정말 먼 길이었기 때문에 우주선을 조종하던 김양식은 진이 다 빠져 있었다. 그런데 이미영이 김양식의 옆구리를 찔렀다.

"지구에서 갑자기 통신이 들어오는데? 우리가 이번에 일 따온 기관인 것 같아. 밉보이면 안 되니까 친절한 목소리로 받아보라고."

"사장님이 받으시면 안 돼요? 저 지금까지 우주선 조종하느라 되게 피곤한데."

"나도 조종 많이 했어. 지난번에는 내가 저 사람들 상대했잖아. 이번에는 내 차례가 아니라고."

김양식은 하는 수 없이 통신에 응답했다. 통신 화면에 우주탐사실 실장이 나왔다. 상당히 심각한 표정이었다. 이미영은 안 좋은 예감이 들었다.

실장이 말했다.

"이번 의뢰는 훌륭히 잘 수행하셨다고 들었습니다. 의뢰를 잘 마치신 김에 지구에서 여러 사람이 모여서 회의하는 곳에 가셔서 이번 임무에 관한 질문에 답변을 좀 해주시면 어떨까요? 출장비는 추가로 드리겠습니다. 안 될까요?"

된다고 해야만 하는 상황이었다. 이미영은 그러겠다고 답했다.

막상 지구에 도착하자 김양식은 놀랄 수밖에 없었다.

"뭐예요? 질문에 답하고 회의하는 곳이란 게 청문회를 말하는 거였어요?"

그 말대로 실장이 말한 장소에서는 지구의원들과 우주협회 회원들이 여러 사람을 앉혀놓고 청문회를 하고 있었다. 정부와 공공 기관을 대표하는 그 사람들은 매서운 태도로 계속해서 질문하고 또 질문했다. 속았다는 생각이 들었지만, 이제 와서 도망칠 수도 없었다.

청문회에서 이미영에게 질문이 시작되었다.

"이미영 사장님, 맞으시지요? 그리고 이번에 솜브레로 은하에 초장거리 우주 탐사를 다녀오셨고."

"네 맞습니다."

이미영은 죄를 지은 것도 아닌데 괜히 긴장되었다.

"이런 거 도대체 왜 하시는 거예요? 그 머나먼 솜브레로 은하에 가면 밥이 나오고 떡이 나오는 것도 아닐 텐데."

"이번에 다녀온 초장거리 우주 탐사에서 관찰한 결과를 종합해보면, 솜브레로 은하의 중심부 초거대 블랙홀을 등지고 초공간 도약 기지를 지어놓으면, 거기서부터 우리가 탐사하지 못한 훨씬 더 먼 은하계까지 갈 수 있다는 결론에 이르렀습니다. 그러면 우리는 역사상 가장 먼 곳까지 갈 기회를 얻게 됩니다."

"그러니까, 쉽게 말하면 지금 다녀온 곳의 위치를 잘 활용하면 엄청나게 멀리 갈 수 있다는 거 아니에요. 그렇죠?"

"맞습니다."

"그런데 그냥 멀리 간다는 기록 세우는 것 말고, 그게 도대체 무슨 의미가 있습니까? 이미 우리가 한창 탐사하고 있는 은하수에 안드로메다은하와 다른 주변 은하만 하더라도 아주아주 많은 별들이 있지 않습니까? 그렇게 멀리까지 갈 필요가 있습니까?"

이미영은 말문이 막혀 우물쭈물했다. 사실 탐험의 정확한 의미에 대해서 이미영은 생각해본 적이 없었다. 그냥 우주탐사실에서 돈 주면서 탐험하고 오라고 하면 그곳에 가서 정해준 장비로 조사하고 수고비를 받는 일을 할 뿐이었다. 결국 이미영은 이렇게 대답했다.

"원래 과학이라는 게 그런 것 아닙니까? 뭐가 있을지 모르지만 하여튼 도전해보고, 그렇게 도전하다 보면 신기한 사실을 알게 되고요. 그런 탐험이 또 사람에게 감동을 주고. 한편으로는 그런 와중에 그전에는 알지 못했던 새로운 지식을 알게 되어서 우리에게 도움이 될 날이 올 수도 있지 않을까요?"

"다 맞는 말이기는 한데, 이게 재미 삼아 그냥 과학책 한 권 사서 본다는 수준의 문제가 아니지 않습니까? 솜브레로 은하에 기지를 건설하고 거기에서 더 먼 우주까지 간다면 돈이 한두 푼 드는 일이 아닐 거라고요. 어마어마한 돈이 듭니다. 그런 막대한 돈을 그냥 '뭐가 있을지 모르지만 도전해본다'는 이유만으로 쓸 수 있습니까?"

"그렇지만 그런 식으로 연구해 나가는 과정에서 많은 과학 지식을 얻을 수 있지 않겠습니까? 그런 것 중에는 언젠가 돈이 되는 지식도 분명히 있을 거고요."

"그게 얼마나 가치 있을지는 아무도 모르죠. 그러나 그렇게 막대한 돈을 다른 시급한 곳에 쓴다면 훨씬 더 귀한 일을 할 수 있습니다. "

이미영은 다시 말문이 막혔다. 질문하던 청문회 위원은 말을 이어갔다.

"지금 남아메리카 지역에는 기후변화 때문에 큰 홍수가 나서 집과 농장을 잃은 사람들이 많습니다. 그 사람들에게 집을 지어주고 농장을 복구하는 일을 정부가 나서서 해준다면 얼마나 큰 도움이 되겠습니까? 그런 시급한 일이 많은데 굳이 뭐가 있을지 없을지도 모르는 우주 탐사에 돈을 퍼부어야 합니까? 무슨 응용법이 있을지도 모르는 복잡하고 이해하기도 어려운 과학 연구에 돈을 왜 써야 하지요?"

"모든 게 돈으로만 설명되는 것은 아니잖습니까?"

"돈이 아니라 생명을 말하는 것이고, 사회의 안전을 말하는 것입니다. 지금 희귀병에 걸려서 고생하는 지구인들에게 정부가 공짜로 치료제를 제공한다면 그 사람들의 생활에 얼마나 큰 도움이 되겠습니까? 그런 일을 하기 위해서 예산이 필요한데, 그런 귀중한 곳에 쓸 돈을 굳이 어려운 지식을 뽐내는 학자들이 우주의 원리니, 세상의 이치니 하는 뜬구름 잡는 연구를 하는 데 낭비해도 되냐는 겁니다. 하다못해 화성인이 침공해올 때를 대비해서 무기 개발에 돈을 쓰는 것이 더 가치 있지 않을까요? 우리가 화성인들보다 훨씬 더 먼 우주까지 가본 기록을 세웠다고 해서, 화성인들이 지구에 핵폭탄 폭격을 퍼부을 때 지식의 힘이 막아주는 것은 아니지 않습니까?"

그 청문회 위원의 질문 시간은 그것으로 끝이 났다. 그러자 다음 위원이 다시 이미영에게 말했다.

"이미영 사장은 본인이 도운 과학 연구의 가치가 얼마라고 생각하십니까?"

"가난한 사람들을 돕는 데 쓸 돈이나 재난을 극복하기 위해 써야 할 돈이 너무 소중하기 때문에 이런 순수한 과학 연구는 가치가 없다고 생각하시는 건가요?"

이미영이 위원에게 되물었다. 위원은 고개를 저었다.

"가치가 없다고 생각하는 것은 아닙니다. 물론 그런 먼 미래를 보는 과학에도 어느 정도는 투자해야 할 겁니다. 확실히 그런 연구를 하다가 갑자기 엄청나게 놀라운 신기술의 실마리를 잡을 수도 있을 테니까요. 그렇지만 거기에 돈을 너무 많이 쓸 수는 없다는 겁니다. 그야말로 여윳돈으로 조금 쓸 수밖에 없어요. 당장 배고프고 아파서 쓰러지는 사람들이 있잖아요. 그런 상황에서 그런 과학 연구에 돈을 어느 수준으로 쓰는 게 적당하냐는 겁니다."

이미영은 대답하기가 난처했다. "그냥 다른 나라 정부들, 다른 행성들에서 쓰는 비율만큼 쓰면 욕은 안 먹지 않을까요"라고 대답하고 싶었지만, 왠지 안 될 것 같아서 또다시 한참 망설일 수밖에 없었다.

◘

우주를 배경으로 하는 첨단 기술을 다루는 영화이지만 1969년 이전의 옛일을 다루는 영화이기에 어찌 보면 사극이라고도 할 수 있는 영화, 〈퍼스트 맨〉에서는 닐 암스트롱을 중심으로 미국의 달 탐사와 관련된 사람들에 관한 여러 가지 이야기를 그려내고 있다. 이 시기의 달 탐사를 다룬 이야기에서 빠지지 않고 나오는 사건이 당시 적지 않은 사람들이 참여했던 여러 가지 시위에 관한 것이다. 그 시절 미국에는 가난한 사람도 많고 부당한 차별로 고통받는 사람들도 많았는데 그러한 문제를 해결하는 데는 돈을 그다지 쓰지 않으면서 막대한 예산을 사용해서 달 탐사를 하는 것을 비판하는 사람들이 달 탐사와 관련된 행사장 등에 자주 출현했던 것이다. 이러한 시위는 당시의 우리나라 신문에도 짧게나마 보도될 정도였다.

나는 '우리나라 사람들은 돈이 되지 않는 기초과학에는 관심이 없다'는 이야기를 거의 입버릇처럼 하는 사람들을 본 적이 있다. 그러나 실제로 겪어보니 한국 사람들이 기초과학에 관심이 없지 않다. 상대성 이론이나 양자 이론에 관한 복잡하고도 심오하고 이해하기 어려운 설명이라도 잘만 포장하면 굉장한 인기를 끈다. 〈인터스텔라〉 같은 영화가 1,000만 영화가 될 정도로 큰 인기를 끈 나라는 우리나라를 제외하면 결코 많지 않다. 이런 분위기는 따지고 보면 새로운 것도 아니다. 이미 1980년대에도 블랙홀에 관한 책이나 강연은 대단히 인기가 많았고, 《코스모스》 같은 책이 많은 사람들에게 인기를 얻으며 긴 세월 팔리는 것이 우리나라 출판 시장의 특징이기도 하다.

우리나라 사람들이 당장 돈이 되지 않는 기초과학에 관심이 없다는 말의 정체는 정부의 투자가 그렇다고 풀이해야 좀 더 사실에 가깝다. 정부에서 예산을 분배할 때 한국에 있는 온갖 다양한 사회 문제에 쓰기도 모자라는 상황에서 당장 먹고사는 데 별 도움이 되지 않는 기초과학에 예산을 투입해야 한다고 정부의 높은 사람들을 설득하기란 쉽지 않다. 꼭 과학의 문제만은 아니다. 경제 발전이나 복지 사회 건설을 위해 모두가 노력을 기울여야 하는데 그런 곳에 쓸 예산을 왜 뜬구름 잡는 것 같고 이해하기도 어려운 고상한 학문, 예술에 투자해야 하는지, 세종특별자치시 관공서에 층층이 자리 잡은 결재권자들을 줄줄이 설득하는 논리를 개발하기란 대단히 어렵다.

그런데 이런 문제는 정도의 차이일 뿐, 사실 세계 어느 나라든 마찬가지다. 그렇다면 과연 이런 문제에 대한 가장 정확하고 확실한 설명은 무엇일까? 그리고 과연 당장의 복지와 경제 발전을 써야 할 예산과 순수한 탐구를 위해 써야 할 예산의 배분 비율은 어떻게 정하는 것이 옳을까? 미래에 과학기술의 비중이 점점 더 높아지고 기술 발전의 속도가 빨라진다면 이러한 문제의 답이 달라질 수도 있을까?

35 로봇이 범죄를 저지르면 어떻게 처벌해야 할까?

로봇이 사람과 어우러져 살아갈 때 생기는 문제

#로봇권리 #로봇범죄 #반려로봇 #인공지능

멋로봇426호가 크게 유행한 이후로 상황이 완전히 달라졌다. 멋로봇426호는 매우 똑똑하면서도 감성적으로 말하는 로봇이었다. 외모 또한 대단히 귀엽고 호감이 갔다. 그러다 보니, 자연히 멋로봇426호를 보유한 사람들 중에서 멋로봇426호들을 위한 최소한의 권리를 사회에서 인정해 주어야 한다고 주장하는 사람들이 많아졌다.

예를 들어 주인이 로봇을 버리면 예전에는 바로 분리수거되어 분해된 후 재활용되었다. 사람들 사이에 이런 처분이 너무 잔인하다는 주장은 쉽게 동조를 얻었다. 주인이 버린 로봇은 자기 스스로 살 수 있어야 하며, 정부는 이런 로봇이 고장 나면 최소한의 수리는 받을 수 있도록 세금으로 도와주어야 한다고들 했다. 주인이 좋지 않은 사람이라면, 로봇은 스스로 주인을 벗어나서 살 수도 있어야 한다는 주장도 나왔다.

"아무리 그래도 로봇이 사람은 아니잖아."

이미영은 그 소식을 접하고 투덜거렸다. 그러나 김양식은 이미영의 말에 동의하지 않았다.

"옛날에 노비들이 평등하게 살고 싶다고 했을 때도 그건 아니라고 하던 사람이 있었잖아요. 사장님도 그런 고루한 사고방식에 빠져 있는 것은 아닐까요?"

"노비는 어쨌든 사람이잖아. 로봇은 사람이 아니라고."

"꼭 사람에게만 인간답게 살 권리를 줘야 할까요?"

"로봇에게 권리를 준다는 것은 결국 로봇이 어떤 행동을 했을 때 그게 누구의 명령으로 한 일이 아니라 로봇 스스로 한 일이 된다는 뜻이야. 다시 말해서 로봇의 행동은 로봇 그 자신의 책임이 된다는 뜻이 되거든. 그렇게 말하면 로봇이 무슨 사고를 쳐도 그건 로봇 책임이 되는 거야. 로봇 주인 책임도 아니고 로봇을 만든 회사나 로봇에 프로그램을 입력한 회사 책임이 아닌 거라고. 로봇에게 권리를 주자는 것은 인도적인 말처럼 들리지만, 사실은 로봇을 만드는 돈 많은 회사들이 로봇의 오작동으로 입은 피해에 대해 책임을 지지 않으려고 퍼뜨리는 주장일 뿐이야. 자기들이 책임을 회피하기 위해서 로봇을 측은하게 생각하는 사람들의 마음을 이용하는 거라고."

말은 그렇게 하면서도 이미영의 마음속은 점점 더 복잡해졌다. 그러나 이미영이 뭐라고 생각하든 그게 중요한 것은 아니었다. 왜냐하면 멋로봇 426호가 지금보다 훨씬 더 인기를 끌 수 있는 귀여움을 갖추고 있었기 때문이다. 결국 로봇 권리법은 통과되고 말았다.

"이날이 로봇 자유의 날이며, 진정한 평등의 날입니다!"

멋로봇426호 주인들과 버려진 멋로봇426호 대표가 다 같이 모여 그렇게 외쳤고 축제를 벌였다.

문제는 그로부터 나흘이 지나서 멋로봇426호가 아닌 DM288이라는 기종의 로봇이 일으켰다. DM288은 군사 목적의 로봇으로 총이나 칼 같은 것을 들고 있지 않은 상태에서 그저 팔다리의 힘으로 사람을 제압하는 데 특화된 로봇이었다. 군사력이 약한 행성과 전쟁을 벌이게 될 때, 핵무기나 레이저 무기를 사용하면 생명의 피해가 심각하기에, 굳이 생명을 희생하지 않고 제압하기 위해 개발된 로봇이었다.

그런데 DM288 로봇 한 대가 기능 고장으로 버려졌다. 그 DM288 로봇도 상당한 지능과 감정 기능을 갖고 있었기에 스스로 살 수 있는 권리를 얻게 되었다. DM288 로봇은 길거리를 방황하다가 사람 한 명을 두들겨 패고 말았다. 어느 밤 술에 취해서 고래고래 소리를 지르던 사람이었다. 아무리 시끄럽게 소리를 지른다고 한들 사람을 그 정도로 두들겨 패는 것은 잘못이었기에 DM288은 곧 체포되었다.

DM288은 체포된 후에도 쾌활하게 이야기했다.

"낄낄낄, 사람을 때리는 것은 내 가장 소중한 기본 기능이오. 저 정도 사람이면 때려도 된다고 긴급 판단할 수밖에 없었소."

"아무리 그래도 사람을 때리는 것은 용서할 수 없는 범죄입니다. 피고인, 아니 피고 로봇은 감옥에 3년 동안 갇히는 형벌을 받도록 하십시오."

로봇 재판관이 그렇게 판결을 내리자, 경찰은 DM288을 감옥으로 끌고 갔다.

그런데 그 사람 다음이 더 문제였다. DM288은 감옥에 도착하자 스스로 최대 절전 모드로 변경한 것이다.

"낄낄낄, 나는 어차피 로봇이야. 기능만 크면 지루함이나 답답함을 느끼지도 않지. 최대 절전 모드로 3년 동안 있을 거야. 그리고 깨어나면 다시 자유지."

3년 후 DM288 로봇은 예정대로 감옥에서 나왔다.

감옥에서 거의 모든 시간을 최대 절전 모드로 있었지만, 그래도 아주 잠깐씩, 나쁜 감옥 친구를 사귈 기회는 있었다. 옆방에 있던 강도범들은 DM288 로봇에게 토성의 엔켈라두스 지역은 무법천지이기 때문에 범죄를 저지르기 좋다는 사실을 알려주었다.

그래서 DM288 로봇은 토성으로 갔다. 과연 엔켈라두스에는 범죄자들이 득실득실했다. DM288 로봇은 그곳에서 수많은 범죄를 저질렀고, 엄청난 수의 사람들을 때리면서 시간을 보냈다. 그러던 끝에 DM288 로봇은 다시 경찰에 붙잡혔다.

"당신은 이미 감옥에 한 번 들어갔다 왔는데도, 또 이런 폭력 범죄를 저지르다니 도저히 용서할 수 없습니다. 이렇게 큰 죄에 대해서는 무거운 벌을 내릴 수밖에 없습니다. 우리 토성 지역에는 심한 범죄는 무겁게 처벌하기 위해서 곤장을 때리는 처벌이 아직 남아 있습니다. 당신은 곤장 20대를 맞는 벌을 받을 것입니다."

로봇 판사가 판결하자, DM288은 형틀로 끌려갔다. 곤장을 치는 사람들이 몽둥이를 들고 DM288 근처로 다가왔다. 그러나 DM288은 웃으면서 외쳤다.

"낄낄낄, 어차피 나는 그런 걸로 때려도 아프지도 않은 무쇠 몸이라고. 게다가 고통 감지 장치를 끄고 있으면 아무런 느낌도 들지 않아. 고통 감지 장치를 꼭 켜야 한다고? 그래도 상관없어. 고통을 전달하는 역할을 하는 컴퓨터 한쪽에 연결된 전선으로 고통 수치가 50이다, 80이다를 나타내는 전기 신호가 들어올 뿐이라고. 눈으로 보는 빛을 감지할 때 빛의 밝기가 50이다, 80이다를 나타내는 전기 신호가 들어오는 것과 별 차이도 없어. 사람이 고통을 느끼는 것과는 전혀 다르지. 때려, 얼마든지 때리라고."

법적 판결이었으므로, 사람들은 DM288을 열심히 때렸다. 그렇지만 웃는 표정을 나타내고 있는 쇳덩이 기계를 때리는 일은 상당히 허무했다.

DM288은 풀려나고 나서 다시 범죄를 저질렀다. 이번에는 경찰에서 DM288에 현상금을 걸었다. 이미영과 김양식은 현상금을 벌기 위해 DM288 로봇을 추적하며 우주를 돌아다녔다.

"듣자 하니, 이번에 DM288을 검거하면 사형에 처할 거라던데요."

"그런데 DM288은 생물이 아니잖아. 사형에 처한다는 게 무슨 의미가 있을까? 어차피 죽음을 두려워하거나, 인생을 아까워하는 프로그램도 설치되어 있지 않을 텐데."

"그렇긴 하죠. 그래서 법을 바꿔서 벌금을 걷자고 하는 사람들도 있어요. 일단 로봇도 재산을 소유할 수 있도록 제도를 바꾸면, 로봇이 열심히 일해서 돈을 벌 것이고 그 돈을 빼앗는 것은 로봇에게 불이익을 주는 거니까 처벌이 될 수 있다는 거죠. 로봇에게 유일하게 벌주는 방법은 재산을 빼앗는 벌금뿐이라는 거예요."

"로봇을 처벌하기 위해서 로봇이 재산을 가질 수 있게 해준다고? 가난한 사람들이 엄청 싫어할 것 같은데. 나쁜 로봇 때문에 로봇이 돈을 가질 권리까지 주어야만 한다니."

"다른 의견으로 로봇마다 사람 주인을 정해주고 로봇이 저지르는 일은 모두 주인에게 책임을 묻자는 제안도 있어요. 주인이 없는 로봇은 없도록 하고요."

"그 말은, 로봇은 항상 주인이 있는 노비 같은 신세로 살아야 한다는 거야? 그게 권리야?"

"어쩔 수 없잖아요. 저도 어떤 말이 맞는지 모르겠어요."

마침 길거리 사람들 사이에 DM288이 걸어가는 모습이 보였다. 미영은 일단 양식을 향해 조용히 하라는 손 모양을 했다. 그리고 재빨리 로봇의 두뇌를 향해서 전자기기 중단 빔을 겨누었다. 어찌 되었든 사람의 머리를 향해 총을 겨누는 것만큼 부담스러운 동작은 아니었으니까.

◘

영화 〈조니 5 파괴 작전〉의 주인공인 로봇은 우연히 내부에서 예상하지 못한 기능이 생겨나는 바람에 자신이 감정과 마음을 가졌다고 주장하게 된다. 영화의 내용은 이 로봇을 또 한 명의 사람처럼 인정해주어야 한다는 쪽으로 흘러간다.

사람의 모습을 한 인공지능 로봇이 등장하는 영화는 이런 줄거리인 경우가 굉장히 많다. 로봇은 노예처럼 사람을 위해서 일한다. 그런데 노예라고 차별하는 것은 잘못이다. 그러므로 로봇이 기계라고 해도 사람과 마찬가지로 평등하게 인정해주어야 한다. 이렇게 흘러가는 이야기는 인공지능과 로봇을 다루는 이야기에서 따분할 정도로 너무나 많이 반복되었다.

출연료를 많이 주고 기용한 인기 배우가 주인공 로봇 역할을 연기하는 영화를 제작하거나 귀엽고 호감 가는 외양으로 꾸며놓은 모형을 로봇 광고를 통해 로봇 장난감을 판매하는 것으로 그런 주장에 관객의 공감을 이끌어내기는 쉽다. "로봇도 권리가 있다. 평등하게 대해주자"라고 멋지게 말하는 것도 어렵지 않다. 어려운 문제는 로봇에게 어떤 권리를 주면, 그 권리를 로봇이 어떻게 활용하도록 해줄 것이며, 그에 대한 책임은 어떻게 지우느냐를 생각하는 것이다. 여기까지 따져봤을 때 한 방향의 깔끔한 결론을 내기란 결코 쉽지 않다. 그렇다고 해서 고통과 감정을 표현하도록 만든 로봇을 일부러 괴롭히고 고문하는 일을 아무런 제한 없이 마음껏 저질러도 되는 일이라고 주장한다면, 이 또한 공감을 얻기는 어려울 것이다.

그렇게 몇 가지 문제를 따지다 보면, 도달할 수 있는 결론은 로봇을 지나치게 학대하지 말자고 하거나, 로봇을 괴롭히는 일을 제한하자는 조치는 로봇 자체를 보호하는 것과는 거리가 멀다는 점이다. 이는 오히려 로봇과 함께 살아가는 사람들의 마음을 보호하는 조치라는 생각이다. 로봇을 괴롭히지 말자는 조치는 로봇을 괴롭히는 행위에도 거부감을 느끼는 사람의 감정을 보호하고 그 감수성을 지켜주어서 앞으로 사람들이 더 따뜻한 마음을 가지고 살아갈 수 있도록 사회를 이끌어가기 위한 방편이라는 것이다.

이렇게 해서 문제에 대한 분석은 완전히 끝난 것일까? 더 이상 고민할 문제는 없을까? 모든 게 그냥 사람 위주의 문제일 뿐이라고 보면 끝일까? 로봇이 원초적으로 가질 수 있는 권리라든가 윤리적인 지위를 설정하는 것은 언제나 불가능할까? 어떤 조건이 충족되면 가능할 수도 있을까? 구체적으로 로봇이나 높은 지능과 감성 표현 능력을 갖춘 인공지능을 보호하는 법과 제도를 만들어야 한다면 어떤 형태로 만들 수 있을까? 간단한 문제도 답은 쉽지 않을 수 있다. 예를 들어 로봇의 전원을 끄는 것이 살인과 비슷한 느낌이라고 볼 수 있을 것이다. 하지만 다시 전원을 켠 후에 어렵지 않게 로봇을 원상복구할 수 있다면 아무래도 살인 만큼 큰 피해를 보았다고 보기는 어렵다. 그렇다면 로봇에 대한 사람의 어떤 행동은 큰 죄가 아닌 것으로 용납해야 하며, 어떤 일을 저질렀을 때 그것이 얼마 정도의 죄가 된다고 판단하는 것이 적합할까?

36 우주의 원리를 아는 것과 모르는 것, 어느 쪽이 절망적일까?

우주 탄생의
원리를 밝히는 문제

#우주원리 #우주탄생의비밀 #과학이론 #초끈이론

르크 재단은 당장 돈이 안 되는 연구에도 항상 관대하게 지원하는 곳으로 유명했다. 그렇기에 재단에서 일을 받아 하는 여러 작은 업체에도 대체로 관대한 가격을 제안했다. 바로 그 이유 때문에 이미영은 르크 재단에서 의뢰가 들어오자마자 구체적인 내용을 들어보지도 않고 수락했다. 그런데 막상 재단의 담당자를 만나보니 의뢰 내용이 좀 이상했다.

"공허 중심 연구소를 떠난 연구원을 붙잡아 오라고요?"

"붙잡아 오라는 말은 너무 심한 표현입니다. 그분들이 범죄를 저지르기라도 한 것은 아니니까요. 그랬다면 이미영 사장님이 아니라 경찰이나 은하수 경비대에 맡겼겠죠. 그렇지만 몇십 년 동안 아무 탈 없이 연구를 계속해오던 연구원들이 갑자기 연구를 중단하고 연구소를 떠난다고 하니까 너무 이상하지 않습니까? 저희는 무슨 사연인지라도 알고 싶습니다."

"어디로 가는데요?"

"꽤 멀리 떨어진 우주 먼 곳의 공허 중심 연구소에 가면 그 연구원들의 우주 비행 정보가 기록된 컴퓨터가 있습니다. 그것을 보시면 연구원들이 어디로 가는지 알아내서 따라잡을 수 있을 것입니다."

이미영은 공허 중심 연구소의 위치를 받아 왔다. 그리고 즉시 우주선을 타고 그곳으로 날아갔다.

김양식이 이미영에게 말했다.

"좀 수상하지 않아요? 도망치는 사람 붙잡는 일이라니. 도대체 왜 그렇게 다 도망갔대요?"

"우리가 찾는 사람들이 마약 밀매범이나 폭력단도 아니고 그냥 우주 이론 연구하던 학자들이잖아. 특별히 위험한 일은 없을 거라고. 무슨 이유가 생겨서 급하게 일을 그만둔 거겠지."

"그래서 더 이상하다는 건데요."

이야기를 하다 보니 두 사람은 조금은 긴장되고 겁이 났다. 그 탓에 공허 중심 연구소에 도착해서는 별것 아닌 일에 놀라고 괜히 조심스럽게 움직였다. 그렇지만 연구소는 몇몇 로봇을 제외하면 텅 비어 있었고, 위험한 것도 없었다. 컴퓨터를 조사해보니 어느 방향으로 어떻게 이동했는지 쉽게 알아낼 수 있었다. 전문 범죄자들이라면 결코 하지 않을 실수였다.

이미영과 김양식은 알아낸 방향으로 재빨리 우주선을 타고 다시 날아갔다. 두 사람은 얼마 지나지 않아 허공 지역에서 웜홀을 찾아가고 있는 한 연구원의 우주선을 발견했다. 두 사람은 우주선을 막아섰다.

"공허 중심 연구소 연구원이시지요? 저희는 르크 재단의 의뢰로 조사하러 온 사람들입니다."

"에고고, 벌써 잡혔구나."

연구원의 실망하는 목소리가 통신 프로그램을 통해 들려왔다. 이미영은 이어서 질문했다.

"왜 갑자기 일을 중단하고 떠나셨나요? 또 어디로 가시고요? 무슨 위험한 일이 생겼나요? 우주 괴물이라도 나타났어요?"

"그런 건 아니지만…. 그래도 위험하다면 위험한 일이죠. 제발 저를 그냥 놔주세요. 저는 아무 말도 하지 않고 떠나야 한다고요."

"아니, 저희가 경찰도 아니고 박사님을 붙잡고 있을 수는 없죠. 그냥 연구소에 돈을 대는 사람들 입장에서 왜 갑자기 연구를 다 중단하고 떠나는지 이유는 궁금할 수 있으니까 그걸 물어보는 거라고요."

"그 이유를 말하는 게 위험하다는 겁니다."

연구원은 상당히 불안한 상태였다. 두 사람은 연구원을 진정시키고 대화를 끌어내기 위해 몇 가지 소동을 겪어야 했다. 결국 연구원은 이미영과 김양식에게 이 상황을 최대한 설명해주겠다고 말했다.

"우주에 도대체 어떤 원리가 있길래, 우리가 사는 이 우주라는 곳은 이렇게 생겨나서 움직이는가 궁금하잖아요? 궁금한 문제 중에서도 특히 궁금해할 만한 근원적인 문제잖아요? 지구와 태양은 왜 서로 중력이라는 힘으로 끌어당기고 있을까, 중력이라는 힘은 왜 생겼을까, 중력이라는 힘의 크기는 왜 그 정도일까, 중력은 왜 더 세거나 약해지지 않고 항상 일정하게 유지될까, 이런 거 말이에요."

"학자들은 궁금해할 만한 문제겠죠."

"이게 일상생활하고도 관계가 깊어요. 그런 힘이 도대체 왜 생겼고 어떻게 해서 그 정도인지 정확히 이해하면 온갖 힘을 조절하는 새로운 방법을 개발할 수 있겠죠. 그러면 훨씬 더 힘센 기계나 훨씬 더 성능 좋은 전자 장치를 만들 수도 있을 거예요. 그뿐만 아니라, 이 문제는…."

"문제는?"

"과학 이론의 더 밑바탕하고도 연결되어 있어요. 우리가 무게 있는 물체는 서로 끌어당기는 중력이라는 힘을 내게 되고, 지구도 중력을 갖고 있다는 사실을 아는 것은 실제로 그 증거를 주위에서 수없이 많이 보고 여러 번 실험해봤기 때문에 아는 거거든요. 그런데 반대로 생각해보면 실험을 많이 해보니까 항상 맞더라는 것 말고는 다른 이유는 없어요. 지난 140억 년 동안 항상 중력이라는 힘이 있었던 것 같지만, 누가 중력이라는 힘이 이런 형태로 있어야 하고 영원히 계속 유지되어야 한다고 보장해주는 건 아니잖아요. 오늘까지는 중력이라는 힘이 있지만 내일 갑자기 없어질지도 몰라요. 지금까지 우리가 오래오래 자주자주 그런 현상을 보아왔으니까 앞으로도 계속 그렇겠지 하고 괜히 짐작하는 것 말고 그 이상의 확실한 근거는 없으니까."

"돌을 던지면 중력 때문에 땅으로 떨어진다는 것도 성급한 일반화의 오류라는 거예요?"

"그 정도면 성급하다고는 할 수 없겠죠. 하지만 일반화의 오류가 절대 없다고도 할 수는 없다는 거죠."

"그런데 그게 뭐가 문제인가요? 그게 도망친 것과 무슨 관련이 있나요?"

"저희는 우주의 근본 원리를 연구하면서 그 모든 이론을 다 말끔하고 믿을 만하게 설명하기 위한 방법을 찾고 있습니다. 그런데 요즘 아주 심각한 문제를 이끌어내는 결론이 나올 것 같다는 예감을 받았습니다."

연구원은 그 생각을 돌이키는 것만으로 끔찍한 것 같았

다. 그는 부르르 떨었다. 이미영이 다시 묻자, 그는 힘겹게 답을 이어갔다.

"우리는 모든 과학 이론의 바탕이 되는 근본 원리를 직접 밝혀내지는 못했지만, 적어도 그 원리가 대략 어떤 모양이고 어느 정도로 이해하기 어려운 원리인지 추측하는 정도의 연구는 진행하게 되었습니다. 그런데 그 결과하고 사람의 뇌가 돌아가는 방식을 연구하는 연구의 결과를 견주어보니, 바로 이 괴물 같은 결론에 이르게 된 거죠."

"그러니까 무슨 괴물 같은 결론이냐고요."

"사람의 두뇌로는 절대 우주의 바탕이 되는 근본 원리를 밝혀내지 못하고 이해할 수도 없을 것으로 보인다는 추정이 나온 겁니다."

연구원은 다시 부르르 떨었다.

"우주의 원리를 설명할 수 있는 방법이 애초부터 사람의 두뇌가 작동하는 방식에 들어맞지 않는 것 같아요. 그래서 아무리 천재적인 사람들이라고 하더라도 그걸 이해하고 서로 이야기하고 설명해주고 확인할 수 있을 정도가 되는 이해의 한계를 넘지 못할 것 같다는 거예요."

"그러니까 우주의 원리를 사람이 결코 이해할 수 없다는 사실이 증명되었다는 건가요?"

"아직 증명이 완전한 건 아닌데요. 다만 여기서 연구를 더 진행하면 그 추정이 맞는 것으로 확인될 것 같았어요. 만약 그렇게 되면 사람이 알 수 있는 지식의 마지막 한계가 나와버리는 거예요. 사람이 사람인 이상은 아무리 난리를 쳐도 세상이 돌아가는 모습의 밑바탕은 절대 이해할 수 없다는 거죠. 만약 그걸 제 손으로 밝혀낸다면 어떻게 될까요? 그것은 아주 큰 절망 아닐까요?"

연구원은 말하면서 점점 더 겁에 질리는 것 같았다.

"만약 그런 한계가 밝혀져서 언젠가는 인간이 세상을 밑바닥부터 제대로 이해할 수 있을 거라는 희망이 완전히 깨진다면, 도대체 우리는 어떻게 해야 할까요? 어쩌면 그렇게 널리 쓰인다는 양자 이론이라는 게 이해가 무척 어려운 계산 방법을 써야만 활용할 수 있다는 것부터가 벌써 그 예고편이었는지도 모르죠."

이미영은 떨고 있는 연구원을 잠시 바라보았다.

"흠… 그게 그렇게 두려워할 일인가요? 지금까지도 모르고 잘 살아왔는데."

"이건 결국 모든 사람의 모든 생각에 영향을 미칠 만한 문제입니다! 저희 연구소의 다른 연구원은 우주에 존재하는 모든 물질들이 왜 존재하며, 어떤 식으로 움직여야 한다는 원리가 어떻게 생겨났는지를 비슷한 방식으로 풀이하려고 했어요. 세상이 왜 아무것도 없는 채로 존재하지 않은 걸까요? 왜 별별 복잡한 이론과 해괴한 원리가 있어서 이렇게 많은 별들이 빛나고 온갖 생물들이 가득한 곳이 되었을까요? 세상에 아무것도 없지 않고, 뭐든 이렇게 생긴 이유는 뭘까요? 고려 시대 사람들은 조물주가 옛날에 처음으로 세상을 만든 이야기를 많이 했다고 하지요? 그렇다면 그 조물주라는 것은 도대체 왜, 무엇 때문에 생겨난 것일까요?"

"너무 심오한 문제인데요."

"이 문제는 결국 세상이 왜 있어서 우리가 왜 사는가와 연결되는 문제 아닌가요? 그런데 마찬가지 원리로 우리 연구소에서는 그 문제의 답도 사람의 두뇌로는 결코 얻을 수 없다는 확고한 증명을 얻을 것 같다는 쪽으로 흘러가고 있었어요. 만약 그런 답이 나온다면 그 이야기를 세상에 어떻게 풀어놓아야 할까요? 이렇게 무서운 일이 또 있을까요? 모든 것을 다 무의미하게 만드는 괴물 같은 결론 아닌가요?"

이미영과 김양식은 머리가 아파졌다. 평범한 두 사람에게는 이미 이해의 범위를 넘어서는 설명이었다. 하지만 대답을 기대한 것이 아니었던 연구원은 우주의 시커먼 공간을 보며 이렇게 중얼거렸다.

"그래서 혹시라도 그런 결론이 나오기 전에 모두 도망친 겁니다."

명작 SF 장편 《은하수를 여행하는 히치하이커를 위한 안내서》에는 모든 관점 볼텍스라는 장치가 나온다. 이 장치는 우주 전체를 어떤 주관적인 관점도 없이 객관적으로 사람에게 보여주는 장치다. 그런데 소설 속에서 이 장치는 일종의 처벌 장치 내지는 고문 장치다. 왜냐하면, 우주를 보면 사람의 뇌는 견딜 수 없어서 제정신이 아닌 상태로 변할 수밖에 없기 때문이다.

애초에 왜 우주가 있고, 그 우주에 무엇인가가 존재하는가? 외계인 마법사가 우주를 만들었다거나, 외계인들이 작동시키고 있는 시뮬레이션 프로그램이 이 우주라고 한다면, 그 외계인들은 또 어디서 어떻게 생겨난 것인가? 이 문제에 대한 답이 있을까? 좀 더 쉬운 문제로 현재 우리가 사는 우주 전체를 탄생시키고 움직이고 있는 원리나 법칙을 찾아내서 정리할 수 있을까?

두 문제 모두 사람이 이해할 수 있는 답을 찾을 수 없을 거라는 위협은 종종 제기되는 문제다. 예를 들어, 두 번째 문제에 대한 대답으로 초끈이론을 연구하는 학자들은 상당히 많다. 그러나 이런 연구에 매달리는 세상에서 내로라하는 수재들조차 초끈이론을 풀이하는 데 어려움을 겪고 있으며 증명하는 것은 더더욱 먼일이라는 평가가 많다. 많은 철학자도 이 문제를 간단히 풀 수 있는 문제로 평가하지는 않는다. 그렇다면 반대로 세상이 왜 생겨났으며, 어떻게 돌아가는지에 대해 사람은 결코 이해할 수 없는 것은 아닐까? 그렇게 이해가 불가능하다고 증명된다면 어떻게 될까?

이런 문제는 하루하루를 버티며 살아가는 일상에 큰 영향을 미치지는 않는다. 그렇지만 우주가 왜 생겨났으며 그곳에서 우리가 왜 사는지를 결코 모두가 이해할 수 있는 방식으로 알 가망조차 없다는 것은 상당히 거슬리는 문제다. 인생을 바라보는 관점에 따라서는 절망적인 느낌을 줄지도 모른다. 그렇다면 얼마나 절망적인 문제인가? 반대로 생각해본다면 이런 문제에 우리가 많은 노력을 기울이는 것의 가치는 어떻게 평가해야 하는가?

37 파괴적 힘에 관한 연구는 금지해야 하는가?

지구와 인류를 멸망시킬 위험을 가진 기술 연구의 딜레마

#핵무기 #인공지능 #기술개발 #인류멸망 #군비경쟁

이미영과 김양식은 상대편 변호사가 우주 최고의 변호사 마금희라는 사실을 알고 긴장했다. 연구소 사람들은 이길 수 있는 싸움이니까 너무 긴장할 필요는 없다고 했지만, 토론회가 시작되자 마금희가 상대라는 생각에 겁먹을 수밖에 없었다. 연구소장은 자신들이 발견한 초끈붕괴 현상이 무엇인지부터 토론회 청중에게 소개하고자 했다.

"저희 연구소에서 발견한 초끈붕괴 현상은 이름이 좀 낯설고 이상합니다만, 지금은 간단한 한 가지 결론만 이해하시면 충분합니다. 초끈붕괴 현상은 우주에서 가장 심한 변화를 일으킬 수 있는 현상입니다. 초끈붕괴 현상이라는 것을 한번 제대로 일으키면 단숨에 지구를 없애버릴 수 있는 것은 물론이고, 태양계 자체를 눈 깜짝할 사이에 없앨 수 있습니다."

"엄청나게 강한 폭탄 같은 것인가요?"

토론회 사회자가 물었다.

"폭탄은 아니지만 그렇게 생각하셔도 크게 다르지 않습니다. 저희 연구소에서는 초끈붕괴 현상을 가장 크게 일으킬 경우에는 그 순간에 우주 전체를 모조리 사라지게 만들 수 있다고 보고 있습니다."

"우주 전체를 사라지게 만든다고요? 그런 일이 가능한가요?"

"사람의 기술은 점점 더 큰 힘이 잠재된 현상을 다룰 수 있도록 발전해 왔습니다. 점점 더 큰 변화를 일으킬 수 있는 장치를 만들 수 있게 되었다는 뜻입니다. 먼 옛날에는 고작 돌도끼로 주변 동물에 피해를 주는 것이 사람의 재주였지만, 불을 발명한 뒤로는 산불을 내서 동네 하나를 파괴할 힘을 갖게 되었고, 이후에 살충제나 비료 같은 화학 기술을 얻은 후에는 커다란 지역 생태계를 사람이 필요한 대로 바꿀 수 있게 되었지요. 원자력이 개발되고는 도시 전체를 전등으로 밝힐 수 있는 거대한 힘을 다룰 수 있게 되었고요. 그리고 이제 드디어 초끈붕괴 현상이라는 원리를 이용해서 온 우주를 한 번에 뒤엎을 수 있는 기술을 개발한 것입니다."

"그런 힘이라면 엄청나게 중요한 것 같은데, 그에 관해 연구소에서 제시하신 방침은 좀 의외인데요."

소장은 고개를 끄덕거렸다. 그리고 답을 이어나갔다.

"그렇습니다. 저희는 초끈붕괴 현상의 연구를 완전히 중단했고 이 연구를 영원히 금지하도록 작업을 진행하고 있습니다."

사회자는 의아하다는 표정을 지어 보였다.

"그렇게 거대한 힘을 가진 현상이라면 굉장히 귀중한 발견일 텐데 그에 관해 연구하지 않는다는 것은 이해가 가지 않는데요."

"너무 위험하기 때문입니다. 저희는 초끈붕괴 현상의 여러 가지 특성을 관찰하고 그 현상을 좋은 목적으로 이용하기 위해서 다양한 실험을 할 계획이었습니다. 실제로 초끈붕괴 현상을 좋은 목적을 위해서 활용하는 방법도 몇 가지 있습니다. 그런데 너무나 큰 힘이 잠재된 현상이었기 때문에 실험하다가 우주를 끝장내는 장치가 개발되면 우주가 단숨에 사라질 위험이 따라옵니다. 만약 그런 일이 벌어진다면 우리가 감당할 수 없기 때문에, 그 위험을 굳이 감수할 필요는 없다고 생각했습니다. 그래서 연구를 영원히 중단하자는 것입니다."

"그렇군요. 모두의 안전을 위해서군요."

사회자는 고개를 끄덕거렸다. 이제 반대 의견을 말할 차례였다. 마금희가 말하기 시작했다.

"초끈붕괴 현상을 좋은 쪽으로 이용한다면 인류의 에너지 문제를 모두 해결할 수 있을 거라고 하는데, 맞는 이야기인가요?"

"틀린 이야기는 아닙니다. 초끈붕괴 현상을 적절히 조금만 일으키는 방법을 찾아내면, 10억 년 동안 계속해서 불빛을 내는 장치를 만들 수 있습니다. 만드는 방법도 간단합니다. 백화점 한 군데를 돌면서 전자제품을 몇 개만 사다가 분해해서 재조립하면 그 정도 장치를 만들 수 있지요."

"그렇다면, 그 현상을 이용해서 세상의 모든 가난하고 굶주린 사람들을 구제할 돈을 벌 수 있는 것 아닌가요?"

"그렇기는 합니다. 그렇지만 혹시 실험이 잘못되면 너무 위험하지요."

"초끈붕괴 현상의 원리를 잘 이용하면 암을 비롯한 여러 불치병을 말끔히 치료하는 방법도 개발할 수 있다는데, 그것은 어떻습니까? 현실성 있는 이야기입니까?"

"그렇기는 합니다. 그렇지만 혹시라도 실험이 잘못되면 온 우주가 없어진다니까요."

"하지만, 실험을 잘하면 지금도 고통받고 있는 많은 환자를 구해낼 기회가 있는 것 아닙니까?"

소장은 그렇다는 대답이 튀어나오는 것을 멈추고 잠시 망설였다. 마금희는 대답을 듣지 않고 다른 질문을 시작했다.

"실험이 잘못되면 우주가 없어진다고 하셨는데, 실험에

서 살짝 실수하면 그것 때문에 온 우주가 사라질 수 있다는 뜻인가요?"

"그렇지는 않습니다. 좋은 용도로 초끈붕괴 현상을 활용하는 기계와 우주를 없애기 위해서 초끈붕괴 현상을 활용하는 기계는 구조가 상당히 다릅니다. 초끈붕괴에 관한 연구를 여러 가지로 많이 해놓은 뒤에 그렇게 쌓아놓은 기술을 가지고 일부러 우주를 없애기로 작정하고 우주 파괴 기계를 따로 만들어야만 가능한 일이지요."

그 말을 듣고 마금희는 씩 웃었다. 그리고 엉뚱한 질문을 하나 던졌다.

"그럼, 소장님은 우주를 모조리 없애고 싶은 마음을 갖고 계십니까?"

소장은 어이가 없었다.

"그럴 리가 있겠습니까?"

"저도 그렇게 생각합니다. 소장님도 우주를 파괴할 생각이 없으시고, 연구소의 다른 연구원들도 우주를 파괴할 기계를 만들 생각이 없다면, 우리가 우주 파괴를 왜 걱정해야 합니까?"

"기술 자체가 위험해 보이기 때문입니다. 우리가 초끈붕괴 현상을 이용하는 기술을 개발하면 결국 그 기술을 다른 사람들이 배워서 여러 가지 목적으로 응용할 것입니다. 우리가 기술을 개발해서 많은 이론들을 만들어두었는데, 혹시 사악한 마음을 품은 악당이나, 인생이 싫어져서 세상이 끝장나버렸으면 좋겠다고 생각하는 이상한 사람 손에 그 기술이 들어갔다고 생각해보십시오. 그러면 그 사람은 우리 기술로 우주 파괴 기계를 만들 수도 있지 않겠습니까?"

"그럴 가능성이 얼마나 될까요?"

"얼마나 될지는 모르지만, 세상에 이상한 사람은 많잖아요. 혹시 아주 작은 확률로라도, 그런 사람이 우리가 개발할 기술을 배워서 초끈붕괴 현상으로 우주를 없애버린다면 그 피해는 너무나도 크기 때문에 애초에 기술 개발에 손대지 말아야 한다는 겁니다. 이 기술의 개발을 시작하는 것은 수류탄이 가득 들어 있는 무기 창고 앞에서 창고 열쇠를 어린애에게 넘겨주는 것입니다. 대부분의 어린이가 수류탄 터뜨리는 방법을 알지도 못할 것이고 굳이 수류탄을 터뜨리려고 하지도 않겠죠. 그렇지만 누가 어린이에게 수류탄 창고 열쇠를 맡기나요? 그런 위험한 일은 할 필요가 없는 것입니다."

소장은 열정적으로 대답했다. 그러나 마금희의 얼굴에는 여전히 여유만만한 웃음이 남아 있었다. 가만 보니 오히려 소장이 미끼를 물어서 반갑다는 눈치인 것 같았다.

"소장님의 연구소에서 최근 발견한 초끈붕괴 현상은 노력하다 보면 앞으로 세계의 다른 연구소에서도 발견할 수 있었던 현상입니다. 이런 현상이 가능하다는 사실이 알려졌으니, 아닌 게 아니라 곧 세계의 다른 연구소에서도 알아내지 않겠습니까? 그러면 우리나라 연구소에서 위험해서 연구하지 않는다고 해도, 다른 나라의 연구소 중에는 연구하는 곳도 있지 않을까요? 결국 다른 나라는 그 위험하지만 유용한 기술을 갖게 되고 우리나라만 없게 될 뿐입니다. 그러면 우리나라는 어떻게 되겠습니까? 이왕 우리가 먼저 발견한 것, 지금이라도 열심히 기술을 발전시켜서 위험을 최대한 막아보는 쪽으로 연구하거나, 연구와 동시에 방어 장치를 개발하거나 하는 등의 방법으로 진행해보는 것이 좋지 않을까요?"

"저희도 그 문제는 알고 있습니다. 그래서 저희는 저희만 연구를 중단하겠다는 게 아닙니다. 저희부터 시작해서 온 세계가 공동으로 앞으로 영영 이 기술은 연구하지 않기로 협의하자는 것입니다."

"우리나라를 싫어하는 나라도 많은데, 어떻게 세계가 모두 거기에 동참하겠습니까? 그리고 협의한다고 해도 이렇게 강력한 기술이라면 몰래 연구하지 않는다는 것을 어떻게 믿겠습니까? 더군다나…."

다시 마금희는 웃었다.

"우주 저편에 있는 우리는 알지도 못하는 어느 외계인이 이 기술을 지금 개발하고 있을지도 모르는 것 아닙니까? 가능성이 없다고는 할 수 없지요. 언제인가 그 외계인이 이 강력한 힘을 갖고 찾아올 시기를 대비하려면, 어쨌든 우리는 이 현상에 대해 잘 알고 있어야 합니다. 인류의 미래와 우주의 운명을 위해서, 우주를 단숨에 박살 낼 수 있는 이 기술을 연구해야만 하는 것입니다."

◘

한국에서는 〈제3의 눈〉이라는 제목으로 방영된 TV 시리즈 〈디 아우터 리미츠〉의 1990년대판 시리즈 시즌 4 에피소드 중에 〈파이널 이그젬〉이 있다. 한 대학생이 별것 아닌 사소한 부품만 갖고도 어지간한 핵무기와 같은 위력을 가진 폭탄을 만드는 아이디어를 떠올리는 장면이 나온다. 학생은 그 무기를 이용해 학교를 협박하는데, 그는 "의외로 이런 무기를 만드는 방법은 간단해서, 내가 아닌 누구라도 이런 무기는 이제 곧 어디선가 만들어낼 것이다"라고 섬뜩하게 중얼거린다.

원자폭탄이 처음 개발될 때도 이렇게까지 위험하고 강력한 무기는 개발하지 말자는 의견이 있었고, 수소폭탄이 처음 개발될 때 거기에 반대하는 과학자들이 꽤 여럿 있었다. 그러나 "적이 먼저 원자폭탄을 개발하면 그때는 어떡할 거냐?" "적이 먼저 수소폭탄을 개발하면 그때는 어떡할 거냐?"는 주장이 더 설득력을 얻어, 핵 개발은 결국 빠르게 진행되었다. 그 결과 우리는 세계 각국에 2만 발에 가까운 어마어마하게 많은 핵무기가 존재하는 겁나는 시대를 살게 되었다. 이런 문제는 다른 간단하고 위력이 센 미래의 기술에도 똑같이 적용될 수 있다.

생명공학 기술을 계속해서 연구하다 보면 어떤 나쁜 사람이 지구의 어느 구석에서 사람들에게 어마어마한 피해를 줄 수 있는 전염병 바이러스를 만들어낼 위험이 있는 것 아닐까? 인공지능 기술을 계속해서 연구하다 보면 어떤 나쁜 사람이 인공지능의 위력을 이용해 엄청난 범죄를 손쉽게 저지를 가능성도 같이 커지는 것 아닐까? 그러면 자유롭게 연구하지 못하도록 막고 연구를 엄격하게 제한해야 할까? 그러다가 연구를 제한하지 않은 다른 나라들의 기술이 더 빠르게 발전해서 우리나라를 위협하면 어떡하나?

38 전염병 대유행의 책임은 누가 져야 하나?

자연적으로 발생한 재난의 책임 범위 문제

#코로나19 #전염병 #팬데믹 #난개발 #풍토병

이미영은 최근 문제가 발생했다는 소문이 파다하게 퍼진 안드로메다은하의 페르세우스 행성에 도착했다. 확실히 무슨 문제가 있는 것 같기는 했다. 통신망에서 사람들의 말소리를 듣기 어려웠기 때문이다.

모든 안내 통신은 다 문자 메시지로 전달되었다. 하지만 컴퓨터가 분석한 자료에는 당장 위험하다는 결과는 보이지 않았다. 이미영은 페르세우스 행성에 착륙해서 좀 더 자세한 내용을 알아봐야겠다고 결심했다. 김양식이 이미영에게 물었다.

"너무 위험하지 않을까요? 은하수 순찰국에서 받은 일은 페르세우스 행성을 한번 살펴보고 오라는 것까지였잖아요. 우리가 구조대도 아니고 우주 경찰도 아닌데 굳이 착륙까지 해서 살펴볼 필요는 없잖아요?"

"그렇지만 모든 안내 표시가 대체로 무해하다고 알려주고 있잖아. 별일 없을 거라고. 이 행성에 순두부찌개 정말 잘하는 집이 있는데, 거기도 한번 가보고 싶고."

김양식은 굳이 안드로메다은하까지 가서 순두부찌개를 먹을 필요가 있나 싶었다. 다만 그가 봐도 행성에 특별한 위험은 없어 보이기는 했다.

그러나 행성에 도착해서 처음으로 만난 사람과 대화를 나누자마자 김양식은 문제가 무엇인지 알 수 있었다.

이 행성 사람들은 모두 노래로 말을 했다.

다들 평범하게 말할 수가 없었다. 뮤지컬이나 오페라의 한 장면처럼 일상생활의 대화를 전부 노래로 하는 이상한 행동이 행성에 사는 모든 사람에게 퍼져 있었다.

"전에 왔을 때는 이러지 않았던 것 같은데 도대체 왜 사람들이 다 노래로 말을 하게 된 거예요?"

이미영은 주문을 마치고 순두부찌개 가게 사장에게 물었다. 그러자 순두부찌개 사장은 보사노바 곡조가 기가 막힌 노래로 다음과 같이 대답했다.

"이 행성에만 도는 이상한 전염병이 퍼졌거든요. 뮤지컬힌트라고 하는 공기 속을 떠다니는 아주 조그마한 기생충이 있는데 이 기생충이 사람 귀나 콧속으로 들어가면 뇌로 파고들어 갑니다. 그리고 뇌를 제멋대로 갉아먹고 이상한 신경 교란 물질을 내뿜어요. 그러면 사람은 노래 없이는 말하지 못하는 병에 걸립니다. 그러니까 무슨 말이든 말을 하려면 반드시 노래로 표현해야 하는 겁니다."

"무슨 그런 이상한 병이 있어요. 원래 페르세우스 행성은 사람에게 해를 끼치는 미생물이 살지 않아서 제2등급 안전 행성으로 판정받은 곳인 줄 알았는데요."

"다들 그런 줄 알았죠. 그런데 아니었어요. 사람들이 페르세우스 행성을 계속 개발하고 있거든요. 특히 순순시티에서 큰 우라늄 광산을 하나 발견한 후로는 다들 난리가 났죠. 이렇게 좋은 자원이 많이 묻혀 있는 행성이니까 다들 또 광산 하나 파보자고 달려든 거예요. 어디 한 군데 뭔가 귀한 것이 묻혀 있는 곳만 발견하면 부자가 될 거라고 생각한 거죠. 그래서 우리 행성의 모든 나라가 다들 깊숙한 숲과 산골짜기, 바닷속과 빙하까지 온갖 곳들을 다 뒤지고 다니게 되었어요."

"그렇게 파헤치다 보니까 예전에 있는 줄 몰랐던 이상한 기생충이 살던 곳까지 들어가게 된 거다, 그런 이야기인가요?"

사장은 노래로 대답하기가 민망한지 그냥 소리 없이 고개를 끄덕였다. 어쩐지 그 동작조차 춤처럼 보였다. 이미영이 알 수 없다는 표정으로 순두부찌개를 먹지도 않고 앉아 있으니, 결국 사장은 다시 노래하기 시작했다.

"북쪽 지역을 개발하던 팍팍시티라는 나라 정부에서 이 기생충이 처음 시작되었습니다. 그리고 빠르게 전 세계로 퍼져나갔습니다. 결국 전 세계 모든 사람이 이 기생충에 다 감염되었습니다. 다들 열심히 연구하고 있기는 한데 아직까지 치료약이 나오지는 않았어요."

사장은 박자를 바꾸어 노래하기 시작했다.

"그래서 피해가 막심합니다. 세상에는 노래로 하면 잘 전달되지 않는 말도 있고 또 도저히 노래를 부를 수 없는 분위기라는 것도 있거든요. 자기가 하는 말에 맞는 노래 곡조를 찾는 것도 엄청 성가신 일이고요. 이 기생충 때문에 행성에 사는 모든 주민이 입은 피해는 정말 어마어마합니다. 저희만 해도 말할 때 노래로 말하면 음식에 침 튈 확률 더 높다고 싫어하는 사람들이 있어요. 맞는 말이기도 하죠. 음식 장사하는 사람들에게는 힘겨운 일입니다."

"큰일이네요."

"그래서 우리 도시랑 순순시티에서는 팍팍시티에 손해배상을 요구하려고 해요. 팍팍시티에서 시작된 병이 별 전체로 퍼졌으니까 팍팍시티가 관리를 제대로 못 한 책임을 지라고 하자는 거죠. 이런 기생충이 있는 곳을 뒤지고 다닌 것도 문제인 데다가, 설령 그 기생충이 사람 사는 세상으로 튀어나왔다고 해도 그 직후에 자기 도시만 피해를 보는 선에서 끝나도록 도시 사람들의 해외 이동을 통제했으면 이런 일이 없었을 거 아닙니까?"

"그렇지만 어떤 일이 터졌는지도 모르는 상황에서 무조건 사람들의 통행을 다 막는 것도 위험할 수 있을 것 같은데요. 팍팍시티에 머무르던 다른 도시 사람들 중에는 치료받기 위해서 고향으로 급히 돌아가고 싶었던 사람도 있었을 것인데."

"그것 말고도 문제가 많아요."

사장의 노래는 점점 격정적인 박자로 변해갔다.

"팍팍시티는 멋대로 북쪽 산골짜기 지역을 좀 심하게 깊이 파고들어서 개발했어요. 그 산골짜기에 살던 기생충이 탐사대원 몸에 붙으면서 이 병이 퍼지기 시작한 겁니다. 팍팍시티에서 괜히 욕심부리면서 북쪽 산골짜기를 탐사하지 않았다면 이런 병은 퍼지지 않았겠죠."

"아까 말하기로는 순순시티에서는 우라늄 광산을 찾아서 큰돈을 벌었다면서요. 어떤 도시는 옛날에 개발을 먼저 해서 돈을 벌었는데 다른 도시에는 함부로 개발하지 말라고 막는다면 그것도 문제 아닐까요?"

"개발할 때 하더라도 그런 위험한 기생충이 있는지는 철저히 조사해가면서 살금살금 들어갔어야 했죠. 부주의하게 산골짜기 지역으로 들어갔다가 기생충을 묻혀서 나온 것은 분명히 팍팍시티의 책임이 맞죠. 그러니 전 세계에 퍼진 이 병의 책임을 어느 정도는 져야 합니다."

"그렇지만 팍팍시티도 원인을 알고 나서는 나름대로 조치를 취하지 않았을까요?"

"그건 팍팍시티에서 하는 주장이에요. 그런지 어떤지 뭘 숨기고 있는지는 모르죠. 오히려 반대로 팍팍시티의 어느 실험실에서 음치들을 위해 노래를 잘 부를 방법을 연구하면서 이 기생충을 실험하고 있었는데 실수로 이 기생충이 탈출하면서 이 난리가 났다는 추측을 하는 사람도 있어요. 만약 그런 거라면, 이 모든 난리는 정말로 팍팍시티의 연구소가 배상해야 한다고요. 어찌 되었든 팍팍시티에서, 팍팍시티 사람을 통해서 맨 먼저 기생충이 시작되어 온 세상으로 번졌는데 아무 책임도 안 진다는 것은 좀 이상하다고요."

이후 이미영은 순두부찌개를 맛있게 다 먹었다. 계산하면서 다시 사장에게 물었다.

"정말로 팍팍시티가 배상을 할까요?"

"아마 쉽게 하려고 하지는 않겠죠. 어쨌든 자연 상태에 있던 기생충이 세상에 나와서 퍼졌는데 그런 자연적인 문제까지 한 도시가 책임져야 하느냐고 버틸 게 뻔하거든요. 요즘은 과학기술이 발달해서 전염병이 어떻게 시작되어서 어디로 퍼졌는지를 다 아니까 누구 책임이다, 누구 때문이다, 이런 말을 하는 거죠."

사장은 높은음으로 노래를 부르기 시작했다.

“따지고 보면, 옛날 옛적에 어떤 러시아 사람이 숲속에 들어가서 벼룩에 물렸다가 고향 마을로 돌아오는 바람에 온 세상에 흑사병을 퍼뜨렸을 수도 있고, 어떤 프랑스 사람이 바다 건너 외딴섬에 갔다가 엉뚱한 바이러스에 감염되어서 오는 바람에 온 세상에 장티푸스를 퍼뜨렸을 수도 있는 것 아닙니까? 그 옛날에 누가 정확히 어떻게 시작했는지 추적이 안 되기 때문에, 그 많은 사람들이 목숨을 잃은 것을 러시아나 프랑스에 배상하라고 이야기를 못 하는 것뿐이죠.”

“그렇게 치면 팍팍시티는 억울할 수도 있지 않을까요?”

“그런데 지금은 그 이상을 알게 된 시대잖아요. 아는 이상은 그냥 옛날처럼 넘어가는 것도 문제 아닐까요?”

마지막으로 사장은 그렇게 대답했는데 대답을 하면서 깜짝 놀랐다. 물어보는 이미영의 마지막 말소리가 어느새 노래로 변해 있었기 때문이다.

◘

사람이 좀비로 변하는 증상이 바이러스 때문에 전 세계로 퍼져나가는 상황을 다룬 SF 장편《세계대전 Z》에는 좀비 바이러스가 퍼질 때마다, 한 나라가 다른 나라 탓을 하는 장면이 자주 나온다. 좀비를 다룬 SF물 중에는 좀비 바이러스가 퍼지는 바람에 나라와 나라 사이에 서로 "너희 때문에 좀비 바이러스가 퍼지는 것 아니냐"고 다투다가 결국 전쟁을 벌이고 좀비 바이러스가 아니라 핵전쟁으로 전 세계가 멸망한다는 줄거리의 이야기도 가끔 나온다.

감염병이 퍼지는 상황에서 어떤 나라의 관리 책임을 물을 수 있느냐, 어느 정도 수준으로 물을 수 있느냐 하는 문제는 2020년 코로나19 바이러스가 전 세계에 퍼지면서 상당히 현실적인 문제가 되었다. 특히 미국과 유럽 등지에서는 중국을 비롯한 아시아 지역에서 코로나19 환자가 초기에 많이 생겨서 그것이 전 세계로 퍼졌기 때문에 감정이 격해져 괜히 길 가는 아시아인을 폭행하거나 아시아인들에게 욕하는 사건도 몇 차례 벌어졌다.

앞으로 세상의 교류가 많아지면서 감염병이 더 빨리, 더 심각하게 퍼지게 되고, 동시에 기술의 발전으로 감염병이 퍼지는 경로와 원인을 더 정확히 알게 되면 이러한 갈등은 더 심해질 수 있다.

39 생물을 어디까지 조작해도 되는가?

생명공학 연구가
대중화될 때의 문제

#돌연변이 #인공장기 #생명공학 #유전자조작

안드로메다은하의 페르세우스 행성에 갔다가 그 행성에서 발생한 희귀한 병에 걸린 이미영은 전염될 수 있으니 주변 사람들에게 자신을 찾아오지 말라고 이야기했다.

"도대체 어떤 증상이 나타나기에 그러십니까?"

"말하려고 하면 목소리가 안 나오고 노래를 해야만 목소리를 낼 수 있는 병이에요. 너무 이상한 병이라서 지구나 화성의 그 어떤 의사들도 그 병에 대해 모르더라고요."

"그러면 공암 행성으로 가보세요. 공암 행성은 정말 엄청난 의료 기술을 가진 별이라고 하더라고요. 치료비가 좀 들 수는 있겠지만 그 행성의 병원에서는 별별 특이한 병에 관해 다 알고 있다고 하더라고요."

우주선 정비 회사 직원에게 그 말을 들은 이미영은 공암 행성에 가보기로 했다. 공암 행성은 병원 행성이라고 불러도 될 만큼 도시마다 온통 병원, 요양원, 약국, 제약회사, 약초 농장, 수술용 로봇 생산 공장, 건강 휴식 힐링 센터 등등이 가득 들어찬 곳이었다.

"사람의 뇌로 파고드는 기생충 때문에 생기는 병이죠. 저희 약국에서 만든 약을 먹으면 그 기생충을 잡을 수 있습니다. 선생님 뇌에 딱 맞는 약을 만드는 데 시간이 좀 걸리니 기다려주시죠."

그 말을 듣고 이미영은 약국에 앉아 기다리기로 했다. 기다리면서 보니 약국 앞길에서 동네 아이들이 놀이를 하고 있었다.

"이번에 내가 만든 앤트래곤은 세계 최강이야. 네가 만든 것보다 훨씬 더 셀걸."

"아니야 내가 어제 만든 앤트롤은 아무도 이길 수 없어. 너도 두 번이나 졌잖아."

이미영은 아이들이 블록 장난감 같은 것으로 모형 우주선을 만들어서 서로 겨루는 놀이를 하는 것인가 싶었다. 그런데 고개를 돌려 자세히 보니 아이들이 갖고 노는 것은 블록 장난감이 아니었다. 장난감처럼 보였던 것은 꿈틀거리는 생물이었다. 아이들의 손에는 꽤 큼직한 개미가 들려 있었다. 그런데 그 개미의 모양이 흉측했다. 한 마리는 머리가 셋이나 달려 있었고 몸은 알록달록한 무지갯빛이었다. 다른 아이가 들고 있는 개미는 메뚜기처럼 뛸 수 있는 건장하고 긴 다리가 넷 달려 있었다. 그리고 개미가 정말로 메뚜기처럼 펄떡거리며 뛰어다녔다. 몸은 광합성이라도 할 수 있는지 진한 풀빛을 닮은 초록색이었다.

"저게 뭐야. 너무 징그러운데요."

"하하, 애들 노는 것이 뭐 다들 그렇죠. 쟤들은 좀 짓궂은 편이기는 하죠."

약국에서 약을 만들던 로봇 약사는 웃음소리까지 내며 말했다. 이미영은 그 말을 듣고도 전혀 이해할 수가 없었다.

"애들이 저런 흉측한 괴물 벌레를 붙잡아서 서로 죽고 죽이는 놀이를 해도 된다고요?"

"붙잡은 게 아닙니다. 어린이들이 직접 유전자 조작 기술로 개발해서 만든 동물입니다. 영특한 애들이라서 참 희한한 벌레를 잘도 만들었네요."

"아이들이 괴물을 직접 만든다고요?"

"괴물이라고 부를 것까지는 없겠죠. 원래 어린이들은 그림을 한 장 그려도 좀 삐뚤빼뚤하지 않습니까? 그런 거죠. 이곳 공암 행성은 생명공학 기술이 대단히 발달해 있습니다. 그래서 집에서 어린이들이 장난감처럼 갖고 놀 수 있는 유전자 조작 기계를 팔지요. 그러면 어린이들은 어릴 때부터 개미나 메뚜기 같은 짐승의 유전자를 자기 마음대로

NURSING

조작해서 변형하면서 놉니다. 애들은 그러면서 유전자 조작 기술에 일찌감치 익숙해지지요. 이런 아이들이 자라서 온갖 생명 현상과 생물의 복잡한 몸 내부를 자유자재로 다룰 수 있는 인재가 됩니다. 그 덕분에 우리 행성의 의학이 이처럼 발전하게 되었습니다. 우리 행성 병원에서는 못 고치는 병이 없고, 손님도 지금 이렇게 특이한 전염병을 간단히 치료받으실 수 있게 된 겁니다."

"그래도 그렇죠. 애들이 마음대로 생명체의 유전자를 조작하는 그런 엄청난 일을 해도 되나요?"

"기술이 발전하다 보면 그런 일이 항상 생기는 것 아니겠습니까? 1950년대에 컴퓨터라고 하면 과학자들이 특수 연구를 하는 데 사용하거나 무기 만드는 회사에서 최첨단 무기를 개발하기 위해 사용하는 장비였죠. 그렇지만 20세기 말이 되었을 때는 그보다 훨씬 더 좋은 컴퓨터를 아이들이 게임하고 노는 데 사용했잖아요? 그렇게 컴퓨터에 친숙한 아이들이 많아지면서 정보기술은 물론 소프트웨어 기술이 더욱더 빨리 발전하는 시대가 된 것이고요. 그래서 별의별 편리하고 더 정확한 자동 장치들이 개발되었고요. 그리고 이제는 생명공학에서 그런 시대가 열린 거죠. 애들이 컴퓨터 붙들고 게임하는 대신에, 이제는 유전자 조작 기계를 붙들고 어떻게 조작한 개미가 가장 잘 싸우는지를 고민하는 시대가 된 것뿐이에요."

이미영은 서로 물어뜯으며 싸우는 두 곤충을 바라보았다. 아이들에게 바람직하다는 느낌은 여전히 들지 않았다.

"그렇지만 생명을 저렇게 하찮게 다루는 것은 너무 잔인한 일이잖아요."

"저 정도가 과연 그렇게 잔인한 일일까요? 원래 아이들은 심심하면 개미 같은 작은 벌레 잡고 죽이면서 놀잖아요. 그냥 무의미하게 죽이는 것보다는 저런 식으로 창의적으로 논다면 그게 그렇게 나쁜 일은 아닌 것 같습니다. "

머리 셋 달린 개미가 점점 밀리는 것 같았다. 이미영이 다시 로봇 약사에게 물었다.

"위험하지는 않나요? 저런 식으로 애들이 멋대로 장난을 치다가 엄청난 해충을 만든다거나, 사람 피를 빨아 먹는 습성을 갖고 있으면서 쉽게 죽지는 않는 흡혈 벌레를 만들거나 하면 큰일 나잖아요."

"하하, 그렇지 않습니다. 저희도 모든 유전자 조작을 무제한 허용하는 것은 아닙니다. 다만 허용하는 정도가 좀 더 넓고 다른 행성에 비해서 좀 더 대중화된 것뿐입니다. 정말 위험하고 나쁜 실험은 할 수 없도록 하는 최소한의 제약은 이 행성에도 있어요. 게다가 이 행성에서는 모두들 생명공학과 유전자 조작에 친숙하기 때문에 그런 위험한 해충이 탄생할 것 같으면, 그것을 빨리 발견할 수 있는 감시 체계도 굉장히 발달해 있습니다. 아주 어릴 때부터 그렇게 유전자 조작을 하면서 노는 만큼, 그런 게 나쁜 짓이고 위험하다는 생각을 모두에게 철저히 교육시키고 있고요."

"그래도 위험할 것 같은데요."

"반대로 생각해보시죠. 이행성에서는 수많은 어린이가 최대한 안전하게 관리되는 실험을 많이 하면서 기술을 익히고 있어서 생명이나 유전자 조작과 관련해서 문제가 생기면 알아차릴 수 있는 사람들이 굉장히 많은 곳이에요. 그에 비해 다른 행성에서 이런 연구는 특수 허가 시설에서만 하고 있죠. 그런 특수 허가 시설에서 일하는 사람 중에 나쁜 사람이 하나 있어서 갑자기 무슨 무시무시한 세균 무기를 만들어낸다면 어떻게 될까요? 그런 일이 벌어졌을 때 세균을 빨리 찾아낼 수 있고, 그런 세균을 물리치는 약을 가장 빨리 개발할 수 있는 기술을 갖춘 곳은 어디일까요? 바로 여기 공암 행성 같은 곳이죠."

이어서 로봇 약사는 약이 완성되었다고 말했다.

약을 먹고 나니 잠시 후 재채기가 한 번 나왔다. 코에서 콧물인지 뭔지 모를 작은 덩어리가 갑자기 튀어나와서 좀 부끄러웠다. 그런데 그 뒤부터는 노래를 부르지 않고도 말할 수 있었다. 로봇 약사가 말했다.

"저는 뇌에 들어가면 기생충을 잡아먹고 다시 코로 나오는 작은 풍뎅이를 방금 유전자 조작으로 만들었습니다. 그리고 그것을 지금 고객님이 드신 겁니다. 그 풍뎅이는 제

역할을 잘했습니다. 제가 어릴 때 옆집 형에게 배운 유전자 조작 방법으로 만든 풍뎅이죠."

이미영은 고맙다고 하고 가게를 나왔다. 누가 이겼는지는 모르겠지만 두 아이는 사이좋게 웃으면서 나란히 집으로 가고 있었다. 길을 돌아 가게를 보니, 도마뱀의 유전자를 개조해서 공룡과 같은 모양으로 만든 생물이나 뱀의 유전자를 개조해서 하늘을 날아다니는 용의 모양으로 만든 생물을 판매하고 있었다. 저런 이상한 모양을 갖춘 생물을 과연 사람들 마음대로 만들어서, 그 생물이 평생 살아가도록 해도 되는 걸까?

'어차피 사람이든 동물이든 외모나 체질을 선택해서 태어나는 것은 아닙니다. 우연에 의해서 자기 모습으로 태어납니다. 어떤 사람은 못생긴 얼굴로 태어나고, 어떤 사람은 너무 약한 몸을 갖고 태어나기도 하지요. 그런데 우연에 맞기는 대신 누군가가 예술적인 목적, 실용적인 목적을 가지고 그에 적절한 모습으로 태어나는 것이 꼭 불행이라고 할 수 있을까요? 더군다나 이렇게 태어나는 동물들은 고통과 괴로움을 느끼지 못하도록 뇌를 조작하거나, 불행과 슬픔을 판단하는 수준의 지능도 갖지 못하도록 조작하고 있습니다. 고통과 슬픔을 느끼는 주체도 없는 것이죠.'

가게의 홍보 포스터에는 그런 설명이 적혀 있었다.

◘

1990년대에 영화로 큰 성공을 거둔 SF 장편 소설《쥐라기 공원》에는 유전자 조작 기술을 이용해 공룡을 되살려 동물원의 구경거리로 만드는 기술이 중심 내용으로 펼쳐진다. 이야기 속에서는 공룡이 되살아났다고 생각하는 사람이 많지만, 사실《쥐라기 공원》에 등장하는 공룡은 자세히 따져보면 불완전한 유전자를 개구리 유전자와 합쳐서 최대한 공룡다운 느낌이 나도록 개조한 동물이다. 그러므로 공룡을 되살렸다기보다는 공룡 모습과 비슷하게 생긴 동물을 유전자 조작으로 새로 만들어낸 쪽에 좀 더 가깝다.

《쥐라기 공원》에서는 이렇게 탄생한 동물이 사고를 일으켜서 사람을 공격한다. 그렇지만 만약 그렇게 탄생한 동물이 사고도 안 일으키고 사람을 공격하지 않는다고 하면 어느 수준까지 이런 기술이 허용될 수 있을까? 위대한 물리학자 프리먼 다이슨은 저서《상상의 세계》에서 20세기에는 물리학 실험에 학자들이 활용하던 각종 전기, 전자 기술을 어린이들, 학생들, 재미 삼아 컴퓨터로 이것저것 만들어보는 사람들이 널리 쓰게 되면서 큰 변화가 일어났다고 설명했다. 그리고 만약 21세기에 생물학에서 비슷한 일이 벌어져서 첨단 생물학 기술을 장난감처럼 누구나 사용할 수 있는 시대가 되면 어떤 거대한 변화가 벌어질지 모르겠다고 언급했다. 최근 스스로를 바이오 해커라고 주장하는 사람들은 장난감을 사는 정도의 돈으로 생명공학 실험용 약품을 사서 간단한 유전자 조작을 누구나 해볼 수 있다고 인터넷에서 자랑하듯 보여주기도 한다.

적지 않은 과학자들이 돼지의 장기를 조작해서 사람에게 이식할 수 있는 형태로 만드는 기술을 개발한다면 많은 환자의 생명을 구할 수 있으리라 보고 있다. 실제로 이 분야의 기술은 발전이 빨라서 세계적으로 돼지의 몸속에 있는 장기를 환자에게 이식하는 실험이 이미 몇 차례 이루어졌다. 한국에서도 같은 기술을 시도한다는 소식은 꾸준히 들려온다. 이런 실험이 당연하게 여겨지는 시대라면 상당한 정도의 유전자 조작 동물을 만드는 것이 필요한 세상이라는 뜻이다. 그렇다면, 유전자 조작을 허용하는 기준은 누가 어떻게 만들어야 할까? 누가 어떤 허가를 받아 유전자 조작을 할 수 있다고 해야 바람직할까? 그런 문제의 판단을 내릴 사람은 어떤 기준으로 정해야 할까? 지나치게 엄격하고 복잡한 절차 때문에 실험과 연구가 제대로 진행되지 못해서 사람의 생명을 구할 기회를 놓치는 것은 아닐까? 반대로 너무 헐거운 절차 때문에 징그러운 모습의 동물이 많이 탄생한다면 그런 일에는 문제가 없을까?

40 동면 장치에 들어가 미래 시대에 깨어날 수 있다면?

시간을 뛰어넘을 수 있는
기술의 용도에 관한 문제

#동면장치 #현실도피 #사형제보완 #선택의자유

이미영은 타고 다니는 우주선의 성능이 과하게 좋다는 생각을 하게 되었다. 회사가 그렇게 많은 돈을 버는 것도 아닌 데 비해 우주선은 굉장한 고성능 장비를 주렁주렁 달고 놀라운 속력으로 온 우주 곳곳을 단숨에 넘나들 수 있는 기계였다.

이미영은 우주선을 잠시 맡겨두면, 돈도 주고 동시에 훨씬 값싼 다른 중고 우주선을 빌려준다는 어느 우주정거장을 찾아갔다.

우주정거장에는 확실히 값싸고 오래된 로켓과 우주선들이 가득했다. 정말 가장 값싼 로켓을 구할 수 있는 곳에는 무서울 정도로 오래된 로켓들도 전시되어 있었다. 잘 찾아

보면 2020년대에 발사된 누리호 로켓도 찾을 수 있겠다는 생각이 들 만큼 오래된 장비투성이였다.

"이 우주선은 뭐죠?"

"이 우주선은 처음으로 화성이나 목성을 오가는 것이 보편화되었을 때 유행을 끈 기종이죠. 복고풍, 레트로 유행, 클래식 로켓 같은 것을 좋아하시는 분들에게 굉장히 인기가 많은 우주선이고요. 지금도 잘 작동합니다. 장거리 초공간 도약으로 태양계 바깥으로 간다면 좀 위험합니다만, 태양계 내에서만 돌아다닌다면 타고 다닐 만합니다."

우주정거장의 안내 로봇은 이미영에게 그렇게 설명해주었다. 빌리는 가격이 터무니없을 정도로 저렴했기에 이미영은 그 우주선에 관심이 갔다. 태양계 바깥 먼 우주를 돌아다니는 의뢰를 받을 수 없다는 것은 분명 큰 단점이었다. 그렇지만 힘들고 위험한 장거리 의뢰는 이제 좀 덜 수행하고 그 대신에 태양계 안에서 큰돈은 안 되어도 쉽게 해낼 수 있는 일을 좀 더 부지런히 해보는 것도 좋겠다는 생각도 들었다.

"이건 뭐죠?"

이미영은 낡은 우주선 내부에 설치된 침대 비슷한 장치를 가리켰다. 침대와 무척 닮아 보였는데 그러면서도 튼튼한 덮개가 달려 있어서 단순한 침대는 아닌 것 같았다.

로봇이 대답했다.

"옛날 우주선에 꼭 한 대씩 달려 있던 겨울잠 장치입니다. 동면 장치, 가사 장치라고도 하죠."

"그게 뭔가요? 겨울잠 장치요? 잠을 아주 오래 자게 해준다는 건가요?"

"비슷합니다. 정확하게 말하면 사람을 의식도 없고 몸도 움직이지 않는 상태, 거의 죽은 것과 비슷한 상태로 만들어주는 장치입니다. 이 우주선에 달린 버전은 효율이 좋은 장치라서 전기도 거의 들지 않죠. 그런 상태로 사람을 몇 달, 아니 몇 년이고 그대로 잠들어 있도록 해주는 장치입니다. 마치 동물이 긴 시간 겨울잠을 자면서 가만히 있는 것과 비슷하죠."

"이런 장치가 도대체 왜 필요한 거죠?"

"옛날 우주여행은 굉장히 오래 걸렸습니다. 20세기 중반에는 사람이 지구에서 달까지 가는 데도 사흘이나 걸렸죠. 화성까지 가려면 몇 달은 날아가야 했고, 목성, 토성까지 가려면 몇 년을 날아가야 했습니다. 그렇게 오래오래 우주선을 타고 다니면 너무 지겹겠죠. 그리고 그 긴 시간 동안 사람이 먹고사는 데 필요한 물과 식량을 다 싣고 가야 한다는 것도 굉장히 힘든 일이고요. 그래서 이런 겨울잠 장치를 개발해서 우주를 날아가는 동안 동면하고 몇 개월쯤 지나 목적지에 도착하면 깨어나는 겁니다."

겨울잠 장치는 좀 괴상했지만, 이미영은 그 우주선이 대체로 마음에 들었다. 결국 며칠 동안만이라도 낡은 구식 우주선을 타보기로 계약하고 우주정거장을 나섰다.

그런데 우주정거장을 나서자마자 갑자기 몸의 절반이 기계 장치인 북두칠성국밥이라는 별명의 우주 해적이 이미영에게 따라붙었다. 이미영은 그 우주해적과 한번 대결해본 적이 있었다. 혹시 낡은 우주선을 타고 있을 때를 노려서 북두칠성국밥이 복수를 하려는 것인가 싶었다. 이미영이 경계하며 소리쳤다. 그러나 북두칠성국밥은 의외로 살가운 목소리로 통신을 보내왔다.

"이미영 사장, 너무 그렇게 무섭게 말하지 마시오. 북두칠성국밥은 감옥에 갔다 와서는 깨끗하게 손 씻고 더 이상 우주해적질은 하지 않기로 결심했소. 이제는 착한 일만 하고 살기로 했다는 거요."

"네가 하는 말을 어떻게 믿을까? 그리고 착하게 산다는 놈이 왜 그렇게 음침하게 내 뒤를 따라와?"

"바로 이 사장 우주선에 달린 그 겨울잠 장치를 나한테 팔아넘기라는 거요. 물론 빌린 우주선이라는 것은 알고 있지만, 겨울잠 장치가 부서져서 버릴 수밖에 없었다고 하고 돈으로 물어주면 되지 않겠소. 내가 그 값보다 더 비싼 값을 쳐드리겠소."

"해적질하던 놈이 갑자기 겨울잠 장치는 왜 필요한데?"

이미영의 말을 듣고 북두칠성국밥이 대답했다. 목소리는 들떠 있었다.

"내가 감옥에 들어가 보니, 적지 않은 행성에서 큰 죄를 지은 죄인들에게는 영구 가사형이라는 형벌을 내린다는 것을 알게 되었소. 원래 중범죄자들에게는 사형을 내리는 경우가 많았는데 아무래도 사람의 목숨을 빼앗는다는 것이 꺼림칙하지 않소? 게다가 천에 하나, 만에 하나, 사형시켰는데 잘못된 판결이라는 것이 밝혀지면 어떻게 하겠소? 이미 빼앗은 목숨을 되돌릴 수도 없고. 그래서 사형을 없애고 몇십 년 동안 감옥에 그냥 가둬두자니, 그 긴 세월 그 사람에게 먹을 밥에, 입을 옷까지 준다는 것도 참 피곤한 일이란 말이오. 심지어 죄수가 병들면 치료도 해줘야 해요. 큰 죄를 지어서 사회에서 격리된 사람에게 그렇게 많은 돈을 들인다는 것도 아깝지 않소. 이럴 수도 없고, 저럴 수도 없어서 사람들이 개발한 형벌이 바로 겨울잠 장치를 이용하는 영구 가사형이오."

"사람을 사형시키는 대신에 계속 겨울잠을 자듯이 의식이 없는 상태로 보관만 한다는 건가?"

"바로 그런 거요. 목숨을 완전히 빼앗지는 않았지만 갇혀서 누워 있기만 하는 거요. 사회에서 완전히 격리된 채로 활동도 없으니 돈도 거의 안 들지. 나중에 유죄 판결이 잘못된 것이라고 밝혀지면 깨워줄 수도 있지 않소? 그리고 혹시 1,000년, 2,000년쯤 지나서 세상이 아주 많이 바뀌어서 아무리 큰 죄를 지은 죄인이라도 완전히 새사람을 만들 수 있는 기술과 문화가 자리 잡은 시대가 되면 그때 깨울 수도 있고."

"그렇지만 겨울잠 장치는 보통 몇 달이나 몇 년 정도만 보관하는 거잖아. 그렇게 몇십 년씩 보관하면 분명히 부작용이 있을 것 같은데."

"뭐, 상관없잖소? 어차피 사형을 당할 만한 범죄자였는데. 그 정도에 그치는 것도 죄인들은 별 불만 없는 거지."

"다른 벌과 비교해보면 불공평하다는 주장도 있을 것 같은데? 징역 10년을 받아서 감옥에서 10년 동안 갇혀서 늙어가느니 차라리 영구 가사형을 받으면 그냥 자는 사이에 세월이 지나갈 거고, 1,000년 후든 1만 년 후든 세상이 바뀐 후에 깨어나는 편이 낫다는 사람도 있지 않을까?"

"그것도 그런데, 사실 더 큰 문제가 생겼소."

"무슨 문제?"

"겨울잠 장치가 유행하다 보니, 죄가 없어도 겨울잠 장치에 들어가고 싶어 하는 사람이 생겼단 말이오. 예를 들어 몸이 쇠약해지고 뇌 기능도 떨어진 노인 같은 경우에 힘들게 사느니 그냥 겨울잠 장치에 들어가는 게 좋겠다고 하는 사람들이 있소. 언젠가 회춘 기술이 완성된 시대에 깨어나겠다는 거지. 고려장 협회라는 단체에서는 노인들에게 125세가 넘으면 그때는 겨울잠 장치에 들어가는 게 세상을 위해서 좋은 일이라고 적극적으로 권장하기도 하고 있소."

"고려장 협회라고? 그게 그래도 되나?"

"그뿐만 아니오. 요즘 태양계 바깥 지역에는 겨울잠 장치가 젊은 층에도 유행이오. 취직이 안 되거나 요즘 세상이 싫은 사람들이 겨울잠 장치에 들어가는 것이오. 10년 후나 100년 후쯤 깨어나서 세상이 완전히 달라지면 내 시대도 오겠지 하는 희망으로 들어가는 거지. 세상에 대한 거부감이 너무 심한 사람들은 그냥 10만 년 후쯤 깨어나야겠다고 마음먹기도 한다는 거요. 그래도 아예 목숨을 잃는 장치는 아니니까 사람들이 별 부담을 느끼지 않는다고 하오. 이렇게 현실 도피용으로 쓰이니 그 부작용을 걱정해서 정부에서 얼마 전에 고성능 겨울잠 장치의 생산을 금지했소."

"아, 그래서 이걸 노리는군"

"지금 그 우주선에 있는 것 같은 고성능 겨울잠 장치가 뒷골목에서 비싸게 팔린다는 거요. 그걸 나한테 넘기는 건 겨울잠 장치가 꼭 필요한 사람들이 사용할 수 있도록 좋은 일을 하는 거요."

그러나 이미영은 북두칠성국밥과 엮인 일치고 좋게 끝나는 일이 없었다는 생각을 하고 있었다. 그래서 바로 다시 우주정거장으로 돌아가 낡은 구식 우주선을 반납하고 원래 우주선을 되찾았다. 그리고 북두칠성국밥이 따라붙을 수 없을 정도로 빠른 속도로 은하수 바깥까지 먼 거리를 단숨에 날았다.

영화 〈데몰리션 맨〉에는 사형 판결을 받아 마땅한 죄수들을 냉동보존 형태로 그대로 굳힌 채 보관소 같은 곳에 넣어두고 영영 격리하는 제도를 시행하는 도시가 나온다. 죄수가 현재 살아 있는 사람들의 삶에 아무런 영향을 미치지 못하도록 격리한다는 발상이다. 이런 발상은 굳이 죄수가 아니라도 SF에서 종종 적용된다. 해당 시대의 상황을 싫어하는 사람들이 일종의 도피를 하기 위해 냉동보존을 택해 미래의 다른 시간까지 아무것도 안 하고 그저 잠든다는 선택을 하는 이야기들이 대표적이다. 자신이 선택한 전공이 미술인데 요즘은 너무 미술이 인기가 없어서 잘살 수 없는 시기인 것 같으면 겨울잠 장치에 들어가서, 10년, 20년 계속 자면서 기다린다. 그러다가 미술이 주목받는 시대가 오면 깨어나서 활약하겠다는 식의 생각을 하는 것이다.

겨울잠 장치나 냉동보존 같은 기술 대신 쌍둥이 역설을 이용하는 특수 상대성 이론의 시간 지연 효과를 사용하는 이야기도 많다. 이런 이야기에서는 광속에 가까운 빠른 속도로 우주여행을 떠났다가 돌아오는 사람들이 비슷한 경험을 하게 된다. 자신은 우주여행을 하면서 5분, 10분 정도 잠깐 졸았다고 생각하지만 우주선 바깥의 시간은 특수 상대성 이론 때문에 훨씬 빠르게 흐르므로, 100년 1,000년의 시간이 지나 있을 수도 있다.

한편 한국에서는 많은 젊은이들이 취업이 되지 않는 불경기를 피하기 위해 군대에 다녀온다든가 휴학하는 방법으로 시간을 벌어 취업이 더 잘되는 시기를 노리는 일이 종종 벌어진다.

겨울잠 장치나 우주여행을 이용해서 미래의 원하는 시대를 스스로 선택해서 사는 일은 바람직한 일일까? 법으로 금지할 필요는 없을까? 또는 익숙한 모든 것을 포기하고 이런 방법을 택하는 사람은 별로 없을 테니 법으로 금지하지는 않아도 될까?

자발적으로 겨울잠 장치를 이용해서 원하는 미래의 시간에 다시 깨어나겠다는 전제의 활용 말고, 범죄자를 영원히 또는 아주 긴 시간 격리하기 위해 겨울잠 장치를 이용하는 방법은 다른 관점으로 평가해야 할 것이다. 이런 활용법에 문제는 없을까? 또는 노인을 대상으로 겨울잠 장치를 운영하는 방안은 어떻게 평가해야 하는가?

41 매우 편리한 기술이 사고 확률은 거의 없지만 피해가 크다면?

기술의 편리함이 커질수록 위험도 커지는 문제

#확률적위험분석 #님비현상 #원자력발전 #교통사고vs.비행기사고

이미영과 김양식은 평범한 우주 배달 일을 하고 있었다. 화성과 지구 사이를 오가는 배달이라 위험한 곳을 날아다닐 필요도 없었다. 그만큼 돈도 별로 안 되는 일이었다. 그래도 '이 정도 일이라도 꾸준히 해야 먹고살지' 하는 생각으로 묵묵히 우주선을 조종하고 있었다. 고속으로 우주 공간을 비행하는 일은 조금 지루하기도 했다.

그런데 지구 근처에 거의 다 도착했을 때 전혀 지루하지 않은 일이 벌어졌다.

"거동 수상 우주선 접근 중! 위험할 정도로 가깝게 다가옵니다. 훅 들어오는데요!"

김양식이 외쳤다. 우주선 컴퓨터 화면을 믿을 수 없다

는 투였다. 이미영이 말했다.

"뭐 하는 놈들이야? 혹시 그때 싸웠던 우주 해적들인가? 그놈들은 경찰 병력이 많은 지구 근처에는 함부로 못 들어올 텐데."

"해적은 아닌 것 같아요. 무기도 없는 것 같고 우주선도 다 등록 우주선으로 확인되거든요."

"그래도 모르잖아. 평범한 우주 택시 같은 걸 훔쳐 탄 우주 해적들이 무기라도 들고 우리 우주선으로 쳐들어오려고 하는 거면 어떡해? 이렇게 난폭하게 달라붙는데. 아주 딱 붙었어. 거의 도킹하려는 기세인데."

그때 위험하게 달라붙은 우주선에서 통신이 들어왔다. 의외로 상대방은 굉장히 친절하고 외모도 우아한 사람이었다. 우주 해적들이 이마에 우주 해적이라고 쓰고 다니는 것은 아니지만, 우주 해적 같아 보이지는 않았다. 참고로, 하고 많은 우주 해적들 중에는 이마에 '우주 해적'이라고 쓰고 다니는 '이마파'라고 하는 놈들이 있기는 하다.

상대방이 말했다.

"당신네 화물만 가져가면 됩니다. 그리고 저희가 가져가면 도둑맞았다고 정식으로 신고해도 됩니다. 그 이상의 문제는 일으키고 싶지 않으니까, 저희가 화물칸에만 들어갔다 나오게 해주세요. 그러면 아무 문제 없이 그냥 가실 수 있습니다."

이미영은 김양식에게 말했다.

"뭐야, 말만 예의 바르게 할 뿐이지 우주 해적 맞잖아?"

"어쩌죠? 또 우주 해적을 만나다니. 너무 가까워서 도망치기도 어려우니 그냥 시키는 대로 하는 게 어떨까요? 요즘 같이 우주 해적이 많은 시절에 그냥 도둑맞았다고 하면 이해해 줄 거예요. 어차피 보험도 들었을 거 아니에요."

"그렇게 쉽게 일을 포기할 수는 없지. 이미영 사장에게 한번 의뢰를 맡기면 반드시 이루어진다는 신뢰라는 게 있잖아."

이미영과 김양식은 상대방 우주선과 한참 대치했다. 그리고 몇 가지 일을 겪은 뒤에 결국 양쪽은 서로 직접 만나게 되었다. 이미영은 상대방에게 물었다.

"도대체 우리 우주선에 뭐가 들어 있다고 그러는데요?"

그러자 상대방이 대답했다.

"사실대로 말할게요. 우주선에 있는 것은 초공간 도약 가속기 부품입니다."

"별로 대단한 물건도 아니잖아요? 화성, 목성에는 초공간 도약 가속기가 널려 있는데. 그걸 왜 가져가려고 하는 거예요? 돈 받고 중고 거래에서 팔려고요?"

"그건 그냥 초공간 도약 가속기 부품이 아니에요. 지구 근처에 설치할 초공간 도약 가속기를 만들기 위한 부품인 겁니다."

그 말을 듣고 이미영은 깜짝 놀랐다.

"지구 근처에 초공간 도약 가속기가 생긴다고요? 정말 그렇게 되면 엄청나게 편리해지겠네요. 초공간 도약 가속기가 근처에 있어야 우주선이 쉽게 초공간 도약을 할 수 있는데, 지구 근처에는 없어서 화성, 목성까지 가야 했잖아요. 그래서 지구에서 출발하는 장거리 우주선들은 많이 불편했거든요. 그 편리한 건설 사업을 한다는데 왜 방해하려고 하는 거죠?"

상대방은 그 말을 듣고 고개를 잠시 떨구었다. 그리더니 이미영에게 되물었다.

"애초에 초공간 도약 가속기를 지구 근처에 안 만든 이유를 잊으셨나요?"

"고장이라도 나서 폭발을 일으키면 너무 거대한 폭발이 될 수 있기 때문에 지구에 큰 피해를 줄 거라고 해서 그랬던 거죠. 그런 큰 폭발이 일어나면 어떻게 된다 그랬더라, 인명 피해가 1만 명은 될 거라고 했던가…."

"1만 명이 아니라, 10만 명입니다."

이미영은 의아하다는 생각이 들었다.

"그러고 보니 이상하네. 그렇게나 위험해서 지구 가까이에는 만들면 안 된다던 장치를 누가 만들려고 하는 건데요? 왜 갑자기요?"

"교통 공단 놈들이죠. 교통 공단에서 그동안 초공간 도

약 가속기에 대한 안전 관리 기술이 발전해서 사고가 일어날 확률은 100만 년에 한 번밖에 안 된다고 하고 있어요. 그러니까 무시할 만하다는 거죠. 그렇지만 아무리 100만 년에 한 번이라고 해도 사고가 터지면 사람 10만 명이 사망하는데 그런 걸 어떻게 지구 곁에 갖다 놓습니까?"

그 말을 듣고 김양식은 재빨리 계산해서 자료를 찾아보았다. 그러고 나서 이렇게 말했다.

"100만 년에 한 번, 사고가 났을 때 10만 명 피해라면, 나누어보면 1년에 0.1명 수준의 피해잖아요. 학교에서 소풍이나 체육대회 같은 행사를 하다가 사고당하는 사람이 그보다는 많을 것 같은데요. 그렇다고 모든 학교에서 소풍이나 체육대회를 금지하지는 않잖아요."

"그걸 그렇게 간단한 나누기로 계산할 수 있는 것은 아니죠."

"그럼 사고가 났을 때 보험사에서 피해 액수 산정하는 방식으로 계산해보자고요. 그래도 금액으로 따지면 초공간 도약 가속기가 있을 때 손해보다 이익이 훨씬 더 많을 거라고요."

"보험사에서 사고가 났을 때 피해 액수를 산정하는 방식은 어쩔 수 없는 사고가 일어났을 때 어쩔 수 없이 계산하는 방법일 뿐이에요. 어떻게 사람의 목숨을 돈으로 계산하겠어요. 다시 한번 잘 생각해보십시오. 사고가 터지면 사람

10만 명이 피해를 보는 엄청난 사고의 가능성을 갖고 있는 것입니다."

상대방은 결의를 다지는 것 같았다. 그리고 이어서 말했다.

"그런데도 교통 공단에서는 이 정도면 안전하다고 하면서 사업을 막무가내로 추진하고 있습니다. 그래서 저희는 초반모, 즉 초공간 도약 가속기 건설에 반대하는 사람들의 모임을 결성했습니다. 그리고 초공간 도약 가속기 건설을 위해 부품을 들여오려고 하면 이렇게 중간에 가로채기라도 하면서 반대하는 겁니다."

이미영이 말했다.

"그런데 사람이 도저히 이해할 수 없는 화산 폭발이나 우주에서 초신성이 폭발해서 지구에 피해를 주는 일도 어쩔 수 없이 가끔 일어나잖아요. 그런 도저히 피할 수 없는 일의 확률이 100만 년에 한 번 정도 아닐까요? 그렇게 낮은 확률은 무시할 수 있는 것 아닌가요?"

상대방은 그 말을 듣고 피식 웃었다.

"항상 위험한 걸 안전하다면서 만드는 사람들이 벼락 맞을 확률보다 낮다고 변명하죠. 그렇지만 굳이 번개가 칠 가능성이 있는 걸 우리가 할 필요는 없는 거라고요."

"그렇지만 교통사고와 비교해봐도 모호하잖아요. 자동차를 이용하면서 사고로 다치거나 목숨을 잃는 사람들이 엄청 많아요. 그래도 자동차를 금지하자고 하지는 않죠. 교통사고로 목숨을 잃는 사람들 숫자가 21세기 초만 해도 한국이라는 한 나라에서만 매년 2,000명 내지는 3,000명씩이었습니다. 그렇게 치면 참 이상한 일이죠. 하루 동안 걸어서 갈 거리를 30분 만에 가게 해주는 기계가 있다. 그 대신 1년에 사고로 3,000명 정도는 목숨을 잃을 거다. 선택해라. 그러면 조금 빨리 가자고 어떻게 사람 목숨을 1년에 몇천 명씩 희생하냐고 황당해하면서 모두가 반대할 거라고요. 그렇지만 자동차를 금지하지는 않잖아요?"

"자동차가 처음 등장한 20세기 초에는 사람의 목숨을 지금만큼 귀하게 여기지 않았고 교통사고의 위험에 대해서도 제대로 예상할 수 없었기 때문에 자동차가 그렇게 퍼진 겁니다. 지금은 시대가 달라졌죠."

"저는 저희 의뢰인이라서 그런지 모르겠지만. 교통 공단 쪽 입장도 이해가 가요. 굉장히 편리한 장치가 있는데 아주 작은 위험 때문에 무조건 금지할 수는 없잖아요?"

"100만 분의 1 같은 아주 작은 확률이 얼마나 정확한지는 장담하기 어려운 거예요. 미래에 혹시 사고가 날지도 모르고 안 날지도 모른다는데, 그 오차가 어느 정도나 될까요? 만약 교통 공단의 계산이 너무 낙관적이어서 100만 분의 1이 아니라 1,000분의 1이라고 하면 어떨까요? 1,000분의 1이라도 아주 가끔 일어나는 수준이라서 사람에게는 감이 오지 않는 수치죠. 하지만 100만 분의 1과 1,000분의 1을 비교해보면 1,000배 더 위험한 겁니다."

그리고 상대방은 잠시 멈추었다가 말을 덧붙였다.

"그리고 그냥 쉽게 생각해봐도, 잘못해서 터지면 10만 명이 피해를 본다는 건 누가 봐도 위험한 느낌을 주는 기계 아닙니까? 그걸 왜 지구 근처에 둔다는 겁니까?"

그 말을 듣고 김양식이 말했다.

"처음에는 초공간 도약 가속기가 굉장히 위험하다고 생각했는데, 지금 화성이나 목성 지역에서 여러 대 건설해서 오래 운영하는 것을 보니까 별문제 없이 잘 돌아가고 있는 느낌이 들거든요. 요즘 화성, 목성에서는 그 기계 덕분에 상당히 편리하고 풍요롭게 살고 있고요. 그러니까, 요즘 사람들이 보기에는 '다른 동네에서는 다 하는데 별문제 없는 거 아니야'라는 느낌이 들거든요. '쟤들은 저렇게 편리하게 사는데 우리는 답답하게 이게 뭐야' 하는 느낌도 주고요. 그런 분위기의 변화 때문 아닐까요."

복잡한 생각에 빠져 있는 사이에 상대방은 재빨리 움직여 부품을 가로챘다. 이미영은 당황해서 어떻게 할지 몰라 그대로 멍하니 있었다. 도망치는 상대방의 우주선을 보면서 이미영이 중얼거렸다.

"어떻게 많은 사람들에게 안전하다는 확신을 줄 것인가가 중요한데, 어찌 보면 온갖 숫자 계산보다 '남들 다 하니까 괜찮은 것 아니야'라는 것만큼 쉽게 많은 사람들에게 확신을 주는 방법도 없는데…."

◘

그냥 SF로 분류해버리기에는 환상 영화의 느낌이 강한 〈도니 다코〉에는 하늘을 날아가던 비행기가 부서지는 바람에 그 비행기의 부품이 어느 집 지붕에 떨어져서 그 집에 살던 사람이 피해를 보는 이야기가 나온다. 분명히 비행기 사고는 아주 가끔은 일어난다. 높은 곳에서 비행기 사고가 일어난다면 비행기가 지나다니는 곳에서 꽤 멀리 떨어져 있는 사람도 이 영화 속에 나온 것과 같은 사고를 당할 가능성은 생긴다. 그렇다고 해서 대부분의 사람들이 갑자기 난데없이 하늘에서 비행기 부품이 떨어질 것을 걱정하면서 살지는 않는다. 왜 그럴까? 어느 정도의 위험일 경우에 사람은 이를 무시하고 안심할 수 있을까?

찬찬히 따질수록 의외로 쉽지 않은 문제다. 그나마 숫자로 명확하게 나타나는 돈에 관한 문제는 계산이 쉬운 편에 속한다. 예를 들어, 10퍼센트 확률로 이길 수 있는 도박에 1,000원을 거는 것과 50퍼센트로 이길 수 있는 도박에 200원을 거는 것이 비슷하다는 식의 계산을 해볼 수 있다는 이야기다. 그렇지만 심지어 이런 문제조차 판단의 오류는 계속해서 발생한다. 똑똑한 사람들이 가장 복잡한 계산을 총동원해서 위험을 평가하는 금융시장, 투자시장에서도 이해할 수 없는 대폭락이나 급격한 파산 사건은 심심찮게 일어난다.

하물며 사람의 목숨과 관련된 문제는 판단하기가 대단히 어렵다. 목숨을 잃을 확률이 1퍼센트지만 성공하면 1만 원을 벌 수 있는 도박이 있다면 대부분의 사람은 참가하지 않을 것이다. 그렇다면 10억 원을 벌 수 있다면? 100억 원을 벌 수 있다면? 혹은 목숨을 잃을 확률이 0.001퍼센트지만 성공하면 10만 원을 벌 수 있는 도박이 있다면 그것은 해볼 만한 일일까? 바로 목숨을 잃는 것이 아니라 그래도 치료될 가능성이 있기는 있는 아주 큰 병에 걸리는 것이라면 어떻게 생각해야 할까? 성공 또는 실패 확률이나 병이 치료될 확률은 얼마나 정확하다고 판단해야 할까? 정확하지 않다면 그 정도는 계산에 어떻게 반영해야 할까?

이런 문제는 사실 새로운 기술을 이용한 시설을 건설하거나 새로운 교통수단을 사용하는 일 등에서 항상 벌어진다. 인공지능이 자동으로 조종하는 하늘을 날아다니는 택시가 실용화된다고 하자. 어느 날 고장이 일어나거나 예기치 못한 돌풍을 만나 추락할 확률이 얼마가 되면 안전하다고 허용할 수 있을까? 얼마 정도면 안전하다고 믿고 탈 수 있을까? 기술이 발달하면서 이런 안전 문제에 대해서는 PRA, 즉 '확률적 위험 분석probabilistic risk analysis'이라는 하나의 학문 분야가 생겨서 수십 년간 발전해올 정도로 많은 사람들이 고민하고 있다. 그렇지만 아무리 PRA를 총동원해서 학자들이 안전한 수준이라고 판단할 수 있다고 해도, 그것을 통해 많은 사람들이 안전하다고 느끼도록 해주는 설득력이 있는 설명을 하는 것은 또 다른 문제일 수 있다.

42 설명할 수 없는 깨달음을 진짜라고 할 수 있을까?

논리로 입증되기 어려운
지식과 깨달음이 전파되는 문제

#우주원리 #생명탄생의신비 #깨달음 #사이비종교

어느 날 문득 이미영은 사업을 하며 너무나 많은 일을 겪었다는 생각이 들었다. 도대체 왜 이렇게 수많은 위기와 고민과 곡절을 도대체 왜 겪으며 살아야 할까?

과연 이 사업을 언제까지 해야 할까? 이런 식으로 인생을 사는 것이 옳을까?

그런 고민을 계속하다 보니 이미영의 고민은 더욱더 깊어졌다. 도대체 인생을 사는 목적은 무엇일까? 사람은 왜 태어나는가? 사람은 왜 목숨을 잃는가? 사람의 목숨이 생겨났다 사라지는 이 세상은 도대체 왜 생겼는가? 이게 다 뭐 하자는 걸까?

결국 이미영은 그 고민의 늪에 완전히 사로잡혀 버렸

다. 이미영은 김양식에게 말했다.

“잠깐 며칠 동안 어디 좀 갔다 올게.”

“인생의 의미와 우주의 이유에 대해 고민하시다가 너무 깊이 빠져버리신 거예요? 어딜 가시게요?”

“지난번에 솜브레로 은하에 갔다가 들은 건데, 고양이바퀴 은하의 426553 행성 북부 대륙 서쪽 지방에 어떤 깊은 동굴이 있다고 하거든. 그 동굴의 중심부에 그 모든 문제에 관해 깊이 고민하다 깨달음을 얻은 현명한 스승이 살고 있대. 그 사람이 이 시대의 참 스승이래. 그 사람에게 가르침을 받고 나서 인생의 의미와 우주의 이유에 관해 진정한 깨달음을 얻은 사람이 그렇게나 많다고 하더라고.”

“그래서 갑자기 회사 일은 잠시 멈추시고, 고양이바퀴 은하의 머나먼 행성의 동굴 속에서 가르침을 베푸는 이상한 스승을 만나서 인생에 대한 가르침을 얻고 오겠다는 거예요?”

이미영은 그 말에 따로 대답하지 않았다. 그렇지만 대답을 안 한다는 것이 그렇다는 뜻인 것 같았다. 이미영은 우주선을 고양이바퀴 은하가 있는 방향으로 날아가도록 했다.

그 후 열흘이 지나도록 이미영은 아무런 소식을 보내오지 않았다. 김양식은 처음에는 상당히 걱정했다. 그렇지만 인생과 우주의 모든 것에 대한 가르침을 그렇게 쉽게 얻을 수는 없을 테니 이미영이 금방 돌아오지는 못하겠거니 싶었다. 그래서 그냥 느긋하게 생각하기로 했다.

시일이 좀 더 흐른 어느 날, 김양식이 화성의 어느 약수터에 있는 평행봉에서 아침 운동을 하고 있는데 갑자기 이미영이 나타났다.

"사장님? 돌아오신 거예요? 어떻게 된 거예요? 인생을 왜 사는지, 이 우주는 왜 여기에 있는지 그 모든 것에 대한 깨달음을 얻으셨나요?"

이미영은 살짝 취한 듯한 얼굴이었다. 그렇지만 취한 것은 전혀 아니었다. 그리고 대단히 아름다운 미소를 크게 띠고 있었다. 그렇지만 웃는 소리는 조금도 내지 않았다. 이미영은 아무 말 없이 고개를 끄덕거렸다.

"그러면 저한테도 말씀해주세요. 도대체 인생의 의미는 뭐지요? 왜 이 세상은 생겨나서 지금 이렇게 펼쳐져 있는 건가요? 이 모든 것을 과연 어떻게 받아들여야 할까요?"

"세상의 그 모든 진리를 내가 그냥 말 한마디로 다 전해줄 수는 없어. 굉장히 심오하고 엄청나게 복잡하거든. 그렇지만 그 깨우침의 경지에 도달하면 딱 알 수 있어. 바로 이게 그 답이구나, 이게 그 깨달음이구나, 알 수가 있다고. 그러면 모든 것이 환히 보이지. 모든 것이 편해지고, 모든 것을 알게 되지. 말로 할 수는 없는 아주 오묘한 것이지만 직접 깨우치고 나면 그 경지를 다 알게 돼."

"그게 무슨 말이에요? 깨달음을 얻었지만 그 깨달음이

뭔지 말해줄 수는 없다니. 그럼 그게 도대체 뭔지 어떻게 알아요?"

"말로 전달할 수는 없어. 너도 직접 경험해보면 알 텐데. 왜, 그런 이야기 있잖아. 열심히 집중해서 온 마음을 쏟아서 애쓰다 보면 뭔지 알 수는 없지만 갑자기 머리가 맑아지면서 답을 알게 된다거나, 아무도 없는 곳에 가서 눈을 감고 긴 시간 명상하다 보면 갑자기 마음이 우주 전체와 통하는 느낌이 들면서 세상 모든 고민에 대한 풀이를 알게 된다거나, 그런 거."

"그래서 사장님도 기도를 하셨다는 거예요, 아니면 명상을 하고 오셨다는 거예요?"

"기도나 명상이 아니라 훨씬 확실하고 완전한 방법이 있지. 바로 흑금의 가르침을 듣는 거야."

"뭔 소리예요? 흑금이 누군데요?"

"바로 내가 고양이바퀴 은하에 가서 만나고 온 스승이 흑금이라는 분이야."

그러면서 이미영은 김양식도 인생의 의미와 우주의 이유에 관해 완전한 답을 얻고 싶으면 흑금을 만나라고 말해주었다.

이미영이 너무 이상하게 변한 것 같아서 김양식은 불안했다. 그 때문이라도 김양식은 이미영이 도대체 왜 이렇게 되었는지 밝혀야겠다고 생각했다. 결국 김양식은 이미영의 안내를 받아 고양이바퀴 은하의 426553 행성으로 가게 되었다.

우주선을 동굴 앞쪽의 냇가에 착륙시킨 이미영은 반가운 친구를 만나러 가는 듯이 동굴을 향해 달려갔다. 김양식은 이미영을 따라가는 척하다가 동굴 입구에서 옆으로 빠졌다. 그 대신 자신을 닮은 모습으로 위장한 로봇을 보냈다. 자신은 로봇과 무선 인터넷으로 연결해서 로봇이 보고 듣고 감지하는 것을 동굴 밖에서 살펴보려고 했다.

동굴 깊이 들어가니, 중앙의 높다랗고 아름다운 자리에 흡사 지구의 곰을 닮은 생명체가 앉아 있었다. 그 곰은 목소리가 매우 좋았고 은하수 공용어를 할 줄 알았다. 그것이 바로 흑금이었다.

흑금이 김양식을 닮은 로봇을 향해 말했다.

"너도 우주가 왜 생겨났는지 알고 싶고, 인생의 의미가 무엇인지 진정한 깊은 깨달음을 얻고 싶으냐? 삶과 세상에 관해 모든 것을 꿰뚫는 진정한 진리를 알고 싶으냐?"

"그렇습니다."

로봇이 그렇게 대답하자 흑금이 로봇에게 뭐라고 대답해주기 시작했다. 그때 로봇의 감지 장치에 다른 물체가 접근하는 것이 감지되었다.

얼마 후 로봇은 이미영과 함께 걸어 나왔다. 이미영은 그제야 김양식 본인 대신에 로봇이 들어왔다는 사실을 알고 의아해했다. 그러나 이미영이 그에 대해서 뭐라고 말하기도 전에 김양식이 먼저 다급하게 말하기 시작했다.

"사장님, 사장님은 지금 당장 병원으로 가야 해요."

"왜 그러는데? 나는 지금 태어나서 그 어느 때보다 평온한 상태야. 모든 깨우침을 얻었다고."

"그게 아니라니까요. 사장님, 흑금이라는 외계생명체 근처에는 유로파의 비행 기생충이 살고 있어요. 저 대신에 보낸 로봇이 그 비행 기생충이 있다는 것을 감지해냈어요. 그 기생충은 아주 조그마해서 거의 눈에 보이지 않을 정도로 작은 나비처럼 생긴 벌레인데 사람 귓속으로 들어가서 뇌를 파먹어요. 그래서 그랬던 거라고요."

"그래서 뭐 어떻다는 건데?"

"그 기생충은 사람의 뇌에서 비판적으로 생각하는 능력이 있는 부분, 의심하는 부분을 교묘하게 갉아 먹어요. 그렇게 뇌가 다치고 나면 주위에서 무슨 말을 하든지 그런가 보다 하게 된다고요. 바로 그런 상태에서 그 흑금이라는 녀석이 '너는 우주의 모든 것에 대한 깨달음을 얻었다'고 말해주면, 사실은 아무것도 깨닫지 못했는데 그냥 깨달음을 얻었다고 착각하게 되는 거예요. 그래서 깨달음을 얻었지만 그걸 다른 사람이 이해할 수 있게 설명하지 못하는 거고요."

"뭐라고? 이 깊은 깨달음을 얻은 기분이 모두 다 그냥 가짜이고 착각이고 환각이라고?"

"그뿐이 아니에요. 그 기생충이 더 커지면 친구를 데리고 동굴로 다시 돌아가고 싶어져요. 그러면 친구도 기생충에 전염되는 거죠. 마지막에는 동굴에서 쓰러지게 됩니다. 그러면 흑금이라는 놈이 쓰러진 사람을 냠냠냠 잡아먹는 거예요. 그런 식으로 흑금과 기생충이 공생하는 거라고요."

"말도 안 돼. 나는 우주의 모든 의미에 대한 깨달음을 얻었다고. 그런데 기생충을 두려워하겠어?"

이미영은 김양식의 말을 믿지 않고 다시 동굴로 들어가려고 했다. 김양식은 로봇과 힘을 합쳐 이미영을 제지해서 꽁꽁 묶어두고, 그대로 우주선을 전속력으로 움직여 지구에 있는 병원으로 향했다. 김양식이 이미영에게 말했다.

"다른 사람들에게 설명해줄 수 있고, 생각이 다른 많은 사람들이 명확하게 검증할 수 있어야 확실한 지식이라고 할 수 있는 것 아닐까요? 만약 어떤 깨달음이 있는데 그 깨달음을 제대로 표현할 수도 없고 다른 사람이 검증할 수도 없어서 직접 그 경지에 도달하기 전에는 남에게 알려줄 수도 없다면, 그것이 진짜 깨달음인지, 그냥 깨달음을 얻었다고 착각하고 있는지 확인할 수가 없지 않나요? 그런 것이 과연 진짜 중요한 지혜일 확률이 얼마나 되겠어요?"

지구의 병원에 도착하자 응급 의사 로봇은 기생충을 녹이는 약을 한 알을 처방해주었다. 로봇이 준 약을 먹은 이미영은 채 5분이 지나지 않아 다시 건강해졌다는 진단을 받았다.

그렇게 해서 왜 인생을 사는지 고민하고, 이 세상이 다 뭐 하자는 것인지 끝없이 답답해하는 상태로 되돌아갔다.

○

스타트렉 시리즈의 영화판 5편, 〈스타트렉 V: 최후의 결전〉에는 은하수의 샤카리라는 곳에서 우주와 생명의 모든 문제에 대해 통달하고 있으며 모든 고민에 대한 해답을 들려줄 수 있다는 믿음직한 목소리가 들려온다. 이것은 과연 정말로 우주의 모든 것에 대해 도통한 무엇인가가 하는 이야기일까? 아니면 그냥 목소리가 멋있고 위엄 있어서 사람의 마음을 들뜨게 하는 상대일 뿐일까?

예로부터 글이나 말로 명확하게 설명할 수 없는 지식에 대한 고민은 꾸준히 이어져 왔다. 지식의 범위가 넓어지고 보통 사람의 이해력이 지식의 수준을 따라잡기 점점 어려워지면서 이런 고민은 조금 더 현실적인 문제로 변화해왔다. 설명하거나 공유할 수 없는 지식을 지식이라고 할 수 있을까? 단순히 한 사람의 착각은 아닐까? 소수의 전문가나 이해력이 높은 사람만이 받아들일 수 있는 지식이라면 그것의 가치는 어느 정도라고 보아야 할까?

한편으로는 많은 사이비 조직이 "이게 왜 좋은지 말로 표현할 수는 없지만, 일단 들어와서 활동해보면 좋다는 것을 알게 된다"는 말로 사람들을 먼저 조직 안으로 끌어들인다. 그리고 내부 사람들에 둘러싸여 지내는 동안 자기도 모르게 그 사이비 조직과 함께하는 것이 좋은 것이라는 착각과 같은 기분을 진짜라고 믿게 된다. 그렇다면 갈수록 "말로 할 수는 없지만 내가 직접 겪어봐서 안다"는 자신의 느낌을 너무 믿다가는 점점 곤란한 세상이 되어가는 것 아닐까?

43 컴퓨터 게임으로 돈을 벌면 나쁜가?

사이버 세상 속에서 벌이는 경제적 이익 추구에 관한 문제

#게임산업 #가상세계 #게임아이템거래 #게임도박

이미영과 김양식은 카노푸스 3 행성에 동그랗고 커다랗게 생긴 기계 장치 하나를 떨어뜨려 달라는 의뢰를 받았다. 임무 수행을 위해 우주를 날아 카노푸스 3 행성에 거의 다 도착했을 무렵이었다. 두 사람의 우주선 앞에 화려하게 치장한 대형 우주선 한 대가 나타났다. 그 우주선은 치장으로 보아 유람선 같아 보였지만 크기나 형태는 공격 무기를 여럿 숨기고 있다고 해도 어울릴 만큼 건장한 모습이기도 했다.

"저런 게 왜 우리를 가로막는 거죠?"

김양식이 말했다. 곧 화려한 우주선의 선장으로 보이는 사람이 통신 화면에 나타났다.

"더 이상 오시면 곤란합니다. 물러나 주십시오. 두 분이 하시려는 일은 은하수 전체에 걸쳐 8,000억 원 이상의 손해를 일으킬 것입니다. 그뿐만 아니라 중요한 산업 질서를 엎어버리는 굉장히 위험한 작업입니다."

이미영은 떨어뜨릴 예정이었던 기계 장치를 보았다.

"이것 때문에 그러시나요? 저희는 지구 방송 연예 지원청의 의뢰로 일하는 겁니다. 이게 무슨 무시무시한 폭탄이라도 되나요? 방사능도 감지되지 않고 위험물 반응도 전혀 없었는데요."

"폭탄이라서가 아닙니다. 차라리 폭탄이면 저희가 이렇게 걱정하지도 않습니다. 그 장치는 초공간 통신 방해 장치입니다. 막강한 방해 전파를 이 근방 우주에 퍼뜨리는 장치입니다. 만약 카노푸스 3 행성에서 그 장치를 작동시키면 카노푸스 2 행성에 있는 저희 회사 컴퓨터와 다른 컴퓨터의 연결이 다 끊어져 버립니다. 그러면 난리가 나겠죠."

"난리가 나다니요? 사람들이 위기에 빠져 있는데 구조대와 통신이 끊어지거나 하는 문제가 있나요?"

"그런 게 아닙니다. 엄청나게 큰 사업상의 문제가 생깁니다. 저희 카노푸스 2 행성에는 초대작 히트 게임 '하이3라이프'의 서버가 있기 때문입니다. 하이3라이프는 전 우주에서 40억 명이 즐기는 엄청난 인기 게임입니다. 그런데 그런 이상한 장치를 작동시키는 바람에 만약 하이3라이프와 지구를 통신으로 연결할 방법이 막힌다면 그 손해가 얼마일지 상상해보십시오."

이미영은 40억 명이라는 말에 잠깐 기가 질렸다.

"그런데 그렇게 장사가 잘되는 게임이면 지구 방송 연예 지원청에서 왜 그 게임을 방해하는 작업을 우리에게 부탁한 거죠?"

"뻔하지 않습니까? 지구 방송 연예 지원청에서 우리를 괴롭히려는 겁니다. 우리를 괴롭혀야 우리가 지구 방송 연예 지원청이라는 관공서의 말을 잘 들을 것이고, 그래야 우리로부터 돈이라도 더 뜯어낼 수 있는 거죠. 지원청이라는 관공서가 그만큼 힘이 생기는 것이라고요. 하다못해 지원청 공무원들이 퇴직한 다음에 우리 회사나 관계사에 취직시켜 달라고 조르기라도 하지 않겠습니까?"

"그렇더라도 무슨 이유를 대기는 댔을 거 아니에요? 이유는 뭔데요?"

"그들은 우리 게임이 사실은 보통 게임인 척하는 인터넷 도박이라고 주장합니다."

그 말을 듣자 김양식은 생각나는 것이 있었다.

"하이3라이프, 처음 나왔을 때 사용자들끼리 가위바위보를 해서 아이템 따먹는 놀이가 굉장히 유행했죠. 하이3라이프의 아이템은 엄청나게 비싼 값에 거래되니까 현금이나 다름없단 말이에요. 저도 그 이야기를 들은 기억이 나요.

그것 말고도 하이큐라이프에서는 게임 속에서 지나가는 자동차 중에 어떤 차가 일찍 도착할지, 등장인물끼리 싸울 때 누가 이길지 돈내기하는 문화도 있었거든요. 그런 게 다 경마나 스포츠 도박 같은 거라고들 했어요."

"그것은 다 옛날이야기입니다. 처음 하이큐라이프가 나왔을 때 그런 지적이 나와서 바로 금지시켰습니다. 지금은 인공지능 프로그램이 그런 일을 사전에 막고 있어요."

"그렇지만 하이큐라이프에서 하는 일은 도박 같은 게 많다는 지적이 그 후에도 계속 나왔어요. 강에서 낚시를 할 수 있는데 운이 좋으면 아주 큰 물고기를 낚을 수 있고 그런 물고기는 비싼 아이템으로 바꿀 수 있거든요. 마치 복권 같죠. 하이큐라이프를 하려면 돈을 내야 하는데 그 돈이 복권값이고, 큰 물고기를 잡으면 당첨과 같은 거잖아요."

"그래도 복권은 아니잖아요."

"오히려 복권보다 중독성은 훨씬 강하죠. 복권은 그냥 숫자를 확인할 뿐인데 하이큐라이프에서는 물고기가 잡힐 듯, 잡힐 듯하면서 안 잡히는 스릴이 있거든요. 다른 여러 가지 즐길 거리도 많고요. 그러면서도 하이큐라이프는 종이로 된 복권을 만들어서 팔고 확인하는 절차 없이 게임 속에서 모든 게 진행되니까 사업하기도 훨씬 편해서 급성장했다고요. 이런 게 다 도박 아니냐고 한 거죠."

그러고 보니 이미영도 생각나는 것이 있었다.

"'지하용사 888'이라는 게임에서도 이런 비슷한 문제가 있지 않았어요? 땅을 파고 다니면 땅속에서 가끔 금덩이가 나올 때가 있는데, 이걸 발견하면 복권 당첨되는 것이나 다름없었잖아요. 거기다 두더지 괴물과 싸울 때도 이기면 좋은 아이템을 줬는데, 괴물의 약점이 머리, 가슴, 배 중에서 무작위기 때문에 사람들은 돈 걸고 셋 중에 하나 고르는 야바위 게임이랑 다를 바 없다고들 했어요. 그렇게 게임에서 한탕 노리는 사람들이 점점 많아지니까, 아예 게임 회사들이 게임해서 돈을 벌라고 광고도 했잖아요."

화려한 우주선을 타고 있던 사람은 그 말을 듣고 한숨을 쉬었다.

"그때 그런 광고가 유행했던 것은 게임 회사들은 게임이 성공하면 엄청난 돈을 버는데 정작 그 게임의 성공에 중요한 역할을 한 사용자들에게는 별로 돌아가는 게 없다고 해서, 게임 회사들이 사용자들에게도 이익을 주겠다는 좋은 뜻으로 시작된 겁니다."

"그렇지만 그것은 도박장도 마찬가지 아닌가요?"

"세상에 돈을 버는 일이 어느 정도는 다 그런 것 아닌가요? 그렇게 치면 주식이나 부동산 투자가 더 도박 같은 느낌이죠. 더군다나 저희 회사는 방송 연예 지원청에서 자꾸 문제를 제기하는 바람에 이제는 아이템을 돈으로 바꾸는 행위가 완전히 금지되었습니다. 돈을 벌기 위해 게임을 하라는 식의 홍보도 더 이상 안 하고 있고요."

"그래요? 그런데 지원청에서는 왜 이걸 지금도 문제 삼는 거죠?"

"그걸 몰라서 저희도 대응할 방법이 없어 답답합니다."

화려한 우주선을 타고 있던 사람은 자신이 하이3라이프의 아이디어를 처음 내놓은 사람이라고 밝혔다.

"20세기의 컴퓨터 게임 사용자들은 옛날 해적들의 생활이나 중세 시대 칼싸움 같은 것을 게임으로 체험해보는 것을 좋아했죠. 옛 시대를 체험하는 게임은 매력이 강합니다. 그래서 제가 아이디어를 낸 거죠. 21세기 초의 치열하고 힘들다는 고등학교 3학년 학생들의 삶을 게임으로 만들면 어떨까. 그 아이디어가 대성공을 거둔 게 바로 하이3라이프입니다. 하이3은 바로 고3이라는 뜻이죠."

"하이3라이프가 그런 뜻이었군요."

"지금은 전 세계에 걸쳐 엄청나게 많은 사람들이 하루에 몇 시간 이상을 투입해서 하이3라이프를 하고 있습니다. 하루에 3시간씩 게임을 한다고 치면 가장 인기 있는 TV 프로그램을 보는 시간보다 하이3라이프를 하는 시간이 긴 것이고, 하루 8시간씩 직장에서 일한다고 치면 사람들은 직장 생활을 하는 시간의 절반 정도에 해당하는 시간을 하이3라이프를 하며 보내고 있습니다. 다시 말해서 하이3라이프가 바로 인생이죠. 적어도 인생의 중요한 한 부분이기는 합니다. 그래서 사람들은 굳이 하이3라이프에서 얻은 귀중한 아이템을 현금으로 바꾸려고 하지 않습니다. 오히려 현금이 있으면 나중에 하이3라이프를 더 재미있게 하기 위한 아이템을 구하는 데 쓸 확률이 높지요."

"하이3라이프가 많은 시간을 투자할 만큼 중요한 생활의 일부군요."

"그뿐 아닙니다. 게임 속에서 뛰어난 실력을 갖춘 사람은 현실 세계에서도 인기를 얻고 존경받아요. 그만큼 많은 사람에게 영향력을 끼칠 수 있죠. 하이3라이프 게임 속에서 재산을 모으면 그 재산으로 다른 사람을 부릴 수도 있습니다. 하이3라이프 게임이 너무 중요해져서 이제는 거기서 얻는 이익이 인생의 이익인 겁니다. 이러니 하이3라이프 속의 모든 일이 다 도박처럼 느껴지는 거죠."

"현금으로 굳이 바꾸지 않아도 게임 속 아이템이 현실에서 돈만큼의 가치를 한다고 느끼게 된 거라는 거죠?"

"그렇습니다. 그리고 하이3라이프가 삶에서 중요하다는 점을 이용해서 다른 게임들이 그 게임 아이템을 하이3라이프 아이템으로 바꿔주는 식의 도박을 만들기도 하거든요. 이런 일들이 자꾸 벌어지니까 별별 복잡하고 세세한 방법으로 지원청에서 저희에게 제약을 가하려 하는 겁니다. 견디다 못해 저희는 지구 바깥으로 서버를 옮겨서 여기 카노푸스 3 행성까지 온 거고요. 그런데 지원청은 그것조차 막으려고 지구 바깥 지역의 길목에서 방해 장치를 가동하겠다는 겁니다. 이건 좀 너무하지 않습니까? 몇 년 동안 매일같이 자기 삶과 같은 게임을 하다가 갑자기 모든 게 중단되어 버릴 40억 명의 안타까움을 생각해보십시오."

모든 이야기를 다 듣고 나니 이미영은 기계 장치를 떨어뜨리는 일이 망설여졌다.

영화 〈레디 플레이어 원〉은 게임 속 가상세계의 삶을 실제 세계의 삶보다 더 중시하는 사람들과 게임 산업이 세계 경제에서 가장 크고 중요한 산업이 된 미래를 그린다. 영화 속 세상만큼은 아니지만, 온라인 게임이 진작부터 발달한 한국에서는 게임 속 세상에서 성공하고 승리하는 것을 인생의 대단한 성취로 여기는 사람들이 등장한 지도 이미 한 세대가 지났고, 몇몇 온라인 게임에서 중요한 아이템이나 성의 가치가 현금으로 따져보자면 대단히 값비싼 귀중품이나 다름없다는 이야기는 이제 놀라운 일도 아니다.

그러다 보니, 온라인 게임 속에서 사냥하고 여기서 얻은 아이템을 팔아서 돈 버는 것을 직업처럼 여기는 사람들도 많이 등장한 것이 현실이다. 어느 외딴 사무실에 컴퓨터 몇 대가져다 놓고, 직원을 몇 명 고용해서 하루에 10시간씩 계속 게임을 시켜서 그 결과로 얻은 게임 속 보물, 무기, 캐릭터 등을 팔아서 수익을 거두는 회사가 국제적으로 운영되는 경우도 많다. 한국에서는 이렇게 돈을 버는 사람들을 게임해서 쌀을 사서 먹는다는 뜻으로 '쌀먹'이라는 속어로 부르기도 한다.

2020년을 전후해서는 NFTnon-fungible token, 대체 불가능 토큰 기술이 디지털 자료를 값비싸게 거래하는 수단으로 등장하면서 아예 대놓고 게임을 해서 얻은 결과물로 돈을 벌라고 내세우는 게임들이 등장했다. '벌기 위해 놀아라'라는 의미로 'Play to Earn', 'P2E' 게임이라는 것들이 나타나서 주목받은 것이다. 그렇지만 규칙에 따라 게임하고 그 결과로 돈을 번다면 이것은 도박과 비슷하지 않은가? 그래서 많은 사람들이 P2E에 반대 의견을 표하기도 한다. 반대로 연예인들이나 놀이기구를 운영하는 사람들처럼 남을 즐겁게 해주거나 재미를 주면서 돈을 버는 직업은 이미 흔하다는 점을 지적하는 사람들도 있다. 온라인 게임에는 많은 사람들이 모여들어 북적거리면서 재미를 만들어가야만 전체적으로 재미있는 놀이가 된다. 그렇다면 그 재미를 만드는 데 참여한 사람들이 돈을 버는 것이 크게 잘못된 일일까?

게임 산업이 성장하는 규모가 커지고 방향도 다양해지면서, 게임과 같은 놀이로 돈을 버는 방법이 어떤 식으로, 어디까지 허용되어야 할지에 관한 고민과 논란은 이처럼 계속해서 늘어나는 추세다.

44 다른 종족의 잔인한 풍습을 문화로 받아들일 수 있을까?

문화로 허용되는
범위의 문제

#고려장 #왕살해풍습 #문화상대주의 #오리엔탈리즘

이미영과 김양식은 시간 맞춰 세이렌 행성에 도착했다. 그런데 그 시간에 오기로 한 호출 신호가 통신 장치에 잡히지 않았다.

"이번 일은 그냥 사람 한 명만 데려오면 되는 간단한 일이라고 들었는데."

"그렇죠."

"그런데 지정된 장소에 왜 아무도 없는 거야?"

"행성을 한 바퀴 돌면서 살펴볼까요?"

김양식은 우주선을 세이렌 행성의 구름 아래까지 낮게 날도록 했다.

그러자 바닷가 지역에서 미세하게 잡히는 신호가 있었

다. 신호가 왜 이렇게 약할까 이상하게 생각하며 신호 방향으로 접근해보니, 그곳에는 풀숲 사이에 숨어 있는 세이렌 행성의 주민 한 명이 있었다. 숨어서 몰래 신호를 보내느라 안테나를 제대로 펼치지 못해서 약한 신호밖에 못 보낸 것 같았다.

"구해주셔서 감사합니다."

외계인은 유창한 은하수 공용어로 인사를 건넸다.

듣던 대로 세이렌 행성의 외계인은 지구인과 무척 비슷한 모습이었다. 평범한 지구인 기준으로 보기에는 무척 아름답다고 할 수 있는 외모를 갖고 있었다. 차이점도 있었다. 손과 발에 물갈퀴가 달려 있고 다리에 가느다란 지느러미가 있다는 점, 그리고 등에는 잠자리 날개 같은 커다란 날개가 있었다.

"실례가 아닐까 모르겠습니다만, 지구인으로 치면 인어공주와 천사를 합쳐놓은 것 같은 모습이네요."

"그 덕분인지 모르겠지만, 요즘 세이렌 행성 출신의 아이돌 그룹이 발표한 노래가 지구에서 그렇게 인기라고 합니다."

"맞습니다. 저도 세이렌의 노래인 S팝을 정말 좋아합니다. 그게 아니라도 세이렌 행성에는 재미난 기술들을 갖고 있고, 귀한 자원들도 많이 묻혀 있어서 지구인들에게 참 인기 있는 행성입니다. 외계인이 살고 있는 것으로 판명된 정말 극소수의 행성이라는 점부터 놀랍고요. 요즘 들어서 세이렌 사람들과 지구인의 교류도 크게 늘어나고 있습니다."

김양식이 웃으면서 말하자 외계인도 비슷한 웃음을 보였다. 외계인의 웃는 방식이나 얼굴에 감정을 드러내는 방식도 지구인과 상당히 닮아 보였다. 그런데 어째 그 웃음의 끄트머리가 그냥 밝기만 한 웃음은 아닌 것 같았다.

"그렇죠. 그래서 드디어 저에게도 기회가 온 겁니다."

"그게 무슨 말씀이시죠?"

"저쪽 산 너머로 가시죠. 보면서 설명해드리면 훨씬 더 생생하게 감이 올 겁니다."

김양식은 외계인이 말한 대로 우주선을 조종했다. 산 너머에는 무슨 풍경이 펼쳐져 있을까, 속으로 생각하고 있는데 외계인은 설명을 이어갔다.

"저희 세이렌 행성 사람들은 지구인들과는 다른 습성이 좀 있습니다. 다른 행성에서 진화한 생명체니 서로 다른 습성이 있는 것도 당연하죠. 예를 들어서 세이렌 행성 사람들은 지구인 암수가 짝을 지어 살겠다고 할 때 결혼식이라는 큰 행사를 벌이는 것을 도무지 이해하지 못합니다. 굉장히 이상한 행사라고 생각하죠. 그리고 세이렌 행성 사람들은 지구인들이 축구를 좋아하는 것도 이해하지 못합니다. 세이렌 행성 사람들은 기본적으로 아주 동그란 모양의 물체가 굴러다니고 있으면 징그럽다고 생각하거든요."

"역시 비슷해 보여도 멀리 떨어진 행성의 다른 생태계에서 살아온 만큼 다른 점이 있네요."

"그런 다른 점 중에 요즘에 가장 큰 문제가 되는 게, 세이렌 행성 사람들의 장례식입니다."

"장례식이요? 들어본 적이 있는 것 같습니다. 뭐였더라? 무덤을 너무 크게 만들어서 낭비라고 생각하는 거라든가? 그런 경우가 많잖아요."

"그런 게 아닙니다. 저희 세이렌 행성에서는 살아 있는 사람을 대상으로 장례식을 치릅니다."

그제야 이미영은 언제인가 읽었던 기사가 떠올랐다. 외계인이 말을 이어나갔다.

"저희 행성에서는 40세가 되면 장례식을 치러야 합니다. 그때 목숨을 잃게 되는 거죠. 목숨을 잃는 방법은 20세가 된 젊은 사람들 여럿과 격투를 벌이는 방식입니다. 물에 뛰어들고 하늘을 날면서 서로 목숨을 걸고 싸우는 장면은 대단히 처절하고 잔혹하지요. 그렇지만 이것은 장례식이기 때문에 40세가 된 사람이 아무리 열심히 싸운다고 하더라도 결국은 목숨을 잃을 때까지 젊은 사람들이 계속 달려듭니다. 즉, 목숨을 잃을 때까지 계속되는 행사입니다. 저희 행성에서는 대단히 중요하게 생각하는 행사이지요. 인기도 많고요. 유명한 사람의 장례식은 전 세계에 생중계하기도 합니다. 격투 장면이 볼 만하거든요."

"그런 행사를 도대체 왜 하는 거죠?"

"정확한 이유는 없습니다. 그냥 저희 풍습이죠. 학자들이 추측하는 이유는 있습니다. 종족 집단을 항상 젊게 유지하는 것, 젊은 세대가 일으키는 변화를 기성세대가 받아들이지 못하고 그저 젊은 세대를 부려 먹으려고만 하면 안 되니까 기성세대를 없애서 변화를 주기 위한 풍습이라는 것이죠. 100만 년 전쯤에는 그런 풍습이 없는 다른 종족도 있었다고 합니다. 그렇지만 그 종족은 계속 기성세대의 인습만 떠받들어서 발전하지 못한 케케묵은 종족이 되어서 경쟁에서 밀릴 수밖에 없었죠. 지금 우리 행성에 사는 주민은 40세가 되면 격투로 목숨을 잃는 풍습을 모두 잘 따르고 있습니다."

우주선이 산을 넘어가니, 그곳에는 과연 성대한 장례식이 펼쳐지고 있었다. 날아다니며 싸우는 외계인들이 피를 흘리며 울부짖었다. 차마 지켜보지 못할 정도로 잔혹한 싸움이었다.

"이제 기회가 무엇인지 아시겠죠? 지구인 중에는 세이렌 행성 사람들이 이런 잔혹한 풍습을 계속 유지하도록 내버려 두면 안 된다고 생각하는 사람들이 많습니다. 세이렌 행성 사람들이라고 해서 40세가 되면 갑자기 삶을 끝내자는 마음이 드는 것도 아니에요. 다들 더 살고 싶어 하죠. 왜 40세에 이렇게 무시무시한 일을 겪어야 하나 의심하고, 격투하는 과정이 너무 아프면 어떡하나 두려워하는 사람들도 많습니다. 그렇지만 이게 우리 풍습이니까 그냥 받아들이는 거죠."

"그냥 보기에도 너무 무서워 보이는데요."

"지구인 시각에서는 당연히 그렇죠. 그리고 아주 소수이기는 하지만 세이렌 행성 사람들 중에도 이런 잔혹한 풍습은 없애야 한다는 사람들이 있습니다. 이 사람들은 지구인들의 지원을 받으면 세이렌 행성에 격투 장례식 문화를 거부하는 목소리를 더 키울 수 있을 거라고 생각하고 있습니다. 그리고 저도 바로 그런 일을 벌이기 위해 지구로 탈출하려고 하는 올해 41세가 된 세이렌 행성 사람입니다."

이미영은 뭐라고 말해야 할지 알 수가 없었다. 한참 만에 꺼낸 말이 "그 정도 나이인 줄 몰랐는데요" 정도였다. 외계인이 이어서 말했다.

"저는 이 모든 무시무시한 일들을 기록한 영상과 함께 세이렌 행성의 악습을 끝내고자 뜻을 같이하는 동지들의 연락처를 갖고 있습니다. 저는 지구에 가서 우주 함대를 요청해 세이렌 행성을 뒤엎을 겁니다. 세이렌 행성 사람들이 우리 말을 수용하지 않으면 함대에 공격을 부탁해 잔혹한 풍습을 강제로 멈추게 할 겁니다."

"뭐라고요? 그것 때문에 전쟁을 벌인다고요?"

"어쩔 수 없지 않습니까? 악습을 없애자는 평화적 제안은 지금 모두 철저히 거부되었습니다."

"그래도 전쟁은 너무 심한데요. 상당한 혼란이 올 거라고요."

"지구인들은 어떤 식으로든 이 문제를 해결하기 위해서 노력해야 합니다. 옆집에서 싸움이 벌어져서 목숨이 위태로운 상황이라면 주변에서 그것을 멈추도록 도와야 하지 않겠습니까? 어른이 아이를 괴롭히는 도시가 있다면 그것을 멈추기 위해 주변 도시들이 힘을 모을 겁니다. 이제 지구인은 다른 행성에서 이런 무서운 일이 벌어지고 있다는 사실을 알았으니 가만히 지켜봐서는 안 됩니다. 도와줘야지요."

"그런데 지구 안에서는 수천 년 동안 나름대로 널리 교류하면서 대체로 어떤 것이 착한 일이고 나쁜 일이라는 최소한의 공감이 있거든요. 그러니까 지구인끼리는 어느 나라의 문화에서 어떤 점은 정말 나쁘다고 판단하기가 어렵지는 않다고요. 그렇지만 세이렌 행성은 지구와는 완전히 단절된 곳이었잖아요. 세이렌 행성 사람들도 나름대로 다른 자기들만의 도덕 기준이 있는데, 그게 맞는지 지구 기준으로 판단하기는 이르지 않나요?"

마침 그때 목숨을 잃은 장례식 대상자들이 하늘에서 추락해 땅으로 떨어지는 모습이 보였다. 끔찍한 광경에 이미영은 고개를 돌렸다.

"이제는 누구든 판단해야 할 때 아닐까요? 이제 정말 아무런 판단도 하지 않고 못 본 척할 수만은 없지요. 이렇게 자주 만나는 사이에."

외계인이 그렇게 말했다.

○

미국의 SF 애니메이션 TV 시리즈 〈릭 앤 모티〉에는 거의 매 에피소드에 짧게라도 한 번씩은 지구인의 눈으로 보이기에는 대단히 우스꽝스럽거나, 역겨운 풍습을 갖고 있는 외계인이 하나씩 등장한다. 정도가 상당히 심한 것도 많은데, 그나마 좀 멀쩡한 편에 속하는 에피소드 중 하나가 지구의 중세 시대와 비슷한 문화를 갖고 있는 외계인 행성이다. 걸핏하면 칼싸움으로 모든 문제를 해결하고, 사소한 문제에도 명예를 훼손했다면서 목숨을 내놓으라고 소리 지르는 중세 시대의 문화는 아무래도 현대인의 시선에서는 바람직해 보이지 않는다. 그렇다면 그런 문화는 잘못된 것이라고 지적하고 가능하면 그 문화가 21세기 한국의 문화처럼 바뀌도록 여러 가지 수단을 써야 할까?

이런 문제는 문화상대주의에 대한 기본적인 고민과 연결되어 있다. 우리는 아름답고 추하다는 기준이 사람마다 다를 수 있다는 것을 쉽게 인정할 수 있다. 한 사람이 멋지다고 생각하는 음악이 다른 사람에게는 시끄럽게 들리기만 할 수도 있다는 것도 쉽게 이해한다. 그렇다면 한 사람이 좋은 일이라고 생각하는 일이 다른 사람에게는 나쁜 일일 수도 있지 않을까? 착한 일과 나쁜 일, 상을 받을 만한 일과 벌을 받을 만한 일의 기준이 사람마다 다르다면 어떻게 될까?

그나마 한 나라 안에서는 민주주의라든가 법적 절차를 이용해서 최소한 어떤 행동은 하지 말고, 어떤 행동은 좋은 일이라고 칭찬해주자는 기준에 합의할 수 있다. 그렇지만 서로 다른 나라 간에는 어떻게 착한 일과 나쁜 일의 기준을 정해서 공통으로 적용할 수 있을까?

그나마 지금의 지구에서는 지난 수천 년간 이어진 활발한 문화 교류 속에서 세계 어느 나라나 이해할 수 있다거나, 누가 봐도 심하다는 식의 합의가 어느 정도 이루어진 편이다. 그렇지만 우리 문화 교류의 범위를 벗어나는 사람들을 만나게 된다면 어떤 입장을 취하는 것이 옳을까? 아주 비도덕적인 행동을 하는 집단이 있더라도, 그것을 저들만의 문화라고 그냥 둬야 할까? 반대로 아닌 것은 아니라고 철저히 달려들어 바꾸어야 할까? 앞으로 기술이 빠르게 발전하고 그에 맞춰 문화가 빠르고 다양하게 변해가면서 한 집단이 이해할 수 없는 풍습과 선악의 기준을 가진 다른 집단이 출현할 가능성은 점점 더 커질 수 있을 것이다. 그에 대해 어떻게 대응해야 할까?

45 기술이 모든 것을 해결해준다는 생각은 위험할까?

특이점 이후로

현실 도피하는 문제

#특이점 #예측불가능한미래 #기계지능 #현실도피 #노스트라다무스

이미영과 김양식은 사업을 두고 크게 다투었다. 다툼의 원인을 따져보면 사업이 잘되지 않기 때문이었다. 최근에 돈이 될 만한 의뢰가 특히 줄어들기도 해서 둘 다 회사가 곧 망하지 않을까 하는 걱정을 자주 하고 있었다.

"아무리 그래도 그동안 같이 일한 세월이 얼마인데. 말이 너무 심한 거 아냐?"

김양식은 그렇게 중얼거렸다.

결국 김양식은 휴가를 내고 잠시 쉬기로 했다. 문득 서글프다는 생각이 들었다. 온 우주를 돌아다니며 회사 일을 하느라 젊음을 바쳤는데, 이제 와서 남은 것은 없어 보이고 앞으로 어떻게 살아야 할지도 막막하다는 생각이 들었다.

자칫 잘못하면 회사는 망하고 실직자가 될 판이라는 것은 너무나 분명한 사실이었다.

단골 식당에 앉아 주인에게 신세 한탄을 하고 있자니, 옆에서 이야기를 듣고 있던 멀끔하게 차려입은 사람이 말을 걸었다.

"당신 같은 사람이 가봐야 할 곳이 있습니다. 특이점 연구소에 가보세요. 분명히 신선한 충격을 받을 겁니다. 그리고 많은 걱정이 해결되는 느낌을 받을 거예요."

김양식은 그 사람이 말해준 주소로 그날 저녁에 찾아가 보기로 했다. 어차피 달리 할 일도 없었다. 그냥 신기하고 이상한 것이라도 보면 기분 전환이라도 되겠지 하는 생각이었다.

찾아가 보니 특이점 연구소라는 곳은 거대한 빌딩의 옥상에 가까운, 아주 전망이 좋은 널따란 방이었다. 강당이나 극장과 비슷할 정도로 큰 공간이었다.

그리고 그곳에 비슷한 옷차림을 한 사람 수백 명이 모여 집회를 하는 것 같았다. 강의를 듣는 모임 같기도 했다. 그들 앞에서 이야기하는 사람은 다양한 농담을 잘하고 굉장히 똑똑해 보이는 사람이었다. 사람들은 그를 '특이사상가'라고 불렀다.

특이사상가가 말했다.

"오늘 발표된 최신형 반도체는 2주 전에 다른 회사에

서 발표된 최신형 반도체보다 성능이 2배나 더 좋다고 합니다. 이렇게 더 성능이 좋은 기계들이 계속 개발되고 있습니다. 그리고 기술의 발전은 점점 더 빨라지고 있습니다. 과거에는 상상도 하기 힘든 일들이 점점 더 빠른 속도로 현실이 되고 있는 겁니다. 기술 발전의 속도를 따라가지 못하겠다고 느끼는 사람도 늘고, 새롭고 놀라운 기술에는 적응하기가 어렵다는 기분을 점점 더 강하게 느끼기도 합니다. 그렇지 않습니까?"

그러자 모여 있는 사람들은 다 같이 소리쳤다.

"그렇습니다!"

특이사상가는 다시 말을 이어나갔다.

"빨라지고 더 빨라지고, 기술이 또 기술을 낳고, 기술이 다른 기술 발전 속도를 더 높여가는 식으로 세상은 변해갑니다. 그렇게 해서 우리의 예상을 초월할 정도의 기술도 점점 더 많이, 점점 더 자주 나타나고 있는 것이 발전의 추세입니다."

특이사상가는 뿌듯해했다. 사람들도 같이 뿌듯해했다.

"이런 식의 속도로 기술의 발전이 계속해서 더 빨라진다면, 우리가 이해할 수 있는 범위를 벗어나는 수준의 속도로 기술 발전이 일어나는 순간도 올 것입니다."

특이사상가는 잠시 말을 멈추며 사람들의 시선을 집중시키고자 했다. 그리고 말을 이었다.

"예를 들어보죠. 인공지능을 개선할 수 있는 인공지능이 만들어지고, 더 좋은 컴퓨터를 만들 수 있는 컴퓨터가 만들어진다고 상상해봅시다. 이런 기기는 자기 자신의 성능을 높이는 일도 할 수 있을 것입니다. 그렇게 더 발전된 성능으로 다시 더 큰 폭으로 자기 성능을 또 높일 수도 있을 것입니다. 이런 향상이 계속되다 보면 어마어마한 수준으로 기술이 발전할 겁니다. 인공지능과 컴퓨터와 로봇의 성능이 마치 빠르게 이자가 붙고, 이자에 이자가 붙는 것처럼 성장하겠죠. 지능 폭발이 일어나는 겁니다. 그렇지 않겠습니까?"

"그렇습니다!"

"그 결과 우리가 지금까지 알고 있던 기술 발전을 완전히 초월하는 수준의 기술이 등장하는 순간이 미래에는 나타날 것입니다. 우리의 예상을 아득히 뛰어넘는 기술 발전이 일어나는 순간이죠! 그것을 우리는 특이점이라고 부르고 있습니다."

"특이점!"

"특이점에 도달한 인공지능 컴퓨터는 정말 모든 것을 다 할 수 있을 겁니다. 개미들은 사람들이 뛰어난 지능으로 어떤 일을 할 수 있는지 전혀 생각하지 못하고 이해도 못 하지요. 놀라운 수준의 기술을 갖춘 완전히 초월적인 수준의 인공지능 컴퓨터는 우리를 개미 입장으로 만들 정도로 우리보다 훨씬 더 우월한 지능과 기술을 갖추게 될 것입니다.

지금까지 우리가 걱정하는 모든 문제에 대한 답을 갖고 있는 것은 물론이고, 우리가 꿈도 꾸지 못한 온갖 기술들을 다 제안할 것입니다. 우주 곳곳을 자유롭게 탐험하고 우리가 고민하는 모든 갈등과 도덕 문제에 대한 답도 줄 것입니다. 그게 어떤 시대라고요?"

"특! 이! 점!"

특이사상가가 김양식을 쳐다보았다.

"오늘 새로 오신 분은 얼굴에 걱정이 가득하시군요. 아마도 일자리를 잃거나, 앞으로 살길이 막막해질까 걱정하시는 것 같아 보이네요."

그 말에 김양식은 자기도 모르게 무심코 고개를 끄덕였다. 그러자 특이사상가도 고개를 끄덕였다. 그가 다시 말하기 시작했다.

"그렇지만 너무 걱정하지 마십시오. 지금 추세로 기술이 빠르게 발전하면 앞으로 20년, 30년 정도만 기다리면 모든 문제에 대해 답을 줄 수 있는 특이점을 돌파한 컴퓨터가 탄생할 겁니다. 그러면 그 컴퓨터가 모든 사람이 돈 걱정하지 않고 살 방법을 개발해줄 겁니다. 모든 사람이 풍요롭게 살 수 있는 자원을 어디에서 구할지도 알려줄 겁니다. 모두가 걱정 없이 행복하게 살 방법을 알려줄 겁니다. 언제 그렇게 된다고요? 뭐가 오면요?"

그러자 다시 군중이 다 같이 외쳤다.

"특! 이! 점!"

특이사상가는 흐뭇한 웃음을 지었다.

"그렇습니다. 특이점 이후의 세상은 지금 우리의 생각을 완전히 뛰어넘는 전혀 다른 세계일 것입니다. 아프고, 병들고, 사랑에 속고 돈에 우는 사람들, 가슴 아픈 일을 겪은 사람들, 모두 걱정하지 마십시오. 특이점 이후의 극히 발달된 컴퓨터는 모든 병을 치료하는 기술을 개발하고, 그런 기술을 아주 싼 값에 누구에게나 나누어주는 방법, 그 모든 것을 개발할 것입니다. 사랑을 잃은 아픔과 인생을 살며 겪는 온갖 마음의 고통 때문에 괴로우십니까? 특이점 이후의 세상에서는 그에 대한 모든 치유법도 나올 것입니다. 그런 모든 문제에 대한 답을 알아내고도 넉넉할 정도로 기술이 발전할 것이기 때문입니다. 우리는 바로 그날, 특이점이 오기를 기다리면 되는 것입니다."

특이사상가가 거기까지 말하자 군중 중에는 감격해서 눈물을 흘리는 사람도 있었다. 특이사상가는 김양식에게 단상으로 나와서 오늘 모임에 처음 와보고 느낀 바를 이야기해보라고 했다. 그러나 김양식의 마음은 단단히 비뚤어져 있었다.

"저는 당신들이 하는 소리는 헛소리라고 생각합니다. 어느 날 갑자기 하늘에서 우리 모두를 더 좋은 세상으로 데려갈 날개 달린 요정들이 나타난다는 식의 전설과 뭐가 그렇게 다릅니까? 사회에서 실패한 사람들끼리 모여서 남들보다 뒤처지는 삶이 견딜 수 없으니까 '지금 일상생활의 문제는 별것 아니야. 어차피 특이점이 와서 세상이 뒤집히면 일상의 문제는 사소한 게 되니까'라는 식의 이야기를 하면서 현실 도피로 이런 이야기에 빠져드는 것 아닙니까? 일상생활에서는 패배자여서 돈도 없고 뾰족한 희망도 없지만 그래도 나는 특이점이라는 중요한 이야기를 아니까 다른 보통 사람들보다 훨씬 중요한 것을 아는 잘난 사람이라는 식으로 위안을 얻으려고 이런 이야기에 매달리는 것 아닌가요? 집어치우십시오."

주변에서 술렁거리는 소리가 들렸다. 김양식은 아랑곳하지 않고 계속해서 말했다.

"더군다나 특이점이 와서 세상이 그렇게 완전히 다 바뀌고 모든 것이 달라진다고 하면 우리가 지금까지 알던 세상이 끝나는 건데, 그걸 알고서도 그냥 둬도 되나요? 오히려 막아야 하는 거 아닌가요?"

술렁거리는 소리는 더 커졌다.

"또, 기술이 발전하고 지능이 발달한다고 해서 어떻게 그게 계속해서 점점 더 빠른 속도로 발전하기만 하겠어요? 어떤 한계에 부딪히면 발전이 멈출 수도 있다고요. 왜 지능이 한계 없이 계속 발전할 거라고 생각해요? 상상도 할 수 없는 엄청난 인공지능, 모든 것을 초월하는 엄청난 지능을 가진 로봇 같은 것은 애초에 불가능할 수도 있다고요. 인공지능이 발전해서 사람보다는 좀 더 똑똑해질 수는 있겠죠. 하지만 그렇다고 바로 상상을 초월할 정도로 어마어마하게 똑똑해져서 초능력 같은 일을 할 수 있게 되는 경지로 바로 뛰어넘는 것은 아니라고요."

김양식이 주변을 둘러보니 사람들이 모두 자신을 빤히 바라보고 있었다. 그 눈빛이 별로 좋아 보이지는 않았다.

그러나 특이사상가는 웃으면서 김양식에게 말했다.

"그런 문제에 관해서도 특이점이 오면, 분명히 우리에게 명쾌한 답이 주어지겠지요."

영화 〈루시〉는 스칼릿 조핸슨이 연기하는 주인공의 뇌 기능이 갑자기 월등히 좋아지면서 벌어지는 사건들을 그려내고 있다. 처음 주인공은 온갖 지식을 빠르게 이해하고 어려운 상황에서 옳은 판단을 금방 내리는 식으로 변화해간다. 그러다가 점점 더 좋아진 뇌의 힘으로 주인공은 마치 초능력을 쓰는 것처럼 변한다. 지능이 굉장히 뛰어난 사람, 또는 기계나 인공지능을 다루는 이야기 중에는 이렇게 지능이 아주 뛰어난 것은 나중에는 어떤 경지를 초월해서 무엇이든 할 수 있는 거의 전지전능한 모습이 된다고 이야기하는 경우가 흔하다.

비슷한 면에서 기술 발전의 속도가 점점 빨라지면서 기

술적 특이점에 관한 이야기를 좀 더 진지하게 하는 사람들은 상당히 많다. 어떤 시점 이후에는 기술의 발전 속도가 과거와는 확실히 다르게 느껴질 정도로 빨라질 것인데 그런 시점을 특이점이라고 부른다는 것이 이야기의 출발이다.

특이점이 올 거라고 보는 사람 중 일부는 특이점 이후에는 지금과는 전혀 다른 세상이 펼쳐진다는 정도의 예상에서 멈추는 경우도 있다. 그러나 좀 더 과감한 전망을 하는 사람들은 특이점 이후에 출현하는 엄청난 기술은 식량 부족 문제나 치료하기 어려운 질병에 대한 대책 등 모든 문제에 답을 줄 것이며, 사람이 영원히 살면서 시간과 공간을 초월해 생활하는 것은 물론, 지금 사람으로서는 상상도 하지 못할 그 이상의 일들도 할 수 있게 되며, 인류가 완전히 다른 시대, 다른 세상을 살 게 될 거라는 환상적인 예상을 하기도 한다. 이런 사람들은 이런 전망이 "지금 세상에서 가장 중요한 이야기"라고 주장하기도 한다.

과연 특이점이 찾아올까? 내가 이번에 하고 싶은 이야기는 특이점이 정말로 올 것이냐에 관한 것뿐만 아니라, 그런 특이점에 대한 현재의 태도에 관한 이야기도 포함된다. 특이점이 온다면 결국 모든 사람들을 영원히 행복하게 살게 해줄 기술이 개발될 테니까, 특이점이 오기 전까지 굳이 아등바등 조금 더 잘 살려고 애쓸 필요가 없다고 누가 주장한다고 해보자. 그 말은 그럴듯한가? 이런 생각을 하는 삶의 태도는 어쩌면 남에 대한 질투심이나 시기심을 다스리는 데는 도움이 될지도 모른다. 그렇지만 반대로 성실하게 살아가며 노력하는 사람들을 비웃는 계기가 될 수도 있다. 질병이나 죽음에 대한 태도 역시 완전히 달라지게 만들지도 모른다.

그렇다면 과연 특이점에 관한 생각은 어느 수준까지 용인될 수 있을까? 나아가 특이점이 미래에 곧 올 거라는 생각을 품은 미래에 대한 믿음이나 전망도 비슷한 문제를 안고 있다고 볼 수 있을까?

46 자타 구분 없는 융합이 인류 진화의 미래라면?

갈등과 변화,
통합의 문제

#인류화합 #인종갈등 #세대갈등 #오해

이마족을 위한 치료제로 쓸 수 있는 약초는 먼 곳에 있었다. 바늘 은하에 있는 어느 별에 딸린 행성이라고 했다. 바늘 은하는 멀기도 멀었지만 워낙 사람의 왕래가 없는 곳이었기 때문에 아무리 이미영과 김양식이라고 해도 선뜻 가기는 꺼려졌다. 그래서 태양계 보건 기구에서 이런 제안을 해왔다.

"이것은 굉장히 중요한 문제이기 때문에 상당히 많은 수고비를 드리려고 합니다. 그리고 저희 쪽에서도 같이 일할 대원을 보내겠습니다."

태양계 보건 기구에서 보낸 대원이란 다름 아닌 이마족들이었다.

이마족은 얼마 전부터 태어나기 시작한 독특한 사람들이다. 외모는 보통 사람들과 다를 바 없다. 이마가 약간 넓어 보인다는 것 정도가 차이라면 차이인데 그것도 유심히 따져보지 않으면 알 수 없을 정도로 조금밖에 차이가 나지 않는다. 이마족이 아닌 사람 중에도 이마족보다 이마가 더 넓은 사람은 종종 있다. 사실 이마족과 이마족이 아닌 사람들 사이에 겉모습의 차이는 없다고도 볼 수 있었다.

그렇지만 이마 내부, 즉 뇌의 차이는 굉장히 크고 중요했다. 이마족으로 태어난 사람들은 대뇌 피질의 중요한 신경들이 이마 바로 아래까지 돌출되어 있다. 그렇기 때문에 이마족 사람들은 이마를 맞대고 있으면 두 사람의 뇌가 이어져서 서류 교류할 수 있게 된다. 그렇게 이마를 맞대면 마치 한 사람의 뇌 같은 느낌을 받는다고 했다. 이마족 사람들은 마침 그런 행동을 하기 좋아한다.

이미영의 우주선에 탄 두 명의 이마족 대원들도 종종 서로 이마를 맞대고 한참을 있었다. 애초에 그래서 이마족이라는 이름이 생긴 것이기도 했다. 우주선이 우주를 한창 날아가던 중 이미영은 마침 이마족 두 사람이 서로 이마를 맞대고 있는 것을 보았다.

"그렇게 이마를 맞대고 계시면 어떤 장점이 있죠?"

이미영의 물음에 대원은 이렇게 대답했다.

"두 사람의 뇌가 연결되어서 한 사람이 된 것 같은 느낌 그 자체가 좋아요. 누군가 다른 사람에게 완벽히 이해받았다는 느낌도 들고, 내가 어떤 사람과 사람 사이의 사회에 완전히 소속되었다는 느낌도 들죠. 그런 느낌이 마음을 편안하게 하고 또 삶이 안정되었다는 느낌도 강하게 줘요."

말을 듣고 있자니 김양식도 호기심을 느꼈다.

"남에게 완벽하게 이해받았다는 느낌이 든다고요? 그러면 이마족 사이에는 따돌림이나 오해가 없나요?"

"뇌가 하나로 합쳐진 느낌이니까 따돌림이나 오해를 느낄 이유가 없죠. 상대방의 마음이나 생각을 이해하지 못해서 남을 미워하거나 싫어하는 마음도 들지 않아요. 한 사람처럼 느껴지니까요. 보통 사람들은 이런 느낌을 모르죠. 자신을 아무리 잘 이해하는 것 같은 친구나 가족이라도 자기 자신의 마음과는 결코 같지 않으니까요. 그런 면에서 이마족끼리는 서로 화를 내는 일도 없고 싸울 이유도 없어요. 함부로 남을 해치지도 않아요. 남이 곧 나라는 느낌을 저절로 느끼니까요. 이마족은 여러 사람이지만, 모두가 연결된 한 명이라는 느낌이에요."

"그건 좀 싫을 수도 있지 않을까요? 나만의 비밀이나 나만 갖고 있는 좋은 아이디어, 나만의 개성 같은 게 있을 텐데, 이마만 갖다 대면 남에게 그대로 알려지는 거잖아요. 너무 부끄럽거나 좀 꺼림칙할 수도 있을 것 같은데요."

그 말을 듣고 대원은 빙그레 웃었다.

"그런 짐작이 많이 퍼져 있기는 해요. 그런데 막상 닥쳐 보면 그렇지도 않아요. 보통 사람들이 자신만의 생각이 알려지는 것은 부끄럽다는 느낌을 갖거나, 비밀이 알려지는 것은 싫다고 생각하는 것은 태어나면서부터 자기 생각은 자기만 아는 것으로 느끼면서 자라기 때문이에요. 저희 이마족은 태어나면서부터 다른 사람과 뇌를 공유하는 것이 당연하다고 생각하면서 자라죠. 말씀드렸잖아요. 이마족끼리는 서로 다른 사람이라고 하더라도 전체의 의식과 생각을 한 덩어리처럼 느끼는 것을 당연하게 여기면서 살아간다고요. 이마족끼리는 비밀도 없고 나만의 생각이라는 것도 없어요. 그런 느낌이 아예 없으니까요."

"그러면 사람마다 다른 개성이 없으니까 참신하고 다양한 생각을 하지 못하는 단점은 없을까요?"

"개성이 부족할 수는 있죠. 하지만 전혀 없지는 않아요. 이마족 한 명 한 명은 분리된 몸으로 살아가니까 각자 사는 환경이나 몸의 모습은 또 다르잖아요. 그렇기 때문에 다양한 사람들이 여러 가지 생각을 할 기회는 있어요."

"이해가 잘 안 되는데요."

"비유하자면 이런 거죠. 한 사람의 몸에도 여러 부분이 있고 그 부분은 저마다 달라요. 예를 들어 어떤 음식을 눈으로 보는 것과 혀로 맛을 보는 것은 서로 다른 감각이잖아요? 그렇지만 그 감각이 뇌로 전달되어서 어떤 음식인지 종합적인 이해를 갖게 하죠. 마찬가지로 이마족도 서로 다른 사람들이 각자 다른 조건에서 세상을 살면서 여러 가지 생각을 하게 돼요. 그런 생각들이 서로 다른 사람과 연결될 기회를 갖는 거죠. 그렇게 해서 그 수많은 이마족의 생각이 하나의 종합적인 의식으로 합해지고요. 그래서 한 사람의 머리로 하는 것보다 훨씬 더 창의적이고 깊은 생각을 하게 되죠. 두 명, 10명, 1,000명, 1만 명의 뇌가 합쳐져 생각을 할 수 있는 것이나 마찬가지기 때문에 보통 사람보다 지능도 훨씬 더 높고 강력한 통찰력을 갖게 되기도 하고요."

"아, 그래서 요즘 신형 우주선 개발 회사의 연구원 중에 이마족 출신이 그렇게 많군요."

"맞아요. 초공간 도약의 복잡한 과학을 자유자재로 이해하려면 한 사람의 뇌로는 아무리 뛰어난 천재라고 해도 어렵거든요. 그렇지만 10명, 100명의 뇌를 합쳐서 사용할 수 있는 이마족이라면 보통 과학자들은 상상하기 어려운 대단히 복잡하고 깊은 시공간의 움직임을 가볍게 이해할 수 있게 되죠."

이미영은 그때 갑자기 떠오르는 생각이 있었다.

"그러면 이마족은 엄청나게 강력한 군인이 될 수도 있겠네요. 군인은 단체 생활과 활발한 의사소통이 중요한데 이마족은 그런 건 기본일 테니까."

그 말을 듣더니 이마족 대원들의 표정이 달라졌다. 두

사람은 훨씬 진지한 목소리가 되었다.

"군대에서 이마족의 장점은 그냥 단체 생활을 좀 잘한다는 정도가 아니에요. 이마족은 이마족 무리 전체가 하나의 뇌, 하나의 의식, 하나의 정신이라고 생각하기 때문에 이마족 전체가 잘살 수 있다면 그중 한 명이 사망하는 것에 관해서는 보통 사람들만큼 큰 두려움을 느끼지 않아요. 나무에 수많은 가지와 잎이 있는데 그중에 한 가지가 부러지거나 잎이 하나 떨어진다고 해서 나무 전체가 죽는 건 아니잖아요? 마찬가지죠. 이마족은 무리 중 한 사람이 목숨을 잃어도 나뭇가지 하나가 부러진 정도만큼만 안타까워할 뿐이에요. 목숨을 잃는 사람 스스로도 그렇게 느껴요. 이마족 한 명, 한 명은 자기 죽음을 두려워하지 않아요. 그렇기 때문에 이마족은 죽음을 초월하고 불멸을 향해 나아가며 훨씬 더 뛰어난 두뇌로 보통 사람들은 도저히 꿈꾸지 못하는 지식과 깨달음의 영역으로 나아가는 거죠."

"대단하네요. 어떻게 보면 전체 집단의 생사를 중요시할 뿐, 하나하나의 삶은 별로 중요하지 않은 개미나 꿀벌의 모습하고도 비슷한 것 같고요."

"맞아요. 사람은 사회적 동물이라고 하잖아요. 그런데 사실 사람의 사회가 그렇게 완벽하지는 않았죠. 이마족은 개미나 꿀벌처럼 더 완벽한 사회를 이룰 수 있으면서도 개개인이 더 행복하고 더 이해받고 더 뛰어난 지성을 가진 상태로 진화한 거죠."

이마족 대원들의 도움으로 두 사람은 평소보다 수월하게 초공간 도약을 완료하고 바늘 은하 인근까지 올 수 있었다. 그런데 이야기를 듣다 보니 이미영은 의아한 것이 있었다.

"그러면 이마족이 좋은 것 아닌가요? 왜 이마족의 그 특성을 없앨 수 있는 치료약을 찾아가는 거죠?"

"바로 이마족이 너무 좋기 때문에 경계하는 사람들이 있는 거예요. 이마족은 지금 사람의 단계를 넘어서 다른 형태로 진화한 다른 종족인 것 같거든요. 이마족의 세상이 되면 보통 사람의 세상은 이제 끝난다고 보고 있어요. 요즘 보통 사람들 중에는 이마족으로 태어나지 않았으면서도 수술을 받거나 유전자 조작을 통해서 일부러 이마족으로 변신하려는 사람들이 하나둘 나오고 있어요. 더 숭고한 정신의 일부가 되어 완벽히 자신을 이해받을 수 있다는 게 외로운 사람 입장에서는 달콤하게 느껴질 수 있잖아요."

"충분히."

"그러니까 그걸 나쁘게 생각하는 사람들도 있는 거예요. 이마족의 한 명이 되려는 것을 마약의 유혹 같은 거라고 생각하는 사람도 있다는 얘기죠. 그들은 보통 사람이 그렇게 이마족이 되려고 나서는 것은 사람이기를 포기하는 거라고 안 좋다고 봐요. 사람으로서의 자기다움, 보통 사람 같은 성격, 개성, 자아, 자의식을 포기하는 행위이고 굉장히 위험하다는 거죠. 결국 이마족이 온 세상을 차지하게 되고 모든 보통 사람도 다 이마족으로 만들 가능성이 보인다면, 그와는 다른 종족인 보통 사람은 종족의 보존을 위해 그런 일을 막아야 한다고 주장하는 사람도 있어요. 그러니까 이마족을 보통 사람으로 되돌리는 약초를 찾기도 하고요."

듣고 보니 그럴 만하다는 생각이 들었다. 그런데 김양식은 설명을 듣고 나서 더 의아해졌다.

"그런데, 그건 그렇다 치고요. 그렇게 이마족에 맞서는 일들을 이마족인 두 분은 왜 돕고 계신 거죠?"

대원 두 사람은 온화하게 웃어 보였다. 그리고 이렇게 알 수 없는 말로 대답했다.

"이해할 수 있거든요. 저희는, 나름대로."

◘

아서 클라크의 SF 장편 《유년기의 끝》은 인류 전체가 외계인의 도움으로 지금까지의 사람과는 다음 단계로 변신하는 이야기를 다룬다. 특히 냉전 시기에는 여러 사람이 개미나 벌처럼 사회를 위해서 완전히 통합되어 한 명과 같은 의식을 다루는 상태를 공산주의와 같은 것으로 비유하는 이야기도 있었다. 한 사람, 한 사람의 개성과 자유보다는 단체의 안정과 사회 전체의 발전을 추구하는 공산주의 사회가 그런 모습이라는 것이다. 냉전 시기가 지난 후에도 인류 전체가 다음 단계로 진화해 다른 모습이 되고 거기에 합류하지 못한 사람들이 그 모습을 이상하게 바라본다는 식의 이야기들은 자주 나왔다.

세월이 흐르면서 문화는 계속해서 변화하고 새로운 세대에서 유행하는 문화를 기성세대는 이해하지 못하거나 나쁜 것으로 지적하는 일도 많이 생긴다. 새로운 세대에 등장하는 문화의 어떤 요소는 오히려 나쁜 것이기 때문에 막아야 하는 경우도 있을 것이다. 그러나 세월이 흐르면 사회의 변화에 따라 당연한 것이 되는 발전을 구세대, 기성세대가 다만 이해하지 못해 적대하는 경우도 없다고는 할 수 없다. 1990년대에 한국 대중가요에 랩 음악이 처음 나오고 힙합이 유행할 때, 어떻게 곡조가 없는데 노래일 수 있느냐고 랩을 이해하지 못하는 사람들이 있었고 힙합 문화는 건달 흉내라고 나쁘게 보는 시각도 있었다. 그렇지만 2020년대에 랩과 힙합은 한국 문화의 큰 영역을 차지하고 있으며 산업적으로도 작지 않은 시장으로 자리 잡은 상태다. 기술의 발전으로 더욱 새로운 형태로 바뀌어가는 세대의 변화, 세대 간의 격차를 앞으로 계속해서 겪으면서 우리는 어떻게 순조로운 변화를 위한 방법을 찾아낼 수 있을까? 변화를 도저히 받아들일 수 없는 한계도 있을까?

가난해서 화석연료를 사용하는 개발도상국 문제

#기후변화 #화석연료 #기후원조 #개발도상국

변호사 한 사람이 급히 화성에서 지구에 가야 한다고 했다. 마침 화성에 있던 이미영과 김양식은 그를 우주선에 태웠다. 변호사는 지구까지 제시간에 맞춰 갈 수 있을 만큼 빠른 우주선은 지금 이미영의 우주선밖에 없다고 했다. 이미영은 고개를 끄덕이고는 변호사에게 물었다.

“지구에서 아주 급박한 일이 있으신가 보네요?”

“네, 이번에 굉장히 중요한 기술 발표회를 하는데, 저도 중간에 법률 검토를 맡았어요. 그래서 발표회에 초청받아 행사에 가게 되었습니다.”

“그 기술 발표회가 이렇게까지 무리해서 꼭 맞춰 가야 할 만큼 그렇게나 중요한 행사인가요?”

"보통 기술이 아니거든요. 정말 엄청나게 획기적인 기술입니다. 암흑물질 반응 엔진이거든요."

우주선의 속력이 어느새 광속의 1퍼센트를 돌파했다. 변호사의 대답을 듣고 김양식은 놀랐다.

"얼마 전까지만 해도 암흑물질 반응 엔진은 실용성이 없어서 자동차나 비행기 같은 데 쓸 수는 없다고 들었는데요?"

"그랬던 시절이 있었죠. 그런데 이번에는 문제를 완전히 극복한 새로운 기계가 나왔습니다. 우주에 무궁무진하게 널려 있고 지금도 우리 주변에 가득 퍼져 있는 암흑물질을 이용해서 기계를 돌릴 수 있는 간편한 장치가 나온 거예요. 이제 이 장치를 이용하면 굉장히 싼 값으로 자동차도 움직일 수 있고, 전기도 만들 수 있고, 공기를 뜨겁게 만드는 기계도 돌려서 난방도 할 수 있고, 그밖에 온갖 곳에 다 쓸 수 있어요. 심지어 우주선도 움직일 수 있을 거라고요. 더군다나 여기에 엄청난 장점이 한 가지 더 있어요."

이미영이 물었다.

"무슨 장점이요?"

"이 기계는 이산화탄소를 배출하지 않거든요."

변호사는 신이 나서 떠들고 있었다.

"바로 이 장점 때문에 전 세계 12개 선진국이 협동으로 엄청난 돈을 투자해서 암흑물질 반응 엔진을 만들려고 했던 겁니다. 이제 이 기계만 사용하면 우리는 기후변화 문제,

아니, 기후위기 문제, 아니 기후파국 문제, 아니 아니 기후종말 문제, 아니 아니 아니 기후천벌 문제에서 벗어날 수 있다고요."

"그 정도로 대단한 기계인가요?"

"그렇죠. 지구에 기후천벌 문제가 심각해진 것은 이산화탄소가 너무 많아져서 온실효과를 일으키기 때문이거든요. 그런데 이산화탄소가 어디에서 나오냐면, 우리가 태우는 대부분의 연료에서 발생한다고요. 석탄, 석유, 나무 장작 같은 거요. 그런데 우리가 타고 다니는 자동차나 비행기는 다 이런 연료를 넣어야 움직이잖아요. 물건을 만들기 위해서 공장에서 돌리는 수많은 기계들도 마찬가지고, 전기를 이용해서 동작하는 기계도 마찬가지입니다. 전기를 만드는 방법 중에서도 연료를 태워서 발전기를 돌리는 화력 발전 방식이 아주 많이 퍼져 있고요. 그런 문제 때문에 기후변화 문제가 점점 심각해지면 곧 지구는 사람이 살 수 없는 죽음의 행성으로 변하고, 우리는 전부 다 죽는다고요. 이게 천벌이죠."

변호사의 말투는 점점 흥이 오르는 것처럼 들렸다.

"그런데 이제 그 문제를 해결할 수 있는 장치를 만든 것입니다. 이제 모든 자동차, 비행기, 중장비, 공장에서 돌리는 기계, 가정의 보일러, 심지어 숯불구이 집의 숯불까지 과거에 연료를 써서 사용하던 장치를 전부 이번에 새로 개발된 암흑물질 반응 엔진으로 교체할 수 있게 된 거예요. 결국 다들 그렇게 바뀔 거고요. 그러면 어떻게 되겠습니까?"

"어떻게 되는데요?"

잠깐 말없이 쳐다보던 변호사의 얼굴에 서서히 미소가 번졌다.

"엄청난 돈을 벌겠죠."

변호사의 얼굴에는 웃음이 사라지지 않았다.

"우리가 만든 암흑물질 반응 엔진이 전 세계의 모든 사람에게 다 팔릴 거니까."

"그냥 지금 타던 자동차를 계속 타거나, 지금 집에 설치되어 있는 보일러를 계속 돌리려는 사람도 있지 않겠어요?"

"아니요. 그렇게는 안 됩니다. 우리는 전 세계에서 연료를 쓰는 모든 장치를 다 우리 걸로 교체하지 않으면 안 된다는 국제법을 만들 계획입니다. 그래야 기후천벌을 막을 수 있으니까요. 이 기술에 투자한 12개 나라들은 전부 다 세계의 강대국이고 선진국이에요. 이 나라들이 힘을 합해서 세계를 이쪽 방향으로 몰아가자고 하면 누가 맞설 수 있겠어요? 결국 그렇게 갈 수밖에 없죠."

이어지는 변호사의 말을 김양식은 별말 없이 듣고만 있었다. 그러다가 한참 만에 변호사에게 물었다.

"그러면 이번에 기술 개발에 참여하지 않은 개발도상국, 가난한 나라들, 약소국들은 비싼 돈을 내고 선진국에서 개발한 암흑물질 반응 엔진을 사다가 써야 한다는 건가요?"

"그럴 수밖에 없잖아요. 이게 다 기후 종말을 피하기 위해서입니다."

"잠깐만요. 그런데 그 기후변화 문제라는 게, 결국은 이산화탄소를 많이 배출하는 기계를 오랫동안 돌린 결과 아닙니까? 선진국들이 100년 전, 200년 전에 돈을 많이 벌고 경제를 발전시키기 위해서 다른 나라들이 기계를 그다지 사용하지 않던 시절에 엄청난 숫자의 기계들을 석탄과 석유를 이용해서 돌렸기 때문에 공기 속에 이산화탄소가 이렇게 많아진 거잖아요."

"과거에는 그랬죠. 그렇지만 언제까지 과거 이야기만 할 겁니까? 그때는 기후천벌 문제가 이렇게 심각하지 않았잖아요. 당장 긴급 조치를 취해야 하는 것이 지금 상황이라고요. 선진국들은 기후천벌을 막기 위한 기술을 개발하기 위해 엄청난 돈을 투자했고, 이제 암흑물질 반응 엔진을 앞서서 설치하고 있습니다. 이제는 정말 행동하지 않으면 안 되는 시대예요. 암흑물질 반응 엔진을 사서 쓰지 않고 옛날 방식으로 석유나 석탄으로 돌아가는 기계를 쓰는 나라가 있다면, 그 나라는 정말 세계가 천벌을 받도록 몰고 가는 기후 악당인 거죠."

"잠깐만요. 그런데 막상 지금까지 기후변화 때문에 피해를 많이 본 나라는 선진국이 아니라 주로 개발도상국이나 기술이 부족한 저개발국 아니었나요? 기후변화 때문에 홍수나 가뭄이 발생해도 선진국은 기술이 발달했고 돈도 많으니까 댐도 만들고 지하수도 개발해서 버틸 수 있었지만, 개발도상국 국민은 기후변화로 고스란히 목숨을 잃을 수밖에 없었다고요. 피해를 가장 많이 입은 나라들은 그런 곳 아닙니까? 그런데 이제는 그렇게 피해를 많이 본 가난한 나라들에 기후변화 문제를 풀 수 있는 대책이라면서 선진국 제품을 무조건 돈 내고 사라고 강요까지 한다고요?"

변호사는 고개를 가로저었다.

"강요가 아니라니까요. 기후천벌을 피하기 위해서 어쩔 수 없이 기후 문제에 앞서 나가고 있는 선진국과 강대국들이 내린 결단이에요. 생각해보세요. 알렉산드로스 대왕의 정복 때문에 피해가 컸다고 중동과 아프리카의 수많은 나라들이 이제 와서 그리스에 물어내라고 할 수는 없잖아요? 칭기즈칸의 침략으로 세계 많은 나라가 손해를 많이 봤다고 몽골에 전 세계 모든 나라들에 배상을 요청할 수는 없는 거죠. 지금은 세상이 그렇게 흘러가고 있어요. 암흑물질 반응 엔진 개발에 참여하지 못한 나라들은 돈을 내고 사다가 써야 하는 세상이 될 수밖에 없다고요."

어느새, 항상 아름답고 푸른 빛을 내는 지구가 한가득 우주선 창밖에 나타났다.

○

기후변화 문제가 사람들에게 그다지 와닿지 않던 시절에는 기후변화가 일어나서 결국 인류가 종말을 맞는다는 SF가 쏟아져 나왔다. 1990년대 〈워터월드〉 같은 SF영화는 기후변화 때문에 전 세계가 온통 물에 잠겨서 문명이 멸망한 시대를 다룬다. 이렇게 기후변화가 닥친 세상의 혼란을 주제로 한 종말론적인 이야기들이 워낙 많이 나왔기에, SF물을 사이파이Sci-Fi라고 부르는 것에 빗대어 기후climate 관련 SF를 따로 클라이파이Cli-Fi라고 부를 정도다.

지금은 기후변화가 완전한 현실의 문제가 된 시대다. 그렇기에 오히려 과거와 같이 기후변화 종말론으로 겁을 주기만 하는 이야기를 넘어서야 하는 시대라고 이야기한다. 좀 더 현실적인 대책들과 실질적으로 기후변화 문제에 피해를 보는 사회 취약 계층을 보호하는 구체적인 문제에 집중해야 한다는 뜻이다. 이런 관점에서 보면 기후변화 대책을 마련하기 위해 이루어지는 국제 협력에 관해서도 현실적인 문제를 풀어가기 위한 새로운 관점이 필요하다.

2021년 COP26이라고 하는 기후변화 당사국 회의에서는 국제적으로 석탄을 발전에 사용하는 것을 줄이는 문제를 두고 격렬한 논쟁이 벌어졌다. 석탄 화력 발전은 가장 싼 값으로 손쉽게 전기를 만들어내는 방법인데 저소득국가, 개발도상국들이 이 방법을 쉽게 포기할 수는 없다는 의견을 낸 것이다. 유럽 선진국들은 18세기 말 산업 혁명 시기부터 아무런 제약 없이 석탄을 사용해서 경제 발전과 기술 발전을 이룩했는데, 이제 저소득국가들이 전기 사용을 위해서 석탄 화력 발전소를 가동하는 것은 막겠다고 한다면 공정하지 않다는 의견이 나온 것이다. 선진국들이 저소득국가가 석탄을 사용하지 못해서 손해를 보는 것만큼 돈으로 갚아줄 의사는 있을까? 기후변화 시대에 국제 협력은 새로운 국면으로 빠르게 변화해간다.

48 외계인과의 접촉은 어느 부처 관할일까?

과거에 없던 문제에 대응하는 프로세스 정립의 문제

#공공기관 #책임회피 #관할문제 #신기술규제

스피카 5 행성에서 우주 화물선이 파괴된 흔적이 발견되었다. 이미영은 그 흔적을 정찰하다가 우연히 이상한 생명체를 발견했다. 지구 생명체와는 확연히 달랐다. 크기가 거대하고 낯선 형태였으며 꿈틀거리고 있었다. 아무래도 처음으로 발견된 외계생명체가 아닌가 싶었다.

이미영이 다가가자 외계생명체는 빠르게 도망치기 시작했다. 외계생명체는 초공간 도약을 할 수 있었다. 무슨 이유인지 이미영의 우주선이 그곳까지 온 길을 거꾸로 되짚어가는 것 같았다.

"놓칠 수 없지. 전속력으로 따라가자고."

이미영이 김양식에게 말했다. 김양식은 고개를 끄덕이

고 우주선 조종 장치에 두 손을 올려놓았다.

한동안 따라가다 보니 외계생명체가 향하는 방향은 지구였다. 이미영과 김양식이 지구에서 출발했으니 두 사람의 출발지까지 거슬러 간 것인 듯했다. 외계생명체가 무슨 의도를 가졌는지, 위험하지는 않을지 걱정스러웠다.

외계생명체는 결국 지구에 도착해서 대한민국 서울의 광화문 사거리 한가운데에 떨어졌다. 이미영은 바로 그 주변으로 접근했다. 시민들이 모여 웅성거리고 있었고 대부분이 외계생명체의 사진을 찍고 있었다. 그러고 보면 지구에 외계생명체가 이렇게 보란 듯이 나타난 것은 인류 역사상 처음 있는 일이었다. 더군다나 그 외계생명체의 모습은 상당히 크고 낯설었으므로 눈길을 끈 것 같았다.

그런데 놀랍게도 외계생명체 주변에 나타나는 전문가는 아무도 없었다. 관공서 사람들도 마찬가지였다. 외계생명체가 나타났는데 한참을 기다려도 정부 관계자나 책임자가 등장하지 않았다. 이미영은 너무 이상해서 112에 신고했다.

"지금 광화문 사거리 한복판에 외계인이 나타났는데요. 정부에서는 왜 아무도 안 나타나죠?"

"선생님. 여기는 경찰입니다. 경찰은 법을 어긴 내국인이나 외국인을 통제하는 곳입니다. 외계인은 내국인도 외국인도 아니고요. 일종의 동물이라고 할 수 있는데, 동물이 저지르는 일이 경찰 소관은 아니지 않습니까? 집에 모기가 많아서 너무 괴롭다고 신고하면 경찰이 출동합니까? 집에 말벌이 생겨서 무섭다고 하면 형사들이 말벌에 수갑 채워요? 아니지 않습니까?"

"그러면 어디 관할이라는 거예요?"

"저희가 다른 관청 관할이라고 함부로 말하면 시민의 요청을 다른 쪽에 떠넘겼다고 해서 나중에 감사 나와서 지적하거든요. 그러니까 담당 부서를 스스로 찾으셔서 연락해 보시기 바랍니다."

그러는 동안 외계인은 더 격렬하게 꿈틀거렸다. 사람들이 움찔해서 몇 걸음 물러섰다. 이미영은 난처했다. 김양식이 말했다.

"아까 말벌 이야기 나왔잖아요. 말벌 같은 게 나타나면 소방관들이 제거해주는 것을 본 적 있는데요. 소방서에 연락하면 되지 않을까요?"

이미영은 그 말이 맞다고 생각했다. 그런데 119에 신고하니 그쪽도 달가워하지는 않았다.

"저희가 벌집 제거나 뱀 포획 등 지정된 생물 관련 업무를 하는 것은 사실입니다. 그렇지만 그것은 어디까지나 시민의 삶에 위해를 가한다고 확인된 동물에 한해 안전 차원에서 처리하고 있을 뿐입니다. 저희가 관리하는 대상에 외계인은 포함되어 있지 않습니다. 엄밀하게 따지면 외계인은 한국에 침입한 적이 없던 다른 지역의 생물이 침입한 것이니까 외래종이 침입한 현상이라고 봐야 하지 않을까요. 그런 일을 담당하는 관청에 연락하셔야죠."

"그런 관청이 어디 있는데요?"

"저희가 특정 관청으로 연락하라고 딱 짚어서 말씀드리면 분명히 나중에 말 나옵니다. 시민들이 신고했는데 담당하기 싫어서 떠넘겼다고 할 거거든요. 사실 저희도 나가서 한번 살펴봐야 할 것 같기는 한데…. 아시잖아요, 저희 소방서는 행정안전부 소속이고, 외래종 관리 업무는 환경부에서 합니다. 다른 부처 소관 업무에 함부로 나서다가 나중에 여러 사람 처벌받을 수 있거든요. 외래종에 관해 잘 알지도 못하면서 소방관들이 나서서 성급하게 일을 벌이다가 외계인이 지구 침공이라도 시작해보십시오. 환경부에서 모든 잘못은 다 행정안전부 때문이라고 할 겁니다."

그 말을 들은 김양식은 이미영에게 이번에는 환경부의 검역이나 희귀 동물 부서에 연락해보자고 했다. 그러나 환경부에서는 화부터 냈다.

"일 처리를 정말 이상하게 하시네요. 저희는 환경부잖아요. 아니, 환경이라는 말의 정의를 모르세요? 저희 부처의 미션이나 비전을 봐도 명확하잖아요. 왜 일을 엉뚱하게 처리하세요?"

"뭐가 명확한지 조금 설명해주실 수 없을까요?"

“저희는 환경, 그러니까 지구를 보호하는 거라고요. 지구가 아파하면 지구를 살려야 하는 그 부처가 환경부잖아요. 초등학생도 아는 것 아닙니까? 이런 것까지 일일이 말씀드려야 하나요? 그런데 지금 말씀하신 외계인은 지구의 자연에 관련된 게 아니잖아요. 지구 바깥의 우주에서 날아왔단 말이에요. 이런 것은 환경부 관할의 자연 현상이 아니죠. 더군다나 그 외계인은 의도를 갖고 지능적으로 날아온 거잖아요. 그냥 동물로 취급할 게 아니죠. 하늘에서 하루살이 벌레가 마구 떨어진다면 저희 환경부에서 관리하죠. 그런데 하늘에서 다른 나라 군대가 발사한 미사일이 떨어진다고 해도 환경부에서 막아야 하나요? 아니잖아요.”

“그러면 군대에 연락해야 하나요? 군대 전화번호를 어디에서 확인해야 합니까?”

“어디에 연락해야 하는지는 저희가 일일이 안내해드릴 수가 없어요. 저희가 콜센터는 아니니까요. 더군다나 그런 식으로 어디 다른 부처에 연락하라고 함부로 말씀드리면 저희가 책임을 떠넘기려고 했다고 나중에 감사에서 지적당하고 처벌받을 텐데, 그러면 어떡할 겁니까?”

이미영이 대화하는 동안 김양식은 이번에도 글렀다 싶었다. 그래서 어디로 연락해야 할지 검색해보고 있었다. 찾아보니 마침 군부대 중에 수도방위사령부에 민원 응대 부서가 있었다. 이미영은 바로 연락했다.

"광화문 사거리에 외계인이 나타났어요. 광화문도 수도니까 수도방위사령부에서 처리해야 하지 않을까요?"

"뭐요? 외계인이요? 저희 부대 민원실은 예비군 훈련 날짜 안내해주고, 사격 훈련할 때 총소리가 크다고 민원 들어오면 사과하는 부서입니다. 외계인과 싸우는 부서가 아닌데요."

"그래도 방공망에 뭔가 식별되기는 하지 않았습니까?"

"레이더에 잡히기는 했는데, 일단 적국에서 발사한 물체가 아니었고, 탄도 미사일, 순항 미사일, 폭격기, 정찰기, 공격기, 전투기, 정찰기, 무인기, 글라이더, 그 어느 쪽에도 해당하지 않았습니다. 적의 무기가 아니기 때문에 저희가 나서서 할 수 있는 일은 아닙니다. 외계인이라는 것은 자연적인 존재잖아요. 적의 무기가 아니라 멧돼지나 황소개구리 같은 것 아닙니까? 군부대가 멧돼지 잡아달라고 하거나 황소개구리 잡아달라고 하면 출동하는 곳은 아니지 않습니까? 더군다나 광화문이면 시내 중심가이기 때문에 전시 긴급사태나 계엄령이 발동되지 않으면 저희가 출동할 수 없습니다. 우주와 관련된 문제라면 우주나 천문학과 관련된 연구 기관 같은 곳에 연락하면 좋지 않을까요?'

"그런 곳이 어디일까요?"

"저희가 다른 관청 관할이라고 함부로 지정해서 말하면, 민원을 떠넘겼다고 나중에 감사에서 걸리기 때문에 어

光化門

디라고 말씀드릴 수는 없습니다."

이미영은 천문학과 관련된 이런저런 연구소에 연락하기 시작했다. 이제 외계인은 무슨 소리를 내며 움직이는 것 같았다. 그러나 모든 연구소가 "저희는 과학 연구 조직이지 출동해서 민원을 해결하는 팀을 갖고 있지는 않습니다"라고 대답할 뿐이었다.

그러는 사이에 외계생명체가 화제가 되니, 얼굴이 알려지길 바라는 정치인들이 비서들을 이끌고 현장을 시찰한다면서 무작정 찾아오기 시작했다. 지역구 국회의원과 구청장은 밝은 얼굴로 언론사 카메라 앞에서 사진을 찍었다. 사진에 배경으로 같이 찍힌 커다란 외계생명체는 정치인들을 향해 촉수를 내밀고 다가오고 있었다.

◘

《우주라이크 소설》 시리즈의 SF 단편 〈소행성 충돌 이번에는 다르네〉에는 한국에 소행성이 충돌하는 상황에서 비슷한 방식으로 관할 기관이 마땅히 없어서 서로 책임을 떠넘기는 장면이 묘사되어 있다. 이런 현상은 관공서 기관에서는 지금도 흔하게 발생하는 일이다. 주문을 받아서 일하면 돈을 벌 수 있어서 일이 많이 들어오길 바라는 민간 기업이나 자영업자와는 다르게 관공서는 일을 많이 한다고 해서 해당 부서가 돈을 많이 벌거나 이익을 얻지 않는다. 오히려 일을 맡아서 하다가 잘못되면 그만큼 비판받고 책임질 일만 많아진다. 그렇기 때문에 관공서에서는 가능하면 일하지 않으려고 행동하는 것이 세계 어느 나라에서나 어쩔 수 없이 자주 벌어지는 일이다.

특히 큰 사고나 많은 피해를 입힌 사건이 벌어지면 담당 책임자를 찾아 엄벌에 처해야 한다는 이야기는 언론의 단골 멘트다. 언론에서 자주 다뤄지면 여론이 형성되면서 처벌을 강하게 하는 법률이나 규정도 생긴다. 그리고 그럴수록 무거운 처벌을 피하기 위해 그 누구도 일을 맡지 않는 방향으로 관공서의 활동이 경직된다. 어렵고 까다로운 일을 잘 처리했다고 해서 관공서 직원이 백만장자나 억만장자가 되는 것도 아닌데, 일을 잘못해서 문제가 생기면 처벌을 받고 심지어 면직되거나 감옥에도 가는 등 점점 더 무서운 처벌을 내리는 제도가 만들어진다면 누가 그 일을 나서서 하겠는가? 결국 문제를 해결하는 사람이 없으니 문제는 점점 심각해져서 빨리 처치했으면 생기지 않았을 큰 피해로 이어진다. 기술이 발전하고 사회가 빠르게 바뀌어갈수록, 이렇게 책임 소재가 명확하지 않은 문제와 새로운 사건은 계속 나타날 것이다. 이런 상황에서 관공서 조직을 운영하는 방식을 어떻게 보완해야만 서로 책임을 계속 떠넘기는 문제를 피할 수 있을까? 책임을 떠넘기면 더 무서운 벌을 주겠다고 엄포를 놓으면 해결될 문제일까?

49 전쟁에서 우리가 전멸할 때 상대도 전멸시켜야 할까?

양쪽 모두에 손해가 되는 일의 실행 문제

#상호확증파괴 #핵전쟁 #심판의날 #대량살상무기

이미영과 김양식은 컴퓨터에 접속해서 훈련 프로그램을 시작했다. 전쟁에 대비해서 이미영과 김양식처럼 신기술을 적극 사용하는 회사 사람들이 무엇을 할 수 있는지 연습해보는 내용이었다. 조금 복잡해 보이기는 했지만 전체적으로는 전쟁을 표현한 컴퓨터 게임과 비슷해 보였다.

훈련 상황은 92차 핵 협상이 실패로 돌아갔다는 설정이었다. 세계의 모든 나라가 전속력으로 대량의 핵무기를 개발하겠다는 계획을 발표하고 있었다.

"이제 어떡하지?"

이미영이 김양식에게 물었다.

"어떡하긴요. 우리나라도 당장 핵무기를 만들자고 해야

죠."

"정말 그래야 할까? 전쟁이 많았고 사람들이 평화가 얼마나 소중한지 훨씬 더 몰랐던 20세기에도 우리나라에 핵무기는 없었잖아?"

"그렇지만 지금은 너도나도 세상 온갖 나라들이 다 핵무기를 가진 시대가 된다잖아요. 우리만 핵무기가 없는데 어느 날 딴 나라에서 "우리한테 복종해. 안 그러면 핵미사일로 너희 국민 100만 명을 한번에 없애버릴 거야." 이렇게 말하면 그 말을 안 들을 수가 없잖아요. 일단 살아남아야 하니까요."

"그래서 우리도 핵무기를 만들자고?"

"일단은 그 수밖에 없죠. 복종 안 하면 핵미사일로 공격한다고 위협받으면, "만약 그런 짓을 하면 우리도 핵미사일로 보복한다"고 받아쳐야죠. 그러면 핵을 빌미로 위협하지 못하겠죠."

두 사람은 핵무기를 만들겠다는 내용을 컴퓨터에 입력했다. 다른 나라에서도 비슷한 결론을 내린 것 같았다.

얼마 후 김양식은 첩보 자료를 살피다가 깜짝 놀랐다.

"사장님, 신라 왕국이라는 나라에서는 핵미사일을 100개를 만들었다는데요?"

"그게 무슨 말이야? 왜 그렇게 많이 만든 거야?"

"우리가 우리의 핵미사일을 숨겨둘 장소로 예상해볼 만

한 곳이 전국적으로 80군데 정도 되지 않습니까? 그래서 신라 왕국에서 우리를 공격할 때 핵미사일이 있을 것 같은 곳 80군데를 동시에 모두 공격할 거라는 거예요. 80군데가 모조리 공격당해서 인근이 모두 다 박살 나면 우리 핵미사일도 당연히 없어질 거잖아요. 그러며 남은 20발의 핵무기로 우리 도시를 공격한다는 거예요. 우리나라는 망할 수밖에 없죠."

"신라 왕국에서 우리를 먼저 공격하기만 하면 자기들은 보복당하기도 전에 필승한다는 거네."

"그렇죠."

"그러면 우리는 어떻게 해야 하지?"

"방법은 한 가지밖에 없죠. 우리도 핵미사일을 200발, 300발 정도 만드는 거예요. 그래서 역으로 신라 왕국의 핵미사일 100개가 숨겨진 곳을 단숨에 모조리 파괴해서 반격을 못 하게 만든 다음에 남은 핵무기로 상대방을 공격하는 작전을 세우는 거예요. 그러면 신라 왕국은 우리에게 반격할 기회도 없이 전부 망하겠죠. 반대로 신라 왕국이 핵미사일 80발을 먼저 날려도 우리나라에 핵미사일이 200발 있다면 120발이나 남게 되니 여전히 우리 전력을 무시할 수는 없죠. 그러면 함부로 못 덤빌 것 아닙니까?"

그런데 신라 왕국 또한 그 대응을 그냥 보고만 있지 않았다. 신라 왕국에서는 핵미사일 200발이 숨겨진 곳을 모두 부술 수 있도록 핵미사일 1,000발을 만들었다. 그것을 이기기 위해서 핵미사일을 2,000발을 만들겠다고 하면, 얼마 지나지 않아 신라 왕국에서는 5,000발의 핵미사일을 만들겠다고 발표했다.

"신라 왕국은 핵미사일 만드는 기술이 너무 뛰어난 것 같아. 이런 식으로는 우리가 아무리 많은 돈을 써도 도저히 따라잡을 수가 없어. 이제 어떤 전략을 세워야 하지?"

"이럴 때 쓸 방법은 둠스데이 디바이스, 그러니까 심판의 날 기계밖에 없어요."

"그게 뭔데?"

김양식은 이미영에게 설계도 하나를 보여주었다.

"20세기 중반, 냉전 시절에 구상된 장치인데요. 이렇게 생긴 물건입니다."

"뭐야? 이건 그냥 커다란 핵폭탄 한 발이잖아. 그런데 이걸로 어떻게 5,000발의 신라 왕국 핵무기가 숨겨진 곳을 모조리 다 파괴한다는 거야?"

"이건 그렇게 조준해서 공격하는 무기가 아니에요. 이 무기는 작동시키면 지구 전체를 사람이 살지 못하게 만들어버리는 지구 멸망 장치예요. 그래서 심판의 날 기계라는 별명을 붙였죠."

"뭐? 그런 게 가능해?"

"20세기 기술로는 가능할까 말까 논쟁이 있었어요. 그렇지만 지금 기술로는 충분히 가능합니다. 이 폭탄을 터뜨리면, 폭발력 자체는 도시 두세 개를 없앨 정도지만, 방사능 먼지가 엄청나게 많이 생깁니다. 그 먼지가 바람을 타고 퍼지면 곧 쪼개져서 미세먼지가 되겠죠. 그러면 공기 중에 떠다니면서 전 세계로 퍼져나가죠. 이 폭탄이 한 번 터지면, 3년 후에는 지구 전체가 오염되어서 사람이 살 수 없는 땅이 될 겁니다. 동물이나 식물 중에는 견뎌내는 것도 있겠지만요. 예를 들어 개미 같은 곤충들은 살아남겠죠."

이미영은 눈을 동그랗게 떴다.

"그게 무슨 짓이야? 이런 장치를 터뜨리면 우리도 다 죽잖아."

"그렇지만 우리만 죽는 건 아니죠. 우리도 죽고, 적도 죽고, 아무 상관 없는 지구상의 모든 사람도 전부 다 같이 100퍼센트 죽는 거죠."

"하지만 이걸로는 적의 핵무기를 막을 수 없잖아?"

"직접적으로는 못 막죠."

"간접적으로는 막을 수 있다는 거야?"

"심판의 날 기계 하나만 잘 만들어서 아주 안전하게 꽁꽁 숨겨두는 겁니다. 그리고 미리 말해두는 거예요. 만약에 우리를 공격하면, 우리는 심판의 날 기계를 작동시킬 거라고요. 그러면 적이 핵폭탄이 1만 발이 있든, 100만 발이 있든, 우리를 건드렸다가는 지구가 통째로 멸망할 테니까 그게 무서워서 우리를 공격할 생각은 절대 못 할 겁니다."

결국 두 사람은 그 작전을 컴퓨터에 입력하기로 했다. 그러자 강력한 공기 오염 핵폭탄 한 발이 만들어졌고 깊은 바닷속 이동식 기지에 숨겨둘 수 있게 되었다.

그런데 무기를 설치한 지 나흘 정도가 지났을 때 컴퓨터에 무시무시한 글자가 표시되었다.

"적이 우리나라를 공격했대. 핵무기 500발이 모든 도시와 마을에 떨어졌다는데."

"끝장났네. 이걸로 우리나라는 완전히 멸망해서 사라져 버렸네요."

이미영은 침을 꼴깍 삼켰다. 그리고 원래 계획대로 심판의 날 기계의 작동 버튼을 누르려고 했다. 그런데 김양식이 그 손을 막았다.

"이제 와서 꼭 지구의 모든 사람을 멸망시킬 필요가 있을까요?"

"그게 무슨 말이야? 우리가 공격당하면 다 죽는다고 위협하는 게 우리 작전이었잖아. 우리가 공격당했으니까 이제 온 세상을 방사능 미세먼지로 오염되게 만들어서 사람이 살지 못하는 땅으로 바꿔야지. 그래야 우리가 했던 위협이 성립하는 거잖아."

"그런데 저놈들이 그 위협에 안 넘어가고 우리를 공격하고 말았다고요. 이 마당에 굳이 모두가 죽을 필요가 있을까요? 승패는 벌써 결정 났어요. 차라리 지금 우리가 항복하면, 우리 목숨이라도 구할 수 있고, 세상의 모든 다른 나라 사람들의 목숨도 구할 수 있을 거라고요. 아, 잠깐만요."

김양식은 화면에 새롭게 표시되는 자료를 살펴보았다. 그리고 이미영에게 말했다.

"신라 왕국에서 미안하다고 하는데요. 자기들도 일부러 우리나라를 정복하려고 핵 공격을 한 것은 아니었대요. 자기 나라의 테러리스트 한 놈이 난동을 부리면서 컴퓨터를 해킹해서 사고로 이런 일이 벌어진 거래요. 정말로 잘못했고 미안하니 최대한 보상하겠다고 하는데요."

"무슨 소리야. 그딴 소리는 그냥 속임수야. 우리가 배짱이 없어서 심판의 날 기계를 작동시키지 못할 거라고 보고 우리나라를 공격했고, 이제는 반격당하지 않으려고 거짓말을 지어내는 거라고. 어쨌든 계획한 대로 임무를 완수해야지. 장치를 작동시키자고."

"그 임무를 준 우리나라 정부 자체가 지금 없어졌다니까요. 세상 사람들을 굳이 다 없애야 해요?"

"그렇지만 온 나라가 파괴되고 살아남은 사람이 거의 없을 지경인데 뭘 어떻게 보상해준다는 거야? 저 나쁜 놈들이 우리나라를 지금 다 없앴는데 가만히 있으라는 거야?"

훈련에서 항상 가장 어려운 대목이었다. 이번에도 역시 쉽게 풀리지는 않았다.

◘

핵전쟁 이후의 세계를 다룬 영화 중에서는 비교적 초기작에 속하는 영화 〈그날이 오면〉에서는 심판의 날 기계가 작동된 이후의 상황을 다룬다. 정확히 묘사되어 있지는 않지만, 이 영화에서는 한쪽 편 나라들이 핵무기를 사용해서 큰 공격을 성공시켰고, 이후 전쟁이 점점 커진다. 결국 이길 가망이 없다고 생각한 나라들이 마지막으로 지구 전체의 공기를 오염시키는 무기를 터뜨린 상황이 벌어진 것으로 보인다. 영화의 본론은 이 모든 전쟁이 일어난 뒤의 상황을 다룬다.

핵전쟁과 관련된 미래에 대한 예상은 사람 목숨을 대규모로 빼앗는 일과 항상 연결되어 있기 마련이다. 사람의 목숨은 가치를 매기기 어려운 것이고 그런 목숨이 대규모로 걸려 있다면 그 가치를 따지기는 더욱 어렵다. 한번 피해가 일어나면 그 피해를 보상하거나 복구한다는 것은 사실상 불가능하다. 그런 점에서 핵전쟁이나 핵무기 사용 여부를 따지는 것은 다른 대부분의 분야에서 거래의 유불리를 따지는 문제와는 다른 점이 있다. 한 군데서 손해를 본 만큼 다른 곳에서 이익을 보면 상관없다는 식의 계산이 통하기 어려운 영역인 것이다.

그렇다면 심판의 날 기계와 같은 강력한 핵무기를 대상으로 한 전략이나 전술에서는 어떤 원칙을 세울 수 있을까? 그렇게 세운 원칙이 과연 생각대로 잘 맞아들어 간다고 생각할 수 있을까? 적이 우리를 공격하면 우리는 더 큰 피해로 돌려줄 테니 함부로 공격하지 말라는 식의 생각으로 어느 정도 평화를 보장할 수 있을까? 정말로 큰 공격을 당하면 더 큰 피해를 줘야만 할까? 핵무기가 있는 세상에서 평화를 보장할 수 있는 다른 좋은 방법은 없을까?

인공지능의 거짓말과 편향 문제

#인공지능 #데이터편향 #인공지능윤리 #거짓말

어느 날 마음이 허해진 김양식은 인터넷에서 아름다운 경치 사진을 검색해보면서 마음을 달래려고 했다. 설악산 풍경, 다도해 풍경, 부산 앞바다의 모습 등등을 살펴보던 김양식은 다들 아름답기는 하지만 마음에 쏙 들지는 않는다고 생각했다.

김양식은 바위가 많은 아름다운 높은 산이 있으면서도 바다가 보이고, 그 바다에 커다란 배가 한 척 멀리 떠 가고 있으면 좋겠다고 생각했다. 그런 풍경이야말로 쓸쓸한 마음을 제대로 달래줄 것 같았기 때문이다. 그렇지만 아무리 검색해도 그런 풍경 사진은 없었다.

그래서 김양식은 인공지능의 사진을 만들어주는 기능

을 사용해보기로 했다. "키가 큰 사람이 춤을 추는 모습" "키 작은 사람이 밥 먹는 모습" "호랑이가 담배 피우다가 금연을 결심하는 모습" 무엇이든지 그림으로 그려달라고 말하면 그에 맞는 그림을 인공지능이 잠깐 사이에 자동으로 만들어서 보여준다. 이런 프로그램은 이미 2020년대 초부터 꽤 많이 나와 있었다. 이렇게 말만 하면 그림 같은 결과를 만들어주는 프로그램을 생성형 인공지능이라고 부르는 말도 유행했었다.

김양식은 자신이 바라는 딱 그 풍경을 인공지능에 입력하고 기다렸다. "바위가 많은 아름다운 높은 산이 있으면서 바다가 내다보이고, 그 바다에 큰 배가 한 척 멀리 떠 가는 풍경"이라고 인공지능에 말하자 30초가 채 안 되어 그림이 나왔다.

그 결과는 보기 좋았다. 김양식이 어렴풋하게 마음속에 품고 있던 풍경과 비슷했다. 아주 똑같지는 않았지만 그런대로 괜찮았다. 게다가 인공지능은 그림을 다시 그려 달라고 하면 귀찮아하지도 않고, 지치지도 않고 얼마든지 다시 그려 주었다. 김양식은 반복해서 몇 장을 더 그리도록 프로그램을 조작했다. 새로운 그림 중에서는 훨씬 더 마음에 드는 그림도 눈에 띄었다. 가끔은 고정관념으로 인해 떠올리지 못했던 색다른 그림이 나올 때도 있었다.

그림을 만들어주는 인공지능 프로그램에 재미를 붙인

김양식은 이것저것 다른 그림도 만들어보았다. 무슨 말을 하든 몇십 초면 그림이 나오니까, 양식은 황당하고 이상한 그림을 주문해보고 싶었다. "하늘을 나는 진공청소기" "외계인이 타고 다니는 자전거" "먹으면 애국심이 생기는 아이스크림"…. 도대체 무엇을 보여줄지 기다리며 기대하는 재미도 있었다.

황당한 결과에 웃기도 하고, 가끔은 쉽사리 떠올리지 못할 재치 있는 표현처럼 보여서 즐겁기도 했다. 인공지능 프로그램은 "먹으면 애국심이 생기는 아이스크림"을 한쪽은 딸기 맛, 한쪽은 블루베리 맛의 태극마크를 본뜬 아이스크림으로 만들었다. 거기에 주변에는 초콜릿 조각이 박혀 있어서 태극마크를 둘러싸고 있는 태극기의 괘 모양처럼 보이도록 했다.

"내가 상상도 못 한 것을 인공지능은 나름대로 표현해주네."

김양식은 감탄하다가 문득 한 가지 재미있는 생각을 떠올렸다.

'전지전능한 신'이라고 입력하면 인공지능은 과연 어떤 모습을 그려줄까?

김양식은 최근 화성 우주개척도시에서 인기를 끌고 있는 포보스 신에 관심이 많았다. 포보스 신을 믿어야 한다는 책을 두어 권 읽는 사이에 포보스 신에 어느 정도 끌리고 있기도 했다.

포보스 신에 관한 책에는 이런 이야기가 실려 있었다. 옛날에 어떤 우주비행사가 우주를 여행하면서 블랙홀을 관찰하다가 우연히 전지전능한 포보스 신의 얼굴을 본 적이 있다고 한다. 그런데 포보스 신의 모습은 너무나 압도적이고 강렬해서 인간의 감각으로는 도저히 버텨낼 수가 없었다고 한다. 그 충격적이고 극히 감동적인 모습이 주는 느낌을 견디지 못해서 그 우주비행사의 뇌가 5퍼센트쯤 녹아버렸다고 한다. 그래서 그 모습을 기억도 못 하고 있고, 한동안 병원 치료를 받은 후에 겨우 회복할 수 있었다든가.

"인공지능은 전지전능한 신의 얼굴을 어떻게 표현해줄까? 요즘 화성에서 최신 유행인 포보스 신의 얼굴이라고 사람들이 상상하는 모양을 정말 보여줄까?"

그러나 프로그램을 실행해본 결과는 김양식의 기대와 달랐다. 인공지능 프로그램이 보여준 것은 고대 힌두교 그림에 나오는 어느 신의 모습이었다. 푸른색 피부에 팔이 여러 개 있고 명상하는 듯한 모습으로 앉아 있는 형상이었다. 김양식은 그 모습을 보고 인공지능 프로그램을 만든 회사에 항의 메시지를 보냈다.

"인공지능이 공식적으로 이 신이야말로 진짜 신이라고 알려주는 겁니까, 뭡니까? 다른 신은 가짜라는 거예요? 사람들은 인공지능이 그려주는 그림이 가장 보편적이고 누구나 쉽게 받아들일 만한 그림이라고 생각하잖아요. 그런데 인공지능이 저런 그림을 보여주면 '아, 힌두교 신이 진짜 신에 가장 가까운 신이구나'라고 생각하지 않겠어요? 인공지능이 함부로 사람들에게 그런 생각을 심어줘도 되는 거예요?"

프로그램을 제작한 회사에서는 그렇지 않다고 대답했다.

"저희는 그냥 인터넷에서 수집된 여러 자료를 토대로 계산한 결과를 보여줄 뿐입니다. 아마 전지전능이라고 입력하시니까, 여러 가지 능력을 갖고 있다는 특징이 반영되어서 팔이 여러 개인 힌두교 신처럼 보이는 그림이 나온 것 아닌가 싶은데요."

"그래도 그렇죠. 이런 것은 다른 신을 믿는 사람들에게 모독 아닌가요? 인공지능이 감히 사람들에게 어떤 신이 더 자연스럽다, 아니다를 알려준다는 것부터가 문제잖아요."

"그러면 그림에 나오는 신의 모습이나 사람의 가치관에 관한 내용을 믿으면 안 되며, 큰 의미 없는 재미로 보는 그림일 뿐이라는 안내문을 써두겠습니다."

인공지능 회사의 대응에도 김양식은 마음이 편해지지 않았다.

'안내문을 써두면 충분할 거라고? 인터넷 사이트에 나오는 주의사항이나 약관 같은 것을 차분히 읽어보는 사람이 몇 명이나 된다고?'

이렇게 의심이 싹튼 상태로 다시 실험해보니, 다른 그림 출력 결과도 좀 이상한 것들이 눈에 띄었다. '사악한 군대'라고 입력했더니 어쩐지 독일 군인과 비슷한 사람들이 나왔다. 이런 것은 독일인에 대한 안 좋은 편견을 심어주지 않을까 싶었다. '우월한 사람들'이라고 입력했더니 금발에 푸른 눈을 가진 백인 남자가 나왔다. 이런 인공지능 프로그램을 계속 사용하다 보면 사람들이 인종에 대해 더 심한 편견을 갖게 될 것 같았다. 인공지능이 편견과 고정관념을 더 심하게 만들지도 모른다는 이야기는 예전부터 있었다. 하지만 바로 눈에 들어오는 그림이라는 결과의 영향력은 특히 강렬한 것 같다.

인공지능 프로그램 회사에서는 사람들이 민감한 질문을 하면 인공지능이 민감도를 판단해 결과를 보여주지 않도록 하는 기능을 추가하겠다고 발표했다. 김양식은 그 말을 듣자 기분이 더 찜찜해졌다. 사람이 하는 질문 중에 어떤 질문이 민감한지, 그렇지 않은지를 인공지능이 판단한단 말인가? 감히?

◘

1970년대에 더글러스 애덤스가 쓴 걸작 SF 장편 《은하수를 여행하는 히치하이커를 위한 안내서》에는 사람들이 대단히 훌륭한 컴퓨터에 '삶, 우주, 그리고 모든 것에 대한 궁극적인 질문에 대한 해답'을 물어보는 장면이 나온다. 컴퓨터가 주는 답을 어떻게 받아들여야 할까?

2023년 3월, 한 인공지능 그림 만들기 프로그램에서 영어로 '전지전능한 신'의 그림을 그려달라고 했을 때 팔이 여럿 달린 고대 힌두교 신 같은 모습이 나온 적이 있었다. 챗GPT와 같은 생성형 인공지능 프로그램이 대중화되고 널리 쓰이면서, 그 프로그램이 보여주는 결과가 윤리적으로 올바른지, 또 잘못된 결과를 보여줄 때의 문제가 심각하지 않은지 하는 문제는 점점 더 진지하게 지적되고 있다. 정보기술이 발달한 세상에서 기계가 주는 답을 함부로 받아들이면 안 된다는 것은 누구나 어느 정도는 알고 있는 사실이다. "인터넷에 나오는 말을 함부로 믿으면 안 된다"는 이야기를 담은 그림이 농담처럼 돌기도 할 정도다. 그렇지만 정말 많은 사람들이 인터넷에서 검색되어 나오는 첫 번째 검색 결과로 나오는 위키문서편집 권한이 모두에게 주어지는 웹사이트 형태의 사이트에 몇 마디 말이 적혀 있으면 일단 그 말을 믿고 본다. 이런 세상에서 인공지능의 영향력은 어떻게 관리 되어야 할까?

미래 법정

초판 1쇄 발행 2024년 1월 25일

지은이 곽재식
펴낸이 안병현 김상훈
본부장 이승은 **총괄** 박동옥 **편집장** 임세미
책임편집 김혜영 **디자인** 서윤하
마케팅 신대섭 배태욱 김수연 **제작** 조화연

펴낸곳 주식회사 교보문고
등록 제406-2008-000090호(2008년 12월 5일)
주소 경기도 파주시 문발로 249
전화 대표전화 1544-1900 **주문** 02)3156-3665 **팩스** 0502)987-5725

ISBN 979-11-7061-092-2 (03300)
책값은 표지에 있습니다.